泰勒·斯威夫特

歌曲背后的故事

[美]安妮·扎勒斯基　著

李昕璐　译

浙江人民美术出版社

图书在版编目（CIP）数据

泰勒·斯威夫特 ： 歌曲背后的故事 ／（美）安妮·
扎勒斯基著 ； 李昕璐译. -- 杭州 ： 浙江人民美术出版
社，2024. 10.（2024.12重印）-- ISBN 978-7-5751-0352-7

Ⅰ. K837.125.76

中国国家版本馆 CIP 数据核字第 2024L03M76 号

合同登记号：
图字：11-2024-374号

出版统筹：李　芳
责任编辑：潘　溱
文字编辑：潘君亭
责任校对：钱偎依
责任印制：陈柏荣
装帧设计：刘　金

泰勒·斯威夫特：歌曲背后的故事

［美］安妮·扎勒斯基　著　　李昕璐　译

出 版 人：管慧勇
出版发行：浙江人民美术出版社
地　　址：杭州市环城北路177号
经　　销：全国各地新华书店
制　　版：杭州真凯文化艺术有限公司
印　　刷：浙江经纬印业股份有限公司
版　　次：2024年10月第1版
印　　次：2024年12月第2次印刷
开　　本：787mm×1092mm　1/16
印　　张：16
字　　数：360千字
书　　号：ISBN 978-7-5751-0352-7
定　　价：138.00元

版权所有，侵权必究
如发现印装质量问题，影响阅读，请与出版社营销部（0571-85174821）联系调换。

目　录

引言

泰勒·斯威夫特（Taylor Swift）的音乐作品成为众多大学课程的研究对象，并在不同年龄段的歌迷中持续引起共鸣，这并非偶然，而是有其充分的道理。她的音乐作品，深刻描绘了自己成长历程中跌宕起伏的真实经历和对自我探索的旅程，堪称叙事艺术的典范。她的歌曲承载了丰富的隐喻、宗教的寓意、历史与文学的典故，还有一波三折、引人入胜的情节。同时，在泰勒的歌曲中经常可以发现与她个人经历和早期作品的联系，这些细微的线索虽然不易察觉，却巧妙地将她音乐生涯的各个阶段串联成了一幅完整的画卷。

长久以来，某些群体对泰勒·斯威夫特的音乐作品仍抱有成见，认为她的每一首歌曲都是关于不同前男友的"复仇之作"。平心而论，她确实擅长在歌曲中用寥寥数笔塑造出一位糟糕伴侣的形象。但除此以外，泰勒的音乐同样展现了人际关系的复杂性——在不顺利的恋情中的煎熬，与伴侣争吵的折磨，分手后的无法释怀，以及一段不确定的感情带来的痛苦——比如在一段关系中感到迷茫的时刻。

随着泰勒·斯威夫特生活阅历的增长，她的歌词变得更加深刻和富有层次。她的音乐不仅捕捉了健康关系中的愉悦，也探讨了名声带来的挑战，展现了家庭生活的温馨细节，更创造了以人物为中心的虚构故事。而且，泰勒的音乐作品总是蕴含着一种坚定不移的乐观精神。哪怕是在陷入人生低谷之时，她也总是坚信光明和希望即将到来。

正是这份乐观的心态，支撑着泰勒走过了她生命中一段异常艰难的岁月。2019年，由音乐经理人斯库特·布劳恩（Scott Braun）拥有的控股公司收购了发布泰勒前六张录音室专辑的大机器唱片公司（Big Machine Records）。因此，泰勒无法回购自己的母带，这对她来说无疑是一个巨大的打击——这意味着

那些她倾注了无尽情感与心血的歌曲，如今落入他人之手，不再归她所有。

"我被迫做出了一个令人心痛的决定，那就是放弃我的过去，"泰勒这样写道，"那些在我的卧室地板上创作出来的旋律，以及那些音乐视频，都是我在脑海中反复构想，并用我在酒吧、俱乐部和体育场演出中挣来的积蓄一点点实现的。"[1]

如她所言，这的确是一次令人心碎的损失，因为这些歌曲对她来说意义非凡。因此，泰勒在过去几年里重新录制了她视作珍宝的歌曲，而新录制的"泰勒重制版（Taylor's Version）"，却比原始版本更受欢迎。本书致力于逐年逐曲地挖掘与探讨这些歌曲背后的创作灵感，同时结合对其音乐的深度解析、粉丝的独到见解以及相关精彩的引用，赞扬泰勒充满力量的歌声以及非凡的音乐作品，并探讨使她跻身历史上最伟大词曲创作者行列的雄心和音乐创作技巧。

对页：在巴西圣保罗举行的"时代"巡回演唱会（The Eras Tour）中，泰勒在演唱《恋人》（*Lover*）一曲

01

横空出世

泰勒·斯威夫特在十几岁的年纪就发行了她的首张同名专辑《泰勒·斯威夫特》（*Taylor Swift*）。这张专辑取得了惊人的成功，不仅在美国《公告牌》（*Billboard*）[1]乡村音乐类排行榜上连续24周位居第一，还为她赢得了同年格莱美最佳新人奖的提名（但最终艾米·怀恩豪斯[Amy Winehouse]获得了该奖项）。泰勒曾说："我非常感谢自己在16岁时制作了这张专辑，它永远地记录了我青春期的愤怒、我的厌世情绪。这就像多年后重温自己的日记一般，是岁月留下的礼物。"[1]

---

1 《公告牌》（*Billboard*）：美国的音乐杂志，中文译名为"公告牌"。《公告牌》出具的榜单被普遍认为是美国乃至欧美国家流行乐坛最具权威的音乐排行榜之一。（译者注，若无特殊说明，本书页面下方文字均为译者注。）

蒂姆·麦格劳 (*Tim McGraw*)[1]

发行日期： 2006年6月19日（单曲）/ 2006年10月24日（专辑）
创作者： 莉兹·罗斯[2]、泰勒·斯威夫特
制作人： 内森·查普曼（Nathan Chapman）
其他版本： 电台编辑版、iTunes SoHo现场版

　　《蒂姆·麦格劳》无疑是有史以来最好的出道单曲之一。泰勒在年仅16岁时发行的这首带有忧郁色彩的乡村歌曲，融合了带有一丝怀旧意味的原声吉他、哀婉的小提琴、班卓琴和多布罗的声音。泰勒的嗓音既纯真又自信，带着一种突出的鼻音，非常适合怀旧的氛围。

　　泰勒在高中一年级时创作了《蒂姆·麦格劳》。她在2006年时回忆道："我在数学课上突然有了灵感。我就坐在座位上，开始哼唱这段旋律。"她没有关注黑板上的数字，而是想着当时的男友。当时，她的男友即将离开家乡去读大学，她知道他们在一起的时间已经所剩无几。"我开始思考所有能让他想起我的事情，"泰勒这样说道，"令人惊讶的是，我首先想到的是我最喜欢的乡村艺术家——蒂姆·麦格劳。"[2]

　　从这个灵感出发，泰勒和莉兹·罗斯仅用15分钟就写完了这首歌，歌曲讲述了甜蜜的夏日恋情不可避免地走向终点。（泰勒后来表示："这可能是我人生中最美妙的15分钟。"[3]）尽管分手很痛苦，但歌曲只讲述了他们在一起时的美好回忆——比如男友对她双眸的热烈赞美，以及二人在夜晚共舞时正好听到了她最喜欢的蒂姆·麦格劳的歌曲（泰勒后来透露，那是麦格劳在2004年发行的单曲《别对我指手画脚》[*Can't Tell Me Nothin'*][4]）。最后，还有一个关键的细节：为了好好地向这段恋情告别，在歌曲中泰勒提及她给前男友写了一封信，在信中表示希望对方在想起这段恋情时也能会心一笑，以及希望他日后听到蒂姆·麦格劳的歌曲时，也能想到自己。

　　《蒂姆·麦格劳》成为泰勒在美国的第一首热门单曲。在2007年初，这首歌在美国《公告牌》的"热门乡村音乐排行榜"（Hot Country Songs）上达到了第六位，并在"《公告牌》百强单曲榜"（*Billboard* Hot 100）上达到了第40位。巧合的是，蒂姆·麦格劳本人也近距离欣赏了这一成功单曲——2007年，泰勒作为开场嘉宾，在麦格劳夫妇的"心弦共鸣"巡回演出

（Soul 2 Soul Tour）的一些场次上，为蒂姆·麦格劳和他的妻子——菲丝·希尔（Feith Hill）表演了这首曲目。当时，泰勒就已经初露锋芒。麦格劳在2023年回忆道："菲丝和我都知道，没有人能阻止她成功，她天赋异禀。"[5]

　　后来，泰勒也公开表达了对麦格劳的感激之情。在2018年纳什维尔日产体育场的演唱会上，出人意料地，泰勒坐在了钢琴前，五年多来首次现场弹唱了《蒂姆·麦格劳》。歌曲进行到一半时，她向观众介绍了两位特别的助唱嘉宾：菲丝·希尔和蒂姆·麦格劳。[6]当泰勒唱到提及麦格劳的歌词时，她向站在身边的麦格劳本人示意。在这个瞬间，歌曲《蒂姆·麦格劳》的故事被画上了完美的句号，它唤起了一种难以言喻的满足感，令人为之感动。

上图：2007年，泰勒在乡村音乐学院奖颁奖典礼上用《蒂姆·麦格劳》向麦格劳致敬后，遇到了麦格劳本人

对页：2011年，泰勒和蒂姆·麦格劳在纳什维尔的布里奇斯通体育馆合唱了麦格劳1997年的热门单曲《只想看你笑》（*Just to See You Smile*）

1　蒂姆·麦格劳（*Tim McGraw*）：以著名的美国乡村音乐歌手和演员蒂姆·麦格劳为名的歌曲。蒂姆·麦格劳以其深情的歌声和感人至深的歌词在乡村音乐界享有盛誉，多次获得格莱美奖和乡村音乐学院奖等荣誉。
2　莉兹·罗斯（Liz Rose）：本名伊丽莎白·瓦格纳（Elisabeth Wagner），美国乡村音乐创作者，迄今为止她与泰勒·斯威夫特合作创作了16首歌曲。

烧掉的回忆 (*Picture to Burn*)

发行日期： 2008年2月4日（乡村风格单曲）/ 2006年10月24日（专辑）
创作者： 泰勒·斯威夫特、莉兹·罗斯
制作人： 内森·查普曼
其他版本： 电台编辑版、摇滚混音版、iTunes SoHo现场版

　　青少年时期最痛苦的事情之一就是在爱情中被拒绝。然而，把这些伤感的情绪发泄出来通常能减缓这份痛苦。在《烧掉的回忆》中，泰勒提及自己向前男友发泄怒火，骂他是个自私且蹩脚的骗子，并表达了对他浪费自己时间的愤怒。她发誓要报复他，报复的手段包括要跟他的朋友交往，并警告他离自己远点，别让她的父亲在附近看到他。与此同时，副歌部分直戳前男友的痛处，泰勒嘲笑了他愚蠢的皮卡车，并指出和他在一起的时间毫无意义，自己要将他的照片全部烧掉。

　　"在我唱出这首歌之前，我一直想让听众知道我真的是一个努力保持友善的人，"泰勒曾这样说，"但如果你伤了我的心，伤害了我的感情，或者真的对我不好，我就会写一首歌来说你的事。"话音落下，泰勒笑了一下来减轻这句话中的火药味[7]，但她知道，从她第一次在观众面前现场演唱《烧掉的回忆》开始，这首歌就成为一个特别的存在了。"我参加巡演的每个夜晚都会演唱它，"她说，"即使它当时还不是单曲，但它得到的观众反响最大。"[8]

　　这首歌拥有如此高的人气，其背后的原因显而易见——不仅歌词在宣泄怒火，旋律本身也非常具有攻击性。以泰勒尖锐的、态度决绝的声音打底，《烧掉的回忆》叠加了班卓琴、踏板钢弦吉他、小提琴和曼陀林的声音。换句话说，这是一首节奏紧凑的乡村流行歌曲，但又有一种喧闹躁动的摇滚感觉。"我认为女孩们能够与这首歌产生共鸣，因为它基本上就是关于愤怒，"泰勒说，"（我认为）在分手后或在感情出现问题后感到愤怒是完全没问题的，这就是彻底的、残酷的真实反应。这种愤怒也有点有趣，有一种喜剧色彩。"[9]

　　幸运的是，听说歌曲中的男主角——泰勒大学一年级时的男朋友乔丹——也听懂了歌曲中的幽默。乔丹的妻子，也是他们的大学同学——切尔西多年后透露："乔丹（听到这首歌后）说：'我不是乡巴佬！她把我写得像个乡巴佬！'但除此之外，我们只是觉得这首歌挺有趣的。"[10]

　　《烧掉的回忆》是另一首跨风格的热门单曲，登上了《公告牌》的"热门乡村音乐排行榜"的第三位和"《公告牌》百强单曲榜"的第28位。但经过深思熟虑，泰勒后来修改了歌曲中的一句可能被视为恐同（即对同性恋持有恐惧或憎恨的态度）的歌词。"《烧掉的回忆》讲述的是'我讨厌你的卡车''我讨厌你忽视我''我恨你'，"她解释道，"但如今，我表达和感受痛苦的方式已经完全不同了。"[11]

对页：泰勒抵达纳什维尔参加2006年的CMT音乐奖（美国乡村音乐电视奖）颁奖典礼

下图：2006年感恩节，泰勒在底特律狮子队与迈阿密海豚队在NFL（美国国家橄榄球联盟）的比赛中演唱了美国国歌

泪洒吉他 (*Teardrops on My Guitar*)

发行日期： 2007年2月20日（乡村风格单曲）/ 2007年10月9日（流行风格单曲）/2006年10月24日（专辑）

创作者： 泰勒·斯威夫特、莉兹·罗斯

制作人： 内森·查普曼

其他版本： 原声版、流行风格版、乔·贝尔穆德斯（Joe Bermudez）电台混音版、卡希尔（Cahill）扩展版、卡希尔电台混音版、国际版、电台单曲版、iTunes SoHo现场版

在泰勒的早期歌曲中，她谈论曲中人身份的方式不总是隐晦的，事实上，那时她在曲中经常使用真实的人名。以这首令人心碎的情歌《泪洒吉他》为例，这首歌提到了一个名叫德鲁的男孩，德鲁说自己深爱着某个人。

然而，让泰勒感到沮丧的是，德鲁心仪之人并不是自己——尽管她那时候完全为德鲁神魂颠倒。虽然当时她表现得很坚强，但这段没有回报的爱情不断消耗着她，使她暗自落泪。在音乐编排上，《泪洒吉他》通过如泣如诉的踏板钢弦吉他、压抑的班卓琴、严肃的原声和电吉他传达了泰勒绝望悲伤的情绪。泰勒的演唱像往常一样克制，但平静音色下涌动的情感显而易见，让人感觉她在努力抑制泪水从眼眶溢出。

《泪洒吉他》发布后的反响惊人，最高在"《公告牌》百强单曲榜"上达到了第13位。而此曲发行之后，德鲁突然出乎意料地出现在了泰勒家门口，此时他们已经两年半没有联系了，所以泰勒不太确定他此行的意图，她只能猜测，也许他试图向人们证明这首歌确实是关于他的，或者别的什么原因。她说："或是他真的想和我做朋友，或是他认为我仍然在苦苦思念他？无论如何，无所谓了！"[12]

右图：2009年，纽约市邀请泰勒在NBC（美国全国广播公司）的《今日秀》（*Today Show*）上表演

一席之地 (*A Place In This World*)

发行日期：2006年10月24日
创作者：罗伯特·埃利斯·奥拉尔[1]、安杰洛·佩特拉利亚[2]、泰勒·斯威夫特
制作人：内森·查普曼
其他版本：iTunes SoHo现场版

　　青少年时期是充满困惑和孤独的，尤其是当时泰勒还在尝试启动她的音乐职业生涯。这种感觉在《一席之地》这首充满焦虑感的歌曲中得到了清晰的表达。这首歌的灵感来自乡村音乐和20世纪90年代的另类摇滚乐。泰勒在13岁时便写下了这首歌，那时她刚搬到纳什维尔，满怀雄心壮志，决心要找到自己的一席之地。她后来解释说："要弄清楚我该如何实现

目标是一件艰难的事。我知道我的目标，但我就是不知道如何实现它。"[13]最终，《一席之地》并没有解答这些重大的问题——在歌词中，泰勒也承认她将在实现梦想的路上犯错。然而，这首歌确信正确的道路最终会变得清晰。几年后，泰勒高兴地证实了她的猜测。她说："我很高兴这首歌能被收录在专辑中，因为我觉得我终于找到了答案。"[14]

冷酷如你 (*Cold As You*)

发布日期：2006年10月24日
创作者：莉兹·罗斯、泰勒·斯威夫特
制作人：内森·查普曼

　　泰勒曾说，首张专辑中，她最喜欢的歌曲（至少从歌词来说）就是这首忧郁的钢琴抒情曲《冷酷如你》。更具体来说，她喜欢这首歌尖锐的曲调，它谴责某人情感冷漠："我喜欢一首歌中，起码能有一句歌词，唱完以后让人觉得……燃烧起来了。"[15]可以预料的是，《冷酷如你》的其余部分也同样直截了当：孤寂的小提琴旋律在歌曲中回荡，泰勒在曲中详细描述了她意识到她前男友并不关心她的时刻，她

坦诚地表达了内心的悔恨。对于自己曾不顾一切地投入情感，却换来如此结果，她感到无比荒谬与悲哀。
　　"这首歌讲述了你意识到某人根本不是你想象中那样的瞬间，"她说，"你一直在为一个不值得的人找借口。"[16]泰勒以她那充满乡村音乐韵味的嗓音演绎这首歌，她的演唱风格与歌曲的悲伤氛围完美融合。

1　罗伯特·埃利斯·奥拉尔（Robert Ellis Orrall）：美国歌手、词曲作者和唱片制作人，与泰勒·斯威夫特合作过多首单曲。
2　安杰洛·佩特拉利亚（Angelo Petraglia）：美国唱片制作人和词曲作者。他是新浪潮乐队"面对面"（Face to Face）的成员。他与泰勒在第一张专辑中还合作过一首《同你在一起时我才是自己》（*I'm Only Me When I'm With You*）。

局外人 (*The Outside*)

发行日期：2006年10月24日

创作者：泰勒·斯威夫特

制作人：内森·查普曼、罗伯特·埃利斯·奥拉尔

{ 专辑收录曲 }

今天，人们眼中的泰勒总是广受欢迎和深受喜爱的。然而，这首带有一丝苦涩的《局外人》则描绘了她生活中一个痛苦的时期，那时她在学校是一个"彻头彻尾的局外人"，在社交场合中，她感到被排挤。除此之外，泰勒的计划和抱负迥异于她的同龄人，这使她显得孤立无援。她回忆说："我个子很高，周末都在卡拉OK酒吧和音乐节上唱乡村歌曲，而其他女孩都去了睡衣派对。"[17]《局外人》是她在12岁时写的，反映了她因被排挤而感受到的悲伤，其中包括忧郁的副歌和带有一丝苦涩色彩的乡村摇滚旋律。"每个人在一生中都会遇到一连串糟糕的日子，"她说，"你可以选择让它拖垮你，或者找到战胜它的方法。我从中得出的结论是，即使人们并不总是支持我，音乐却始终如一。"[18]

面带微笑 (*Tied Together With A Smile*)

发行日期：2006年10月24日

创作者：莉兹·罗斯、泰勒·斯威夫特

制作人：内森·查普曼

{ 专辑收录曲 }

作为专辑中最为悲伤的歌曲之一，这首带着自省意味的乡村抒情曲《面带微笑》讲述了泰勒的一个朋友的故事，这个朋友看上去非常完美。泰勒说："她就像是选美皇后，是高中里的美少女——一个美丽、受欢迎的女孩。每个男生都想和她在一起，每个女生都想成为她。"[19]然而在光鲜亮丽的背后，她一直在秘密地与饮食失调症斗争。泰勒的歌词虽然没有明确提到她朋友生活的这一面，但对她朋友的一些艰难时刻表示了同情。显然，这个朋友极度渴望被爱（却没有得到潜在追求者的善待），并且她的眼里只能看到自己外貌的缺陷。同时，她试图通过强颜欢笑来隐藏所有的失望和不安——虽然这种伪装一度是有效的，但她脸上的微笑终究不能阻止她生活中的其他部分分崩离析。

对页：泰勒2007年在CMA音乐节[1]上与乡村音乐群星们同台演出

---

1 CMA音乐节：为期四天的音乐节，以乡村音乐为中心，每年6月由乡村音乐协会（CMA）在美国田纳西州纳什维尔市中心举办。

保持美丽 (*Stay Beautiful*)

专辑收录曲

发行日期：2006年10月24日

创作者：莉兹·罗斯、泰勒·斯威夫特

制作人：内森·查普曼

泰勒歌曲中的细节之丰富，让人们常常以为她写的都是自己的亲身经历。虽然很多情况下确实如此，但并非所有歌曲都来源于她个人的故事。以轻松的民谣乡村风歌曲《保持美丽》为例，这是一首甜美的歌曲，泰勒想象了与一个名叫科瑞的男孩交往而产生的完美的爱情。泰勒说："听了我的歌后，很多人会问我：'你交往过多少个男朋友？'我总是告诉他们，我的歌曲更多来自观察而非实际经历。换句话说，你不必和某人交往也能为他写歌。"[20]

的确，《保持美丽》并非来自她自己的恋爱经历，而是基于她对一个人的渴望。她说："这首歌写的是一个我认为很可爱的男生，实际上我并没有和他说过很多话。""但他身上的某些东西启发了我写这首歌，我仅仅是观察他而已。"[21]歌曲中的过渡部分也恰如其分地揭示了泰勒曲中描述的都是自己的幻想，这使得副歌中的美好祝愿更加深刻和感人。

本应拒绝 (*Should've Said No*)

单曲

发行日期： 2006年10月24日（专辑）/ 2008年5月19日（单曲）
创作者： 泰勒·斯威夫特
制作人： 内森·查普曼
其他版本： 混音版、国际版、iTunes SoHo现场版

泰勒在接受《滚石》（*Rolling Stone*）杂志采访时介绍道，《本应拒绝》是她的首张专辑中在"最后一刻"新加的歌曲。她解释道，这个临时的决定是因为这首歌表现了"发生在我身上的一些非常、非常戏剧化和疯狂的事情，我需要以音乐的形式来表达它"。[22]这并非夸大其词——泰勒发现当时的男朋友对她不忠。经过了20分钟的愤怒和灵感爆发，她将自己的心血倾注到一首歌中，她在歌曲中明确告诉他，他犯了一个巨大的错误。毫不意外，这首歌的歌词充满了愤怒，直接而强烈地指向了不忠之人。泰勒痛斥对方的行为，让对方对自己的所作所为感到愧疚，并明确指出他们的关系已经结束。她的演唱也充满了力量与锋芒，仿佛在想象自己面对着他大声唱出这些歌词，与充满活力的小提琴和班卓琴音乐相得益彰。最后，《本应拒绝》以一种类似"道德声明"的形式结束，她说："这是一种'我爱你，我们在一起感觉很棒，原本我还会和你在一起，但是你搞砸了一切'的感觉。"[23]她的复仇让她尝到了甜蜜的成果——《本应拒绝》达到了《公告牌》的"热门乡村音乐排行榜"的第一名和"《公告牌》百强单曲榜"的第33名。

玛丽的歌 (*Mary's Song*)

专辑收录曲

（又名《我》[Oh My My My]）

发行日期： 2006年10月24日
创作者： 布莱恩·马赫尔（Brian Maher）、莉兹·罗斯、泰勒·斯威夫特
制作人： 内森·查普曼
其他版本： iTunes SoHo现场版

如果泰勒有朝一日决定改行，她很有可能会成为一名出色的小说家。早在青少年时期，她便拥有一种非凡的才能，即能够创造出拥有丰富背景和动人故事的角色。以《玛丽的歌》为例，这首歌的灵感来源于泰勒家隔壁那对可爱的老年夫妇。"他们已经结婚很久了，有一次他们来我们家吃晚饭，我觉得他们真的非常可爱，"她回忆说，"他们对我讲述了他们相爱、结婚，以及小时候相遇的故事。"[24]

基于这个原型故事，她创作了一首带有曼陀林旋律的歌曲，这首歌像是一篇温柔的睡前故事，将这对夫妇多年以来幸福美满的生活娓娓道来。泰勒对细节的把握在她的描述中得到了体现，她首先描述他们小时候在后院爬树的经历，然后描述了他们成长为一起开车兜风的青少年，最终举行婚礼，在众人的祝福下成为夫妻的故事。恰到好处的是，《玛丽的歌》以这对夫妇如今的画面结束——他们已经八十多岁了，但仍然深爱着对方。"我觉得这非常甜蜜，因为我去杂货店时总能在八卦报纸上读到谁和谁又分手了，谁又出轨了，"泰勒说，"但我知道，在我家隔壁，就有一个永恒、完美爱情的例子，这真是令人感到安慰。"[25]

对页：2007年CMT音乐奖的颁奖现场，泰勒凭借《蒂姆·麦格劳》赢得了年度最具突破录影带奖

我们的歌 (*Our Song*)

{单曲}

发行日期：2007年9月10日（单曲）/ 2006年10月24日（专辑）
创作者：泰勒·斯威夫特
制作人：内森·查普曼
不同版本：国际版、流行/摇滚混音版、广播单曲版、iTunes SoHo现场版

　　为了九年级的才艺表演，泰勒仅用15分钟就创作出了《我们的歌》。这首曲子以轻快的吉他弹拨为特色，节奏明快而充满活力，恰如其分地展现了泰勒心中所设想的欢快旋律。这首歌极好地展现了泰勒的"超能力"——她能够清晰地在脑海中构思出一首完整的歌曲。"在写歌时，我能在脑海中听到整个制作过程，"她解释说，"我甚至能听到班卓琴的弹奏声。有人可能觉得这很奇怪，但这是我所知道的唯一的创作方式。"[26]

　　从歌词上看，《我们的歌》同样散发着青春的活力与甜蜜的气息，因为它描述了一对沉醉在爱情最美妙时刻的情侣，正携手创作属于他们的爱情旋律。泰勒说："我喜欢描写音乐对人们的影响，这首歌的创作过程很有趣，因为它讲述了一对没有定情之曲的情侣的故事。"[27]而这首曲子背后隐藏的甜蜜秘密是：这对情侣就是泰勒和她当时的男友——所以严格意义上来说，《我们的歌》是泰勒为自己而写的。

　　后来，这首歌在泰勒的同学中引起了巨大的轰动。"几个月后，还有人来找我，告诉我说他喜欢我演奏的那首《我们的歌》，"她说，"然后他们会唱给我听，即使他们只听过一次，我当时就想：'这首歌不简单！'"[28]泰勒没想错——《我们的歌》成了她首次登上《公告牌》"热门乡村音乐排行榜"榜首的歌曲，并霸榜六周。

美丽的双眼 (*Beautiful Eyes*)

发行日期：2008年7月15日
创作者：泰勒·斯威夫特
制作人：罗伯特·埃利斯·奥拉尔

泰勒在13岁时写下了这首《美丽的双眼》，这是一首真挚的中速乡村风格歌曲，讲述了通过令人屏息的深情对视与某人建立深层联系的故事。《美丽的双眼》最终成为2008年同名迷你专辑的主打曲。这张迷你专辑的发布是为了在同年晚些时候，即泰勒发行《无畏》（*Fearless*）这张专辑之前给粉丝们一些小甜头。"我只让我的唱片公司制作了少量的歌曲，"

她说，"我最不希望的就是让大家认为我们正在批量发布歌曲。并且我不会为这张迷你专辑做大量宣传，因为我不想让人们错误地认为这是第二张正式专辑。当时我收到了很多邮件，人们在催我发新歌，我想，在秋天新的正式专辑发布之前，这张提前发布的迷你专辑可能可以缓解大家焦急的情绪。"[29]

我喜欢？ (*I Heart?*)

发行日期：2008年6月23日（宣传单曲）/ 2008年7月15日（迷你专辑）
创作者：泰勒·斯威夫特
制作人：罗伯特·埃利斯·奥拉尔

泰勒13岁时还创作了《我喜欢？》。尽管这是一首关于分手的歌曲，曲风却还是欢快的。在曲中，泰勒表现出了对最近的一段关系的不确定。她将"我喜欢？"用记号笔写在手心上，仿佛她随时准备质疑她的前男友，歌曲指出她在爱情中受到了伤害，但并未被打败。随着歌曲推进，泰勒运用了一些巧妙的文字游戏，指出她在意识到前男友对待她的方式之恶劣后

终于接受了分手，然后使用相同的方式表示，总有一天他会明白这一次就是诀别。在《美丽的双眼》迷你专辑之前，《我喜欢？》收录在2004年的一张样带专辑中（专辑中还收录有《你的脸庞》[*Your Face*]和《局外人》），并且这首歌也是泰勒首张专辑（豪华版）的附赠曲目。

对页：2007年4月，在道奇体育场，斯威夫特在洛杉矶道奇队迎战科罗拉多落基山队之前演唱了国歌

同你在一起时我才是自己 (*I'm Only Me When I'm With You*)

【附赠单曲】《泰勒·斯威夫特》(豪华版)

发行日期：2007年11月6日

创作者：罗伯特·埃利斯·奥拉尔、安杰洛·佩特拉利亚、泰勒·斯威夫特

制作人：罗伯特·埃利斯·奥拉尔、安杰洛·佩特拉利亚

　　如果有人认为泰勒一开始并不明确自己想从这份音乐事业中获得什么，那他们应该并不知道《同你在一起时我才是自己》的创作过程。这首歌是泰勒13岁时与两位经验丰富的词曲作者——罗伯特·埃利斯·奥拉尔和安杰洛·佩特拉利亚共同创作的，但她的参与举足轻重。

　　"她说：'我想要创作一首像艾薇儿·拉维尼[1]风格的乡村风格歌曲。'"[30]多年后，奥拉尔这样回忆道。这一设想听起来自相矛盾，但《同你在一起时我才是自己》完美地融合了这两种风格。这首歌的节奏跳跃，拨弦音如同旋转的舞者般令人目不暇接，加上强烈的鼓点推动着整首歌曲渐入佳境。奥拉尔在制作时也仅"稍作改动"，非常巧妙地融入了优雅的踏板电吉他音色，因为他"希望保持其乡村音乐的风格"。[31]

　　泰勒同样主导了歌词的创作。"我们当时在一段旋律上卡住了，安杰洛还没有想出任何歌词，"奥拉尔回忆道，"他提出了两句歌词……然后泰勒看着他说：'我觉得不好，听起来有点老套。'……然后她又说，'我觉得这不像是我歌曲的风格。'"[32]

　　最终成曲确实忠实地体现了泰勒作为一名词曲作者的本色。她在曲中描述了和懂自己的人待在一起时的幸福感，就算沉默也不会尴尬，可以一起静静聆听夜晚的蝉鸣，尽情地分享自己的烦恼和秘密。虽然这个人总是时不时地故意惹怒她，她也还是只想跟这样的人待在一起。

　　大约一个月后，泰勒在14岁生日过后录制了《同你在一起时我才是自己》[33]，而在这段空档期里她与美国广播唱片公司（RCA Records）签约了。令人难以置信的是，新公司对这首歌的呈现效果并不满意。"（当我给他们听这首歌的时候）他们说：'太流行风了，我觉得听众不会喜欢的。'"奥拉尔回忆道，"然后我说：'不可能——这首歌很完美。'"但是，美国广播唱片公司的损失却成了观众的福利——最终，《同你在一起时我才是自己》没有重新进行混音，而是作为泰勒出道专辑里的附赠单曲与听众见

面。"他们一直不想要这首歌，"奥拉尔说，"所以我们就拿回来放在了第一张专辑里，甚至没有重新混音，它最终发行时就是我交给美国广播唱片公司时的样子。"

对页：泰勒在2007年乡村音乐学院新人艺术家慈善派对上表演

上图：泰勒于2006年5月23日抵达拉斯维加斯的乡村音乐学院奖颁奖典礼

1　艾薇儿·拉维尼（Avril Lavigne）：加拿大女歌手、词曲作者、演员，以其叛逆的形象、独特的声音和充满能量的流行摇滚音乐而闻名于世，代表作有*Complicated*、*My Happy Ending*等。

隐形 (*Invisible*)

发行日期：2007年11月6日
创作者：罗伯特·埃利斯·奥拉尔、泰勒·斯威夫特
制作人：罗伯特·埃利斯·奥拉尔

　　小的时候，泰勒和家人常在夏天去新泽西海岸度假。她后来回忆，这段宁静的时光充满了平淡的小趣味——用望远镜窥望街对面的鸟类保护区，在年度游行期间向船只投掷水球，以及写小说。

　　"我小时候可以尽情地展现我的古怪、奇特和想象力，这是我觉得在那里生活最棒的一点。"她说。[34] 新泽西海岸还激发了这位初出茅庐的词曲作者的创作灵感，她在这里创作了几首歌，包括一首名为《烟雾弥漫的夜晚》(*Smokey Black Nights*)的样带和首张专辑的附赠曲目《隐形》。她以她父母朋友的儿子为原型创作了这首充满渴望、以吉他扫弦为基调的民谣。"他们总是在我家，他们的儿子和我一样大，他总是跟我说他喜欢的其他女孩的事情，"她回忆道，"我当然感到……自己是隐形的。"[35] 和《泪洒吉他》一样，《隐形》这首歌讲述了泰勒希望自己喜欢的人能看到自己、来了解自己，而不是其他女孩。歌词赤裸裸地表现了被忽视所带来的渴望和孤独。"作为人类，我们真正想要的就是与他人建立联结，"泰勒说，"我认为音乐是最强有力的纽带。"[36]

上图：2007年，泰勒·斯威夫特受邀担任布拉德·佩斯利的"篝火与放大器"巡回演唱会（Bonfires & Amplifiers Tour）的开场嘉宾，并于2007年5月11日在堪萨斯州邦纳泉市的演唱会上演出

对页：曾在宾夕法尼亚州怀奥米辛居住过的泰勒回到这里，在雷丁费城人队棒球比赛前演唱国歌

完美无瑕的心 (*A Perfectly Good Heart*) 　[附赠单曲]《泰勒·斯威夫特》(豪华版)

发行日期：2007年11月6日
创作者：布雷特·詹姆斯（Brett James）、泰勒·斯威夫特、特洛伊·弗格斯（Troy Verges）
制作人：布雷特·詹姆斯、特洛伊·弗格斯

　　《完美无瑕的心》是一首经典的分手情歌，适合作为在卧室里哭泣时播放的背景音乐。此曲由大热单曲创作者布雷特·詹姆斯和特洛伊·弗格斯共同创作和制作，他们曾共同为玛蒂娜·麦克布赖德（Martina McBride）和杰西卡·安德鲁斯（Jessica Andrews）创作了登上"热门乡村音乐排行榜"榜首的歌曲，这两首歌分别为《幸运》（*Blessed*）和《我是谁》（*Who I am*），而他们两位也取得了巨大的成功。

　　布雷特·詹姆斯参与创作了《牛仔卡萨诺》（*Cowboy Casanova*）和赢得了格莱美奖的《耶稣，请握住方向盘》（*Jesus, Take the Wheel*）这两首由凯莉·安德伍德（Carrie Underwood）演唱的热门单曲，以及肯尼·切斯尼（Kenny Chesney）的一首大热单曲。而特洛伊·弗格斯参与创作了亨特·海耶斯（Hunter Hayes）的超热门单曲《深切渴望》（*Wanted*）和获得奥斯卡奖提名的《回家》（*Coming Home*），由格温妮斯·帕特洛（Gwyneth Paltrow）演唱。

　　珠玉在前，《完美无瑕的心》自然也是一首杰作——这首乡村流行风格的歌曲被完美地演绎出来，不花哨的编曲突出了泰勒多情的唱腔。她惊愕于自己在爱情中的心碎，引起无数听众共鸣——而这无疑就是这首歌最终被泰勒出道专辑（豪华版）收录的原因。

　　"我的歌迷们跟我一样，"泰勒说，"我们真的很像。所以如果我认为这首歌应该被收录在这张专辑里，我的歌迷们应该也会赞成。"[37]虽然泰勒也承认，这是一个"很主观的推测"，但她补充说自己非常感激歌迷们与自己有着同样的"音乐品位"，并认为"能理解我的初心，被一大群人理解是一种非常美妙的感受"。[38]

圣诞迷你专辑 (*Holiday EP*)

《季节之声：泰勒·斯威夫特圣诞精选集》
别名：《泰勒·斯威夫特圣诞精选集》

发行日期：2007年10月14日
创作者：多位
制作人：内森·查普曼

泰勒·斯威夫特喜欢圣诞节。这并不奇怪，毕竟，她出生于12月13日。"我希望一整年都是圣诞，就像圣诞节给每个人带来的感觉一样，"她曾经说过，"大家都在为彼此买礼物，有一种节日的氛围。"[39]不仅如此，泰勒喜欢圣诞节的最主要的原因在于这是一个赠送礼物和传播欢乐的节日。"圣诞节时，我最期待的就是看着我的家人打开礼物，"泰勒说，"我喜欢为我的生活中的每个人寻找完美的礼物——以及完美的包装纸。"[40]

2007年，她为粉丝们打造了完美的圣诞礼物——一张收录六首歌曲的名为《季节之声：泰勒·斯威夫特圣诞精选集》的迷你专辑（随后的再版有相同的曲目列表，但名字改为了《泰勒·斯威夫特圣诞精选集》）。该专辑最初发行时，她仍然是一位新人。这张迷你专辑以偏乡村风格的圣诞经典翻唱为特色——以轻松的乡村风格演绎的威猛乐队[1]的《去年圣诞》（*Last Christmas*），由小提琴和曼陀林支撑的怀旧风的《白色圣诞节》（*White Christmas*），以及轻松愉快的《圣诞宝贝》（*Santa Baby*）。泰勒还对《平安夜》（*Silent Night*）进行了别具一格的声乐编排，使旋律听来悦耳又充满怀旧之情。

然而，泰勒指出，她不想仅仅做翻唱。"当我们决定要做一张圣诞专辑时，我就说：'必须有一些真正原创和不同的东西，否则就没有必要去做。'"她说。[41]于是，她的两首原创歌曲之一就叫《圣诞节不仅如此》（*Christmas Must Be Something More*）。这也许是她目录中最明显的带有宗教色彩的歌曲，歌曲指出圣诞节是为了庆祝耶稣的诞生。

与莉兹·罗斯和内森·查普曼共同创作的另一首原创歌曲是在编曲上倾向于原声的《你在我身边的圣诞节》（*Christmases When You Were Mine*），是泰勒所说的"主题不同的圣诞歌曲"——节日唤起了心中对过去爱情的回忆，并想象两人如果还在一起会如何。"我最喜欢的写作主题，你知道的，就是在爱情中心碎，"她说，"常常一到节日，以前过节的回忆会涌上心头，也许当时一起过节的人现在已经不知所踪。"[42]在2009年的再版中，《泰勒·斯威夫特圣诞精选集》达到了"《公告牌》200强专辑榜"（*Billboard* Top 200）的第20位。2010年初，该专辑在《公告牌》"最受欢迎的节日专辑排行榜"上连续两周位居第一。

对页：斯威夫特为第75届洛克菲勒中心的圣诞树点亮仪式带来了欢乐

---

1 威猛乐队（Wham!）：20世纪80年代初期成立的英国流行音乐二人组，由乔治·迈克尔（George Michael）和安德鲁·瑞吉利（Andrew Ridgeley）组成。乐队以其充满活力的流行音乐和时尚形象迅速走红。

02

"无畏"时期

第二张专辑《无畏》（Fearless）发行于2008年11月11日，它让泰勒·斯威夫特经历了人生中的许多第一次。这不仅是她首次参与制作的专辑，还使她首次赢得了包括"年度专辑"和"最佳乡村专辑"在内的多个格莱美奖项。收录曲《爱情故事》（Love Story）成为她首支进入"《公告牌》百强单曲榜"前五的热门歌曲——也是有史以来第一首登上《公告牌》"主流40强电台榜"榜首的乡村风格歌曲。泰勒之所以取得这些成就，并非改变了自己，而是因为她不断提炼和提升那卓越的歌曲创作技艺。在《无畏》这张专辑中，她巧妙地将经过专业编排的乡村流行音乐与充满深刻洞察力和真挚情感的歌词结合在一起，展现了她音乐上的卓越才华。

无畏 (*Fearless*)

发行日期： 2008年10月14日（推广单曲）/ 2010年1月4日（乡村风格单曲）/ 2008年11月11日（专辑）

创作者： 希拉里·林赛（Hillary Lindsey）、莉兹·罗斯、泰勒·斯威夫特

制作人： 内森·查普曼、泰勒·斯威夫特

其他版本： 编辑版、泰勒重制版

　　泰勒将她的第二张正式专辑命名为《无畏》，因为对她来说，这个标题囊括了专辑中体现的许多主题。"我真的仔细思考了'无畏'这个词对我意味着什么，"她说，"对我来说，无畏并不意味着你完全没有恐惧，也不意味着你不会受伤。它意味着你有很多恐惧，但你还是勇敢地去做了。"[1]

　　在这张专辑的13首曲目中，泰勒探索了无畏的不同方法，或是一种无畏的生活方式。主打歌关注的是人们在直面内心的渴望时展现出来的勇气——更具体地说，是抛开谨慎，允许自己无畏地开始一段新关系。歌词详细描述了两个人之间发生的一段浪漫兜风之旅，在漫天烟花下以深情一吻达到情感的高潮，完美捕捉了那种令人心跳加速、希望约会永远不要结束的激动心情。在整首歌曲中，泰勒巧妙地点缀了生动的细节，比如歌词中描绘暴雨后的街道闪闪发光，为听者营造出一幕生动的场景。

　　令人难以置信的是，《无畏》这首歌的内容全是基于想象，而不是泰勒的真实经历。泰勒在巡演期间创作了这首歌曲，那时她完全是单身状态，而且短期内没有任何约会的可能。（"我连一个可能的约会对象都没有。"她指出。[2]）于是，她让自己的想象力尽情驰骋，构想出浪漫、迷人又大胆的剧情——一次说走就走的停车场舞会，穿着漂亮裙子在雨中嬉戏，放下紧张的情绪享受完美的初吻。"有时当你写情歌时，你不是写你此刻正在经历的——你写的是你希望拥有的，"斯威夫特说，"这首歌是关于我还没有经历过的，最棒的初次约会。"[3]

　　从音乐编排上看，《无畏》以其轻松自在的乡村流行风格俘获人心，其特色是那悠闲自在的鼓点节奏和如金色闪光般璀璨的吉他和弦。但与之相反的是，泰勒在曲中展现了一种充满力量感的（也许有人会说是"无畏的"）演唱，亮点在过渡衔接段那史诗级的升调，凸显了歌词中那一吻的力量。歌迷们欣然接受

了斯威夫特大胆的创新——发行之时，《无畏》成为泰勒当时最热门的单曲之一，在"《公告牌》百强单曲榜"上达到第9位，还在"热门乡村音乐排行榜"上达到第10位。

上图：2008年，在威斯康星州双子湖举行的第16届年度乡村雷鸣音乐节（Annual Country Thunder）上表演

对页：闪亮的流苏迷你裙是斯威夫特在"无畏"时期标志性的舞台装扮

十五岁 (*Fifteen*)

单曲

发行日期：2009年8月31日（单曲）/ 2008年11月11日（专辑）
创作者：泰勒·斯威夫特
制作人：内森·查普曼、泰勒·斯威夫特
其他版本：流行混音编辑版、泰勒重制版

《十五岁》这首歌明确地提醒人们，十五岁是一个动荡的年纪，充满了令人眩晕的高潮（与有车的男孩初次约会的激动，或是找到一个最好的朋友）和痛苦的低谷（朋友间小团体矛盾不断，或是在爱情中遭遇残酷的心碎时刻）。为了表现这种状态，这首歌的编曲非常灵活。曼陀林的细腻音符和大提琴的深情旋律在曲中忽远忽近，宛如青春期脆弱的心灵。同时，原声与电吉他的丰富音色交织在一起，它们在强度上起伏变化，如同青春期情感的潮起潮落。

这首歌巧妙地在两种视角间切换——一方面是焦虑的青少年泰勒在经历高中新生时期的迷茫，而另一面是成年后的泰勒回望那段时光。采用这样的叙述手法，难怪《十五岁》能展现出许多深刻的人生道理。例如：与橄榄球运动员约会并不一定是你人生的巅峰；即使你认为自己已经什么都懂了，但你其实并没有搞懂人生；还有，不要随意敞开心门。《十五岁》传达的最重要的一条道理是——每个人在成长过程中都会经历这些痛苦。"十五岁时，你会觉得自己孤身一人，"泰勒说，"你会认为你是世界上唯一有这种感觉的人，但你其实不是。"[4]

诚然，这首歌就是泰勒基于自己的生活以及她在高中第一年的经历来创作的。在歌曲的合唱中，她的声音以一种温柔而渐进的方式上升，当她轻唱着"十五岁"的瞬间，她对自己年轻时的那份深沉的同情和理解清晰可感。"我感觉在我的人生中，高中一年级那年我成长得最多。"她说。[5]

《十五岁》中的过渡部分尤为触动人心，泰勒在这里描绘了一段令人心痛的往事，故事涉及她现实生活中的挚友阿比盖尔（Abigail）。阿比盖尔是泰勒在高中一年级英语课上结识的一位红发女孩，她当时的男友对她不忠。泰勒承认，在录制《十五岁》时，当她在唱到这个部分时，她情不自禁地流泪了。"让我落泪的是，我所深爱的人遭受了痛苦，而我亲眼看见了这一切，"她同时提及了她朋友所经历的心碎，"每次唱到那里，我都会感到无比动容。"[6]

即便《十五岁》中讲述的故事已经跨越了几十年的光阴，但泰勒和阿比盖尔对于她们那段青涩而痛苦的年少时光，依旧抱有一种混合着怀念与自豪的复杂情感。在2023年5月的纳什维尔演出中，泰勒坐在钢琴前，将这首歌献给了她"美丽的、红头发的高中最好的朋友"——不需要提及名字，因为粉丝们知道是阿比盖尔。而这位"最好的朋友"碰巧就坐在观众席上。为了使这场表演变得更加特别，在这首歌的演唱中，泰勒在其中的一句歌词中巧妙地添加了一些额外的词汇，表达出她和阿比盖尔都曾为那段青少年时期的心碎往事而流泪的情感共鸣。通过这个细腻的改动，她温柔地致敬了她们年轻时所经历的一切。

对页：凭借着捕捉成长中起起伏伏的敏感情绪的歌词创作，《无畏》推动了斯威夫特成为流行歌星

左图：2009年2月7日，麦莉·赛勒斯（Miley Cyrus）和泰勒·斯威夫特正在彩排她们预备在格莱美奖颁奖典礼上表演的二重唱《十五岁》

爱情故事 (*Love Story*)

发行日期： 2008年9月15日（单曲）/ 2008年11月11日（专辑）

创作者： 泰勒·斯威夫特

制作人： 内森·查普曼、泰勒·斯威夫特

其他版本： 国际混音版、数字狗（Digital Dog）混音版、流行混音版、泰勒重制版（艾尔维拉[1]混音）

{ 单曲 }

　　泰勒自诩为一名无可救药的浪漫主义者，是那种对爱情及其一切可能性，始终心怀憧憬，永不言弃的人。"爱情，无论它给你带来的是什么，都值得我们深信不疑，"她曾说，"要相信那些爱情故事，那些传说中的白马王子，以及那些幸福美满的结局。这就是我创作这些歌曲的原因。因为我相信，爱情是无畏的。"[7]

　　《爱情故事》无疑是一首跨越时代的情歌，创作灵感源自莎士比亚的《罗密欧与朱丽叶》中那对命运多舛的爱侣。但泰勒在歌曲中并未让他们以悲剧收场，而是设想了另一种可能性：如果罗密欧与朱丽叶能够克服万难，修成正果，那将会怎样？

　　但泰勒也提醒我们，这并不一定意味着情侣必须拥有皇室血统才能修成正果。"对我而言，这首歌讲述的不是住在城堡里，在皇家舞会上邂逅真爱的故事。它的意义远比那简单——那就是爱情值得投入、追求和珍视。"[8]她传达了一个深刻的理念：每个人都能找到属于自己的另一半。在泰勒的演唱会上，常有情侣伴着《爱情故事》的旋律求婚，这在很大程度上是因为歌曲结尾部分激昂的升调，以及歌词中描绘

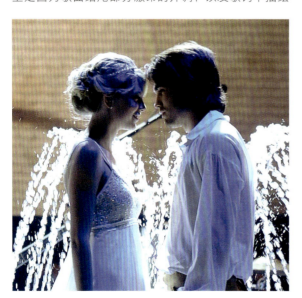

了罗密欧向朱丽叶求婚的动人一幕。

　　"在创作这首歌的结尾时，我感到这正是每个女孩梦寐以求的爱情故事的结局，"泰勒说，"这也正是我所期望的结局。我们都希望拥有一个不被他人的看法或言论左右，坚定选择自己的男孩。"[9]

　　这个平行宇宙的美满结局实际上却是源于泰勒对现实中感情生活的不满。如她所说，当时她"正在和一个大家不太看好的人约会。""他的情况有点复杂，但我不在乎。"[10]（后来，她澄清了她的意思：她的父母和朋友不太喜欢这个人。）然而，《爱情故事》中的其他元素都基于泰勒的幻想——"我把从电影里的情节、莎士比亚的作品，以及从阅读中得到的灵感，与我生活中的一些暗恋的经历结合起来，创作了这首歌。"[11]

　　和泰勒早期的许多单曲一样，《爱情故事》推出了几个混音版本：复古乡村风格的版本，以颤抖的钢吉他、轻快的班卓琴和庄严的小提琴为特色；流行风格的版本则放缓了节奏，并融入了更显活泼的电吉他旋律。无论是原版的《爱情故事》，还是2021年泰勒重新录制的《爱情故事》（泰勒重制版），都曾登上《公告牌》的"热门乡村音乐排行榜"榜首。在音乐史上，仅有泰勒和多莉·帕顿两位艺术家能够使原版和重录版的歌曲都登上此排行榜的首位。

左图与对页：2008年11月12日，在第42届乡村音乐协会奖颁奖典礼上，泰勒演绎了一版史诗级的《爱情故事》，她的歌声与精心编排的舞蹈完美融合，最终以一个宛如童话故事中的爱情结局，为观众呈现了一场视听盛宴

1　艾尔维拉（Elvira）：即艾尔维拉·安德菲耶德（Elvira Anderfjärd），瑞典制作人，迄今为止与泰勒·斯威夫特合作了三首曲子，分别是《爱情故事》《漂流瓶》以及《柳树》。

嘿, 斯蒂芬 (*Hey Stephen*)

发行日期：2008年11月11日

创作者：泰勒·斯威夫特

制作人：内森·查普曼、泰勒·斯威夫特

其他版本：泰勒重制版

　　泰勒创作的这首活泼的民谣流行佳作《嘿，斯蒂芬》是关于她在音乐生涯中遇到的暗恋对象。"有这么一个家伙，他在我的巡演中做过几次开场嘉宾，我们聊过一两次，但他从不知道我喜欢他。"她说。[12]

　　在欢快的风琴旋律和泰勒那充满诱惑力的声音的共同作用下，歌曲《嘿，斯蒂芬》展现出一种对浪漫的乐观渴望；因此，这首歌给人的感觉更多是俏皮而不是忧伤。在歌词中，泰勒列出了一些他们应该在一起的原因——其中最重要的是，她调情般地说她会为他写一首歌，并表达了她想亲吻他的冲动，因为他看起来像天使一般。

　　由于泰勒在歌曲中透露了她暗恋对象的真实姓名是斯蒂芬，粉丝们迅速将线索串联起来，意识到这首歌实际上是关于她曾经的巡演伙伴——斯蒂芬·巴克·赖尔斯（Stephen Barker Liles），以及他的乐队"爱与盗"（Love and Theft）。尽管他当时并不知道泰勒的这份心意，但泰勒后来巧妙地暗示了他："当我的专辑发行时，我给他发了一条短信：'嘿，第五首。'"[13]幸运的是，现实生活中的斯蒂芬对这首歌的存在感到受宠若惊——甚至在2011年发布了单曲《尽力一试》（*Try to Make It Anyway*），作为对泰勒的回应。

白马 (*White Horse*)

〔单曲〕

发行日期： 2008年12月8日（乡村风格单曲）/ 2008年11月11日（专辑）

创作者： 莉兹·罗斯、泰勒·斯威夫特

制作人： 内森·查普曼、泰勒·斯威夫特

其他版本： 电台编辑版、泰勒重制版

　　如果雨天有背景音乐，那一定会是《白马》。这首缓缓升温的民谣，以深沉而荒凉的大提琴和钢琴旋律为特色，讲述了歌曲中的主人公意识到她所追求的永恒幸福故事不过是一场幻梦。

　　"《白马》讲述的是我认为的分手中最令人心碎的瞬间：当你突然醒悟，所有关于和这个人共度未来的梦想、愿景和希望，在一瞬间化为乌有，"泰勒说，"这样的瞬间过去后，你要做的就是站起来继续往前走。"[14]

　　令人难以置信的是，泰勒差点没有把《白马》收录在《无畏》这张专辑中。一开始是因为她认为专辑里已经有足够多的悲伤的歌曲了。但随后又出现了一个令人兴奋的转折——《白马》有机会被选为电视剧《实习医生格蕾》[1]中的背景音乐。对泰勒来说，这无疑是一个"梦想成真"的时刻，因为她是这部电视剧的超级粉丝。她甚至给自己的一只猫命名为梅雷迪斯·格雷（Meredith Grey），即艾伦·旁派在剧中饰演的角色。"是因为要用在剧里，我们才把这首歌收录在专辑里的。"她说。[15]然而，令她无比欣喜的是，《白马》不仅成功入选——它在《实习医生格蕾》第五季的首播集中亮相——而且最终成了流行音乐的热门曲目，攀升至"《公告牌》百强单曲榜"的第13位，并荣获了两项格莱美奖。

对页：在《无畏》发行之后，泰勒在自己的首次巡回演唱会上尽情享受舞台

右图：在2008年全美音乐奖颁奖典礼上，泰勒演唱了《白马》，并荣获了最受欢迎乡村女歌手奖

---

1 《实习医生格蕾》（*Grey's Anatomy*）：2005年3月27日由ABC（美国广播公司）出品，由艾伦·旁派、帕特里克·德姆西等主演的系列医学电视剧。

你应该和我在一起 (*You Belong With Me*)

发行日期： 2008年11月4日（推广单曲）/ 2009年4月20日（电台单曲）/ 2008年11月11日（专辑）
创作者： 莉兹·罗斯、泰勒·斯威夫特
制作人： 内森·查普曼、泰勒·斯威夫特
其他版本： 流行混音版、电台版、泰勒重制版

《你应该和我在一起》是现代流行音乐中关于迷恋那些无法触及之人的杰作之一。歌曲以清脆的班卓琴声为底色，搭配上跳跃的旋律和充满情感的嗓音，将那份渴望和向往表达得淋漓尽致。这首歌的构思和情感走向，宛如出自一部充满青春气息的电影，触动着每一个听众的心弦。

在这首歌中，主角是一个默默无闻的边缘人。她暗恋着一个好朋友，这份暗恋建立在他们彼此欣赏的幽默感和自在的交流上。但他的现任女友却是一个虽然备受追捧却对他并不真心的啦啦队队长。这位不合群的主人公困惑于他为何要和这样的人在一起，她内心渴望着这位朋友能够觉醒，意识到她才是值得发展一段浪漫关系的人选。

"一个和另一个女孩在一起的男孩，我只是作为一个外人旁观他们的感情，（我）非常非常嫉妒，并且……想要和那个男孩在一起，"她说，"我当时就在想：'你为什么要和她在一起？她对你并不好。'"[16]泰勒以她特有的魅力补充说道："这种令人沮丧的情况对我来说并不陌生，因为在我暗恋的人眼中，我总是被看作'隔壁的那个女孩'，他们只想和我做朋友，没有进一步的打算。"[17]

泰勒从多个角度细致地阐述了她的创作灵感，指出《你应该和我在一起》这首歌的灵感来自她无意中听到一个朋友在电话中与女友激烈争吵，或者说是他的女朋友单方面地斥责他，他只是在为自己辩解。出于对这位朋友的同情，泰勒由此构思出歌曲的故事线："我爱上了他，他应该和我在一起，而不是那个女孩。"[18]她巧妙地构思出标志性的歌词，通过迷你裙与T恤、高跟鞋与运动鞋的对比，生动地描绘了主角与那位女友之间的差异。

泰勒和她熟悉的合作伙伴莉兹·罗斯共同创作了这首歌。"周五的时候，她（泰勒）给我打电话，我跟她说，'嘿，这张专辑正在收尾，我还需要另一首歌。你周日能和我一起写出来吗？'"罗斯回忆道，并说泰勒当然欣然接受了这个挑战。[19]两人见面时，泰勒准备充分，已经写好了这首歌的一部分，包括涉及不同服装对比的歌词。而这又给了罗斯灵感，她提议在歌词中提到"她是啦啦队队长，而我只坐在看台上"——然后两人就文思泉涌。[20]"和泰勒一起写歌是一种合作创作，同时也包含很多编辑的工作，"罗斯说，"我得记下她源源不断的灵感，因为她在创作时是很'意识流'的。"[21]

泰勒说《你应该和我在一起》是一首彻底改变了她的音乐生涯的歌曲。根据它所获得的荣誉来看，这种说法并不夸张——这首《你应该和我在一起》在《公告牌》的"热门乡村音乐排行榜"上连续两周稳居首位，并且在"《公告牌》百强单曲榜"上几乎触及顶峰，最高达到了第二名，仅次于黑眼豆豆（The Black Eyed Peas）的《我有种感觉》（*I Gotta Feeling*）。它还获得了三项格莱美奖提名，包括年度最佳歌曲和年度最佳唱片。

下图：在2010年初，泰勒·斯威夫特和共同创作歌曲的莉兹·罗斯（图中右一）凭借《白马》赢得了格莱美最佳乡村歌曲奖

对页：在2008年2月27日，泰勒·斯威夫特在MTV（音乐电视网）的《互动全方位》（*Total Request Live*）节目上表演了《泪洒吉他》

呼吸 (*Breathe*)（与蔻比·凯蕾[1]合作）

发行日期： 2008年10月21日（推广单曲）/ 2008年11月11日（专辑）

创作者： 蔻比·凯蕾、泰勒·斯威夫特

制作人： 内森·查普曼、泰勒·斯威夫特

其他版本： 泰勒重制版

《呼吸》以班卓琴和弦乐的悠长旋律，引领听众进入一种宁静的冥想状态。泰勒在歌曲中描述了一种情感状态："你非常在意一个人，但必须放手，因为你不想受到伤害，而你们之间已经超越了友谊或之前的关系。"[22] 她没有具体说明她在说谁，但共同创作这首歌并在其中献唱的歌手蔻比·凯蕾在随后的访谈中透露了更多关于歌曲创作灵感的信息，她指出泰勒当时是在表达她与乐队成员之间的一些经历和心声。

[23]凯蕾看似轻描淡写地一句带过，但歌曲中体现的不仅如此——《呼吸》包含了一种深切的歉意，深入探讨了情感分裂所带来的复杂性和情感上的痛苦。歌曲中分析道，尽管这些情感挑战往往是个人成长过程中不可避免的一部分，但要真正地向前迈进，依然是一件困难的事情。《呼吸》因其呈现的对脆弱情感的包容，获得了格莱美最佳流行歌曲合作奖的提名。

告诉我为什么 (*Tell Me Why*)

发行日期： 2008年11月11日

创作者： 莉兹·罗斯、泰勒·斯威夫特

制作人： 内森·查普曼、泰勒·斯威夫特

其他版本： 泰勒重制版

与一个吊着你的人打交道是一种充满痛苦和愤怒的情感历练。泰勒在对一个光说不做的男人产生迷恋时，深刻体会到了这种滋味。她坦言："他总是那么犹豫不决，跟我玩着心理游戏。"[24] 对于这种令人沮丧的关系和对方的不当行为，泰勒感到极度挫败和愤怒。在这样的情绪驱使下，泰勒找到了一个愿意倾听她的知己——她的密友及歌曲创作拍档莉兹·罗斯。她回忆说："我只是不停地发泄，诉说那个家伙时而多么让人失望，时而又是那么吸引人。"在一次情感宣泄中，她向莉兹表达了自己的困惑："莉兹，我真的不明白他到底是怎么想的！"[25] 两人携手将泰勒的这些复杂情绪融入了歌曲《告诉我为什么》之中。这首歌曲带有浓厚的爱尔兰民谣色彩，泰勒在其中要求对方解释他那忽冷忽热的矛盾行为。歌曲中活泼的小提琴、激昂的班卓琴声以及带有20世纪90年代另类摇滚风的电吉他旋律，共同强化了泰勒心中那愤怒的情绪。

---

1 蔻比·凯蕾（Colbie Caillat）：美国创作歌手、作曲家和吉他手，以其清新的民谣流行风格和富有感染力的旋律而闻名。

你并不觉得抱歉 (*You're Not Sorry*)

发行日期：2008年10月28日（下载）/ 2008年11月11日（专辑）

创作者：泰勒·斯威夫特

制作人：内森·查普曼、泰勒·斯威夫特

其他版本：CSI混音版、《爱的告白》（*Speak Now*）（世界巡回演唱会现场版）、泰勒重制版

　　《你并不觉得抱歉》这首充满力量的民谣，通过戏剧化的钢琴弹奏、哀婉的小提琴旋律和激昂的电吉他独奏，营造出一种与歌词中所描绘的风暴般的情感相得益彰的音乐氛围。泰勒意识到自己正在与一个不诚实的人周旋，她终于坚定了自己的内心——她已经厌倦了他的欺骗游戏。"他给人一种白马王子的感觉，"她说，"结果，这位所谓的'白马王子'有很多没有告诉我的秘密，而我会一一揭开它们。"[26]这种侦探般的心态与泰勒不太为人所知的演艺生涯有关。2009年，她在长青的犯罪剧《犯罪现场调查》（*CSI: Crime Scene Investigation*）中的一集中首次亮相。她曾幽默地表示："我所有的朋友都知道，我的梦想是在《犯罪现场调查》中扮演一个死者。"[27]她最终圆梦了，在剧集《转啊转》（*Turn, Turn, Turn*）中客串了一个名叫海莉的具有复杂心理的青少年角色，该角色不幸以一种令人恐惧的方式死去。与此同时，她还发布了一个阴暗的、带有电音效果的《你并不觉得抱歉》电子混音版（即CSI混音版），展现了她音乐风格的另一面。

我那样爱你 (*The Way I Loved You*)

发行日期：2008年11月11日

创作者：约翰·里奇（John Rich）、泰勒·斯威夫特

制作人：内森·查普曼、泰勒·斯威夫特

其他版本：泰勒重制版

　　《我那样爱你》这首歌以简洁而深刻的方式，道出了爱情中一个不争的事实：心，往往不受理智的驾驭。换句话说，尽管与一个好男人建立一段稳定的关系是理想的爱情典范，但有时这并不能使你快乐。相反，泰勒指出："和别人在一起时，你却从头到尾都在想着那个让人又爱又恨、混乱而沮丧的家伙。"[28]——正如歌词所说，他是那种能和你在雨中争吵到深夜的人。泰勒找到了理想的歌曲创作伙伴——来自大而富乐队（Big&Rich）的约翰·里奇。她解释说："他能够理解这种心情，因为在他自己的恋爱关系中，他就是那种复杂、混乱、令人沮丧的人。"[29]为了捕捉这些相互拉扯的渴望，歌曲巧妙地融合了悠扬的弦乐和富有节奏感的电吉他弹奏，再加上充满罪恶感和强烈欲望的合唱旋律，它们共同营造出一种情感上的动态张力。

始终如一 (*Forever and Always*)

发行日期：2008年11月11日
创作者：泰勒·斯威夫特
制作人：内森·查普曼、泰勒·斯威夫特
其他版本：钢琴版、泰勒重制版

世界上有无数种体面的分手方式，但歌手乔·乔纳斯[1]并没有选择其中任何一种。仅仅通过一通简短的电话，他就告知泰勒他们的关系结束了。

毫无疑问，泰勒对此感到极度愤慨，并且没有错过任何机会向公众揭露乔纳斯的行为。在2008年11月的一次艾伦·德杰尼勒斯（Ellen DeGeneres）的脱口秀上，她毫不留情地称他为"在我18岁时，通过一通25秒的电话就草草结束我们关系的男孩"。[30]按照她一贯的风格，泰勒迅速将这份情感转化为音乐，创作了一首乡村风格分手曲《始终如一》。她在专辑《无畏》发行的前一天，特意加入了这首歌。[31]正如人们所预料的，这首充满敏感神经的歌曲在愤怒、悲伤和背叛之间徘徊——尽管泰勒经常在歌词中将雨作为

一种浪漫的隐喻，但在《始终如一》中，雨却预示着一切看似美好的事情现在变得混乱不堪。幸运的是，时间是治愈创伤的良药。到了2019年，在另一次艾伦的节目中，泰勒甚至为当年"在你们的节目中曝光乔·乔纳斯"的行为道歉，她认为自己当时的愤怒发泄"有些过火"，并承认："现在我们可以笑着谈论这件事，但那时我无法控制自己的情绪——是的，那都是年少时期的荒唐事罢了。"

下图：泰勒和她的前男友乔·乔纳斯在2008年MTV音乐录影带大奖颁奖典礼上的合影

---

1 乔·乔纳斯（Joe Jonas）：美国男歌手、演员，美国摇滚乐队乔纳斯兄弟、DNCE成员。

最好的一天 (*The Best Day*)

专辑收录曲

发行日期：2008年11月11日
创作者：泰勒·斯威夫特
制作人：内森·查普曼、泰勒·斯威夫特
其他版本：泰勒重制版

除了泰勒本人之外，泰勒家族中最受欢迎的成员可能要数泰勒的母亲安德烈娅（Andrea）了。泰勒的妈妈以其温暖和亲切的态度在女儿的演唱会上赢得了众人的喜爱，她总是满怀骄傲地庆祝泰勒的每一个成就。她不仅常常与粉丝们热情相拥、交换友谊手链，还经常在幕后挑选幸运的歌迷，邀请他们参加泰勒的见面会。

不难猜到，泰勒和母亲的关系非常亲密。在制作《无畏》这张专辑时，她变得异常怀旧，怀念起他们共同度过的"所有美好时光"。毕竟，她的母亲始终如一地支持着她的事业。"从我小时候开始，到在租来的车里陪我跑巡演，再到确保我完成家庭作业以能按时毕业，这是一段我们共同拥有的美妙旅程，我一直在回味。"泰勒说。[32]

泰勒深入挖掘这些珍贵的记忆，创作出感人至深的《最好的一天》。这是一首催泪的民谣摇滚歌曲，充满泰勒对家庭和家人为她打造的生活的深深感激之情。她尤其感激她母亲几十年如一日的支持，以及那些难以忘怀的日子。实际上，作为创作者，泰勒在这首歌中挑战了自己，回溯她如何铭记这些不同的生活瞬间——无论是她五岁时在南瓜地里奔跑然后紧紧拥抱妈妈的腿，还是当她作为一个13岁的孩子因朋友问题感到失落时，她妈妈如何帮助她重新振作起来。

泰勒将她的妈妈形容为"在很多方面是我的避风港"。泰勒说道："她带我去经历那些冒险，我们会驾车四处游历，探访那些我们从未涉足的小镇。"在泰勒的青少年时期，面对朋友间的问题，这种来自母亲的支持显得尤为关键。"那些冒险和那些让我暂时远离烦恼的日子——虽然人不应该逃避问题，但我当时只有13岁，我的朋友们都不愿意和我说话，我在午餐桌上只能孤零零地坐着，而我的妈妈能让我暂时逃离这些烦恼，我认为这是一件很有益的事情。"[33]

泰勒在母亲不知情的情况下秘密创作并录制了《最好的一天》，并将这份作品作为一份特别的圣诞

礼物呈现给她，将歌曲与老家庭影片结合成一段视频。"起初她没意识到前半部分是我在唱，"泰勒回忆道，"当她意识到我为了给她一个惊喜而精心准备了这一切，她感动得哭了。"[34]而在2023年母亲节，泰勒在"时代"巡回演唱会上再次触动了她母亲的心。泰勒的母亲坐在观众席中，听着女儿的演唱，度过了真正意义上"最好的一天"。

上图：泰勒和她深爱的母亲安德烈娅在2010年全美音乐奖颁奖典礼上合影留念

改变 (*Change*)

推广单曲

发行日期： 2008年8月8日（AT&T TEAM USA原声带）/ 2008年11月11日（专辑）
创作者： 泰勒·斯威夫特
制作人： 内森·查普曼、泰勒·斯威夫特
其他版本： 泰勒重制版

　　2007年11月，泰勒·斯威夫特荣获了她职业生涯中的第一个CMA（乡村音乐协会）奖项——极具声望的"地平线奖（Horizon Award）"，该奖项用以表彰那些有潜力的年轻音乐家。在颁奖典礼上，当时年仅17岁的她幽默地表示："这绝对是我高中最后一年最耀眼的时刻。"

　　据报道，在赢得这个奖项的第二天，泰勒写了《改变》。在这首歌中，她反思了音乐产业和她在其中的位置，特别是考虑到她当时所在的大机器唱片公司规模尚小。"我意识到我得不到任何好处，因为唱片公司没有其他艺术家为我提供帮助，"她坦言道，"向上攀登将是一段艰难的旅程，我只能寄希望于未来某一天情况能够得到改变。"[35]《改变》的歌词中充满了斗志，描述了一个在逆境中奋斗的勇士——讲述了战斗的胜利、与强敌的较量，以及力量的积累和韧性的磨炼。这首歌曲宣告了泰勒正在引领一场音乐界的变革。她对这首歌曲的声音构想极为宏大，混合了热情洋溢的电吉他独奏、激昂有力的节奏，以及透露出坚毅决心的坚定嗓音。《改变》可以被视为专辑《爱的告白》（*Speak Now*）的结束曲，也是《不朽》（*Long Live*）的序章——但它也是原始版本的《无畏》专辑的完美终章。这首歌曲不仅体现了泰勒坚韧不拔的个性和远大的音乐抱负，更预示着她将迈向更加辉煌的未来。

泰勒与乡村音乐协会奖的渊源颇深。她不仅赢得了表彰有前途的年轻音乐家的极具声望的"地平线奖"（右图），还在演出中表演了《十五岁》等曲目（左图）

坠入爱河 (*Jump Then Fall*)

专辑收录曲 《无畏》(白金版)

发行日期：2009年10月26日
创作者：泰勒·斯威夫特
制作人：内森·查普曼、泰勒·斯威夫特
其他版本：泰勒重制版

即便是内心最强大的人，有时也需要被提醒，在遭遇困难时可以依靠他们的伴侣，并在最艰难的时刻得到陪伴。这就是朗朗上口的乡村风格歌曲《坠入爱河》所传达的温馨信息。泰勒说这是"充满节奏感、快乐、爱意"[36]的一首歌。在编曲上，泰勒特别钟爱那部分——"非常酷的班卓琴演奏，它跳跃着的节奏……我说不清，它就是给了我一种非常棒的感觉，营造了一种愉悦的氛围。"

无法触及 (*Untouchable*)

专辑收录曲 《无畏》(白金版)

发行日期：2009年10月26日
创作者：卡里·巴洛、内森·巴洛（Nathan Barlowe）、汤米·李·詹姆斯（Tommy Lee James）、泰勒·斯威夫特
制作人：内森·查普曼、泰勒·斯威夫特
其他版本：泰勒重制版

在参与电视节目《剥离》（*Stripped*）的录制时，泰勒需要演绎一首翻唱曲目。她选择了摇滚乐队"月神光环"（Luna Halo）的朋克风格原曲《无法触及》，并赋予了它一个简洁而纯粹的新版本。乐队的主唱内森·巴洛感慨道："她本可以从世界上任何一首歌曲中挑选作品翻唱，但她偏偏选中了这一首。"他坦言自己"最初甚至没有立刻辨认出经她改编后的旋律和部分编曲"，但认为泰勒改编后的合唱部分"仍然非常忠于原曲的风貌"。[37]

随雨而至 (*Come In With the Rain*)

专辑收录曲 《无畏》(白金版)

发行日期：2009年10月26日
创作者：莉兹·罗斯、泰勒·斯威夫特
制作人：内森·查普曼、泰勒·斯威夫特
其他版本：泰勒重制版

泰勒提到，《无畏》（白金版）中的一些附赠歌曲是她在14、15岁时创作，最近又重新录制的。她认为这张专辑充分展示了她生命中不同阶段的音乐风格。[38]讲述期待爱情的心路历程的民谣《随雨而至》正是上述描述的完美例证。早在2006年，她曾在社交平台"聚友"（My Space）上分享过这首歌的样带。而现在，经过精心制作的重制版《随雨而至》，以流动的小提琴、班卓琴和踏板钢吉他的旋律为特色，它们交织在一起，宛如夏日里轻柔得几乎让人难以察觉的微风。

超级巨星 (*SuperStar*)

专辑收录曲 《无畏》(白金版)

发行日期： 2009年10月26日
创作者： 莉兹·罗斯、泰勒·斯威夫特
制作人： 内森·查普曼、泰勒·斯威夫特
其他版本： 泰勒重制版

我们每个人都渴望被关注，希望被视为独一无二的存在——尤其是当我们感到自己平凡无奇时。这就是歌曲《超级巨星》中书写的幻想情节。这是一首低沉、充满情感的摇滚风格歌曲，它讲述了一个女孩幻想自己对一位迷人的摇滚明星远距离的迷恋转变为一段真实恋情的故事。尽管这一切不过是她脑中的幻想（正如歌词所描述的，她听着他在收音机里的声音睡着了），但这些甜蜜的白日梦却拥有持久的魅力。

门的另一边 (*The Other Side of the Door*)

专辑收录曲 《无畏》(白金版)

发行日期： 2009年10月26日
创作者： 泰勒·斯威夫特
制作人： 内森·查普曼、泰勒·斯威夫特
其他版本： 泰勒重制版

《门的另一边》这首节奏欢快的乡村流行歌曲，如同炎炎夏日中的一缕清风，无疑是泰勒最出色的附赠曲目之一。这首歌的歌词"描述了恋爱中的那些戏剧性的情节，比如'我恨你，我再也不要和你说话了！'但实际上，这是一种口是心非的表现"。[39]换言之，虽然你对另一半心怀不满，但你内心深处真正渴望的，是他们能够寻求你的谅解，并重申对你的爱。

童话般的今天 (*Today Was a Fairytale*)

单曲

发行日期： 2010年1月19日（单曲）/ 2010年2月9日（原声带专辑）
创作者： 泰勒·斯威夫特
制作人： 内森·查普曼、泰勒·斯威夫特
其他版本： 泰勒重制版

《童话般的今天》是泰勒在准备她的专辑《爱的告白》（*Speak Now*）期间创作的一首歌曲，它曾静静地躺在她的曲库中，直到她受邀出演2010年浪漫喜剧电影《情人节》（*Valentine's Day*）。泰勒回忆道："我浏览了我的曲库，心想，'我觉得这首歌非常适合作为电影的原声带。我希望它能够成为电影原声带的一部分'。"[40]她的直觉被证明是准确的——这首轻松愉快、由弦乐伴奏的乡村流行歌曲，将与心上人共度的一天描绘成一次神奇而完美的体验。

你无处不在 (*You All Over Me*)（与玛伦·莫里斯[1]合作）

〔曲库存曲〕《无畏》(泰勒重制版)

发行日期： 2021年3月26日（下载）/ 2021年4月9日（专辑）
创作者： 斯库特·卡鲁索（Scooter Carusoe）、泰勒·斯威夫特
制作人： 亚伦·德斯纳[2]、泰勒·斯威夫特

　　《你无处不在》这首美国民谣以其低沉的旋律，细腻地描绘了分手后难以摆脱前任影子的情感困境。它告诉我们，即便你以为自己已经向前看，但一些最微小的事物——如轮胎在砾石上留下的泥痕——还是能唤起过往的回忆。泰勒与著名的乡村音乐创作者斯库特·卡鲁索联手打造了这首感人至深的作品，卡鲁索曾为达里奥斯·拉克、布雷特·艾德雷奇和肯尼·切斯尼等多位知名艺术家创作了众多热门单曲。泰勒回忆创作过程时说："我们煞费苦心地审视每一句歌词，努力构思各种象征性的场景，以表达心碎后的复杂情感，就像你的心被彻底撕裂了一样。"她补充道："这是心碎后最令人煎熬的时刻，仿佛你已被情感撕裂，只能带着那些伤痕继续你的人生旅程。"[41]泰勒的老友玛伦·莫里斯是这首歌的伴唱，她那富有感染力的女低音不仅为歌曲的主旋律提供了温暖的支撑，也加深了整首歌曲的怀旧程度与情感深度。

漠然的你 (*Mr. Perfectly Fine*)

〔曲库存曲〕《无畏》(泰勒重制版)

发行日期： 2021年4月7日（下载）/ 2021年4月9日（专辑）
创作者： 泰勒·斯威夫特
制作人： 杰克·安东诺夫[3]、泰勒·斯威夫特

　　作为《无畏》专辑中出色的一首曲库存曲，《漠然的你》感觉像是在预告泰勒未来的音乐发展方向。歌迷们不难发现，这首歌的歌词中的尖锐用词后来也在《回忆太清晰》（*All Too Well*）中再度出现。然而，从音乐风格来看，这首充满活力的美式歌曲更倾向于流行乐，尤其是其合成器的伴奏和激昂的合唱部分。泰勒坦言，《漠然的你》是她悄然迈向流行音乐感性风格的早期标志，并指出："尽管《无畏》是一张乡村风格的专辑，但其中总是隐藏着流行风格的元素。"这首歌同样也是一首透露着心碎情绪的犀利分手之作——在歌曲的叙述中，主人公以一种从容的态度向一位冷酷的伴侣揭露真相，他对她的爱可以随时抛弃，如同无情抛弃废弃的纸巾一般，且没有一丝悔意。泰勒如此评价："这些歌词锋利而精彩，它们充满了你在青春期所希望表达的那种愤怒，那种你在17或18岁时特有的青春叛逆的特质。"[42]

1　玛伦·莫里斯（Maren Morris）：美国女歌手、创作者。以其融合传统乡村音乐与现代流行元素的独特风格在歌坛确立了自己的地位。她的作品以真挚的情感和富有故事性的歌词著称。
2　亚伦·德斯纳（Aaron Dessner）：美国音乐家，国家乐队（The National）创始人。他不仅在音乐制作和歌曲创作方面有着深厚的造诣，还涉足演艺事业。亚伦·德斯纳以其独特的音乐才华和对音乐的深刻理解，与多位艺术家进行了成功的合作，其中包括与泰勒·斯威夫特的合作。
3　杰克·安东诺夫（Jack Antonoff）：美国犹太裔歌手、词曲创作者、音乐制作人，是泰勒·斯威夫特长期合作的音乐人之一。

我们幸福过 (*We Were Happy*)

曲库存曲   《无畏》(泰勒重制版)

发行日期：2021年4月9日
创作者：莉兹·罗斯、泰勒·斯威夫特
制作人：亚伦·德斯纳、泰勒·斯威夫特

泰勒总是慎重选择泰勒重制版曲库存曲中与之合作的艺术家。

例如，泰勒·斯威夫特邀请了乡村音乐明星基思·厄本[1]参与她的《无畏》（泰勒重制版）专辑的制作，她表示这么做的原因是："在《无畏》时期，我总是为他的演唱会开场，他的音乐给了我无尽的灵感。"[43]当时，厄本在商场里忙着为圣诞节购物，却意外收到了泰勒的合作邀请。他回忆说："她问我：'我这里有几首歌想让你参与，你想听一下吗？'"于是，他在商场的美食广场找了个座位，试听了这两首尚未发行的泰勒·斯威夫特的作品。[44]在《就在那时》（*That's When*）中，厄本与泰勒共同演唱，而在《我们幸福过》中，他则以一种更为微妙的方式贡献了自己的才华，通过流畅的电吉他演奏和伴唱，为歌曲增添了层次，同时向泰勒的旋律主线表示了敬意。这种细致入微的编曲手法十分贴切，因为《我们幸福过》在音乐的丰富纹理中表达了对分手后所失去的美好时光的哀思——共同欣赏日落，梦想拥有一个家庭农场，步入婚姻的殿堂——歌曲中还融入了钢舌琴和大提琴的音色。最为触动人心的是，尽管这段关系曾充满欢笑，但最终还是走向了分手；歌曲中的转折点在于，一方在痛失爱情后，逐渐明白分手对双方来说都是最好的结局。

对页：2008年5月17日，泰勒在拉斯维加斯米高梅大酒店的ACM（美国乡村音乐学院奖）全明星音乐会上进行了表演
下图：2009年，粉丝们在泰勒参加NBC的《今日秀》节目表演时与她自拍合影

1　基思·厄本（Keith Urban）：澳大利亚乡村乐歌手、创作者、唱片制作人，厄本的音乐风格深受流行、摇滚和乡村音乐的影响，创造了一种独特的现代乡村音乐风格。

就在那时 (*That's When*)（与基思·厄本合作）

〔 曲库存曲 〕《无畏》(泰勒重制版)

发行日期：2021年4月9日

创作者：泰勒·斯威夫特、布拉德·沃伦、布雷特·沃伦

制作人：杰克·安东诺夫、泰勒·斯威夫特

在与基思·厄本共同演绎的深情乡村民谣二重唱《就在那时》中，泰勒·斯威夫特展现了她早期的创作才华，这首歌在她14岁时便已诞生。她回忆当时的创作过程，称之为"典型的纳什维尔式歌曲创作"——几位创作者带着吉他，围坐一室，共同孕育出一首首歌曲。[45]17年后，当她在决定将这首歌带入录音室时，合作者沃伦兄弟惊讶地回忆道："哇，这真是我们经历过的最漫长的等待。"[46]《就在那时》讲述了一对情侣之间坚固而紧密的情感纽带，但他们的关系需要一些调整。面对关系中的挑战，他们选择了短暂的分离，各自修正过去的错误，以期共同迎接一个更加光明的未来。歌曲中的音乐编排巧妙地映射了两人之间关系的内在力量。泰勒与厄本交替担任主唱和伴唱，如同这对情侣，既能独立自强，也能合二为一，共同面对生活的风风雨雨。

不要这样 (*Don't You*)

〔 曲库存曲 〕《无畏》(泰勒重制版)

发行日期：2021年4月9日

创作者：汤米·李·詹姆斯、泰勒·斯威夫特

制作人：杰克·安东诺夫、泰勒·斯威夫特

偶遇前任总是带来一种错综复杂的情感——尤其当你还没有完全从那段关系中走出来时，那这次偶遇又会唤起对痛苦的往事的回忆。这就是曲库存曲《不要这样》中，那位痛苦的主人公所遭遇的不幸局面。尽管感到心碎，但主人公依然保持着自尊，他在见到前伴侣时内心充满了渴望，然而当听到前任故作轻松的问候时，又感到了愤怒和不快。这不仅仅是因为这些客套话听起来稍微有些不真诚，更因为它们营造了一种令人抓狂的幻觉，让人觉得两人之间还有重归于好的可能。从音乐风格上看，《不要这样》以其温柔的旋律缓解了这种情感痛苦。这首歌曲倾向于采用极简主义的流行风格，融合了活泼的电子节拍、悠扬的长笛伴奏和璀璨的罗兹钢琴音色。

再见宝贝 (*Bye Bye Baby*)

【曲库存曲】

发行日期：2021年4月9日
创作者：莉兹·罗斯、泰勒·斯威夫特
制作人：杰克·安东诺夫、泰勒·斯威夫特

"曲库存曲《再见宝贝》总是在我的脑海中挥之不去。"泰勒说。

泰勒在谈及《再见宝贝》时，深沉地叙述道："这首歌曲捕捉了对那些我们深爱之人的失望之情，以及在成长旅途中学习信任、理解爱与生活真谛时所感受到的心灵落差，最终领悟到自己必须放手。"[47] 事实上，《再见宝贝》的第一节就表现出了巨大的失望感：现实并不像电影情节那般，总有人愿意在倾盆大雨中与你共享那份浪漫。相反，歌曲中的主人公正驾车离去——身处寒冷、潮湿，以及无边的孤独中——并逐步意识到他们曾经坚定不移的爱情已经不复存在。《再见宝贝》的后续部分细腻地描绘了主人公如何面对这份痛彻心扉的失望，并努力接受生活中不可避免的变化。这首歌曲在风格上回响着多莉·艾莫丝[1]在21世纪初期所钟爱的那种质朴的音乐质感：紧凑的节奏如同时钟的齿轮一样咔嗒作响，小提琴、沃立舍风琴和长笛在一片忧郁的氛围中交织旋转。

对页：乡村音乐明星基思·厄本——与泰勒同台表演——在《无畏》（泰勒重制版）的两首曲库存曲中出现

下图：尽管泰勒的歌曲常常涉及心碎的主题，但她的现场演出总是充满活力

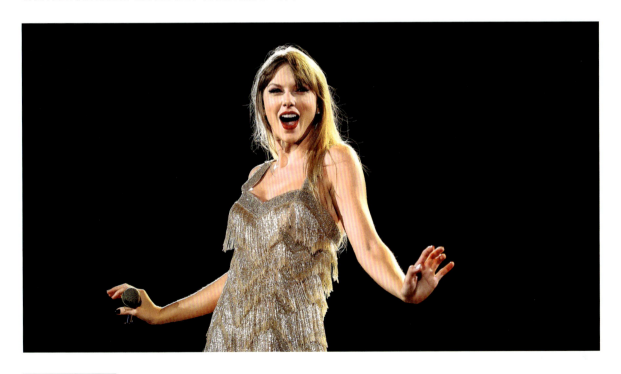

---

1 多莉·艾莫丝（Tori Amos）：美国歌手、钢琴家和词曲创作人，曾八度提名格莱美奖，以其流畅的钢琴演奏、直接而富有洞察力的歌词，以及独特的音乐风格而闻名。艾莫丝的音乐作品经常探讨性、宗教、父权制度、女性主义以及她个人的不幸经历等广泛主题。

你总能找到回家的路(*You'll Always Find Your Way Back Home*)

影视配乐

发行日期： 2009年3月24日（原声带专辑）
创作者： 马丁·约翰逊[1]、泰勒·斯威夫特
制作人： 马修·杰拉德（Matthew Gerrard）

泰勒与像女孩的男孩乐队[2]的主唱马丁·约翰逊携手创作的《你总能找到回家的路》，是一首充满热情的流行摇滚歌曲，它向所有追梦人、远行者和不合群者承诺：无论漂泊到何方，你总能找到回家的路。这首作品在电影中由流行歌星汉娜·蒙塔纳[3]，也就是扮演者麦莉·赛勒斯本人在《乖乖女是大明星》（*Hannah Montana: The Movie*）的电影原声带中献唱。在影片尾声的高潮部分，一大群人团结起来，为了保护一个他们深爱的当地公园而共同努力。

更加疯狂 (*Crazier*)

影视配乐

发行日期： 2009年3月24日（原声带专辑）
创作者： 罗伯特·埃利斯·奥拉尔、泰勒·斯威夫特
制作人： 内森·查普曼、泰勒·斯威夫特

泰勒·斯威夫特的音乐宝库中蕴藏着许多未被发掘的宝藏，这使得当她收到《乖乖女是大明星》电影制作团队的邮件时，她能够迅速找到最适合的作品。制片人在邮件中表示，他们需要一首能够完美诠释坠入爱河感觉的歌曲，并且希望它带有一点乡村华尔兹的风格。泰勒立刻想到了合适的作品——充满激情的《更加疯狂》。为了确保这首歌曲能够完美契合电影的情感基调，泰勒不仅提供了这首歌曲，还在电影中亲自演唱，让它在一个关键浪漫场景中作为背景音乐播放。

心伴 (*Two Is Better Than One*)
(像女孩的男孩乐队与泰勒·斯威夫特)

单曲

发行日期： 2009年10月19日（单曲）/ 2009年9月8日（专辑）
创作者： 马丁·约翰逊、泰勒·斯威夫特
制作人： 布莱恩·豪斯

《心伴》这首歌曲在美国和加拿大的流行音乐排行榜上取得了前20名的成绩，它描绘了一个人在意识到找到了想要与之共度一生的人的那一刻所感受到的深刻情感。泰勒·斯威夫特和马丁·约翰逊在歌曲中交替演唱，共同演绎了这段歌词，强调了这种永恒情感的相互性和共鸣。

约翰逊表示："泰勒显然是我们的首选，因为她那自然、美丽的声音，我们真的希望能在这首歌里听到她的声音。" [48]

1　马丁·约翰逊（Martin Johnson）：全名马丁·贝内特·约翰逊（Martin Bennett Johnson），美国歌手、词曲作者和唱片制作人。他是像女孩的男孩乐队（Boys Like Girls）和夜间游戏乐队（The Night Game）的主唱和节奏吉他手。
2　像女孩的男孩乐队（Boys Like Girls）：美国摇滚乐队，于2005年在马萨诸塞州的波士顿郊区成立，主唱为马丁·约翰逊。
3　汉娜·蒙塔纳（Hannah Montana）：虚构人物，实际上是美国流行音乐和影视双栖明星麦莉·赛勒斯在迪士尼频道播放的电视剧《汉娜·蒙塔纳》中扮演的角色。

独白歌 (*Monologue Song*)（又名《啦啦啦》[*La La La*]）

发行日期：2009年11月7日

创作者：泰勒·斯威夫特

当泰勒·斯威夫特担任《周六夜现场》（*Saturday Night Live*，简称SNL）的主持人时，她巧妙地利用了自己的开场独白，通过一首原创歌曲，幽默地自嘲了媒体对她私生活的过度关注。在这首歌曲中，她提到了与乔·乔纳斯分手的方式，调侃了与泰勒·洛特纳[1]约会的传言，并回应了坎耶·韦斯特[2]在MTV音乐录影带大奖上打断她演讲的事件。她以一种羞涩的态度表明，自己并不愿意过多地讨论这些私事。前SNL演员塞斯·迈耶斯甚至称赞这是一次"完美的SNL独白"。[49]

下图：泰勒与麦莉·赛勒斯和演员卢卡斯·提尔一同在2009年的电影《乖乖女是大明星》中出演

美国女孩 (*American Girl*)

发行日期：2009年6月30日

创作者：汤姆·佩蒂

泰勒·斯威夫特在她的歌唱生涯中鲜少演绎他人创作的歌曲，但汤姆·佩蒂和心碎者乐队（Heartbreakers）的经典作品《美国女孩》却因其与她音乐主题的高契合度而成为例外。这首1976年发行的轻快曲目，描绘了一个对旧爱抱有淡淡的思念同时又有着宏伟梦想的年轻女性。泰勒以满腔的同情和理解，讲述了这位女主角对爱情充满希望的故事，她的声音在轻松愉悦的根源摇滚[3]伴奏中跃动，带来了一场充满活力的声乐盛宴。

1　泰勒·洛特纳（Taylor Lautner）：美国男演员，以其在《暮光之城》（*Twilight*）系列电影中扮演的狼人雅各布·布莱克（Jacob Black）一角而广为人知。泰勒·洛特纳与泰勒·斯威夫特在2009年短暂交往，而这段关系也启发了泰勒创作了多首情感深刻的歌曲。

2　坎耶·韦斯特（Kanye West）：美国说唱歌手、音乐制作人、商人以及服装设计师。坎耶·韦斯特的公众形象褒贬不一，他曾因在公共场合的不同寻常的行为和言论引发争议，包括2009年在MTV音乐录影带大奖上打断泰勒·斯威夫特的获奖感言。

3　根源摇滚（Root Rock）：这是一种融合了多种摇滚乐根源元素的音乐风格，它汲取了摇滚乐历史上不同流派的灵感，包括但不限于传统摇滚、民谣摇滚、乡村摇滚、布鲁斯摇滚和早期的朋克摇滚。根源摇滚强调对这些早期摇滚风格的回归和致敬，通常具有较为朴实、直接的音乐表达方式，同时重视对乐器（吉他、贝斯、鼓和键盘等）原声的呈现。

03

"爱的告白"时期

　　泰勒·斯威夫特在打造她的专辑《爱的告白》
（*Speak Now*）时，对于自己能够一手包办其中所
有歌曲的创作感到无比自豪，尽管这并非她最初的计
划。她回忆道："在阿肯色州的凌晨三点，我经常会
灵光一现，由于身边没有合作伙伴，我便独自将这些
灵感转化为歌曲。"她补充说："这种情况在纽约、
波士顿和纳什维尔都发生过。"[1]这份辛勤的付出最终
获得了丰硕的成果——《爱的告白》成了她第二张同
时登顶《公告牌》流行和乡村音乐排行榜的专辑。

属于我 (*Mine*)

{ 单曲 }

发行日期：2010年8月4日（乡村单曲）/ 2010年8月24日（流行单曲）/ 2010年10月25日（专辑）

创作者：泰勒·斯威夫特

制作人：内森·查普曼、泰勒·斯威夫特

其他版本：流行混音版、《爱的告白》（世界巡回演唱会现场版）、泰勒重制版

在《爱的告白》专辑的创作旅程中，泰勒对于自己的感情经历深深地感慨，她叹了口气，指出："我所目睹的每一段直接的爱情，最终都以分手告终。"[2]

然而，这张专辑的开篇之作《属于我》却如同一束不灭的希望之光，歌曲中洋溢着动听的乡村吉他旋律、泰勒迷人的声线和激昂的合唱。泰勒从与一个她几乎不了解的男孩共度的一个充满希望的时刻中汲取灵感，创作了这首歌的歌词。她回忆道："他在水中搂住我，我仿佛看到了我们即将展开的故事，就像一部奇怪的科幻电影。"[3] 尽管这段情感并未发展成为深入的关系，但泰勒却以此为契机，创作出这首叙事丰富、人物形象饱满且情节细腻的歌曲。歌曲的女主角最初对情感设防，对爱情抱有怀疑，这与她成长中所见父母的爱情模式不无关系。但随着《属于我》这首歌旋律的推进，她逐渐意识到她现在的男友是一个忠贞不渝的伴侣，即使在争吵之后，他也不会离她而去。这首歌曲在《公告牌》的各类音乐排行榜上赢得了巨大的成功，一举夺得"热门乡村音乐排行榜"第二名和"《公告牌》百强单曲榜"第三名的佳绩。

火花飞舞 (*Sparks Fly*)

{ 单曲 }

发行日期：2011年7月18日（乡村单曲）/ 2010年10月25日（专辑）

创作者：泰勒·斯威夫特

制作人：内森·查普曼、泰勒·斯威夫特

其他版本：《爱的告白》（世界巡回演唱会现场版）、泰勒重制版

每部浪漫电影中都有这样令人心潮澎湃的时刻——两个角色之间的暧昧气氛最终爆发成彼此心领神会的一个眼神和一个热情的吻。但这个吻往往不可避免地带来更多的问题——尤其是，越过这条界限真的是明智之举吗？泰勒·斯威夫特这首活泼的流行摇滚单曲《火花飞舞》所传达的，正是这样一种情感氛围。她表示，这首歌讲述了"对一个你明知不该爱上的人动心，却无法抑制自己，因为你们之间有着如此强烈的联系和化学反应"。[4]

在歌曲的叙述中，女主角不顾一切地投入情感，只因为她被一个充满魅力却可能在情感上为她带来痛苦的绿眼睛男孩深深吸引。泰勒在16岁时便创作了这首作品，并在小型演出中为40至50名观众演唱，但随着歌曲推进她激动地发现，观众的人数逐渐多了起来。[5]《火花飞舞》的这个早期版本在网上泄露后，粉丝们反响热烈，敦促她完成歌曲的正式录制。经过对歌词的细致调整，泰勒以更加大胆和充满活力的方式演绎了《火花飞舞》，用锋利的吉他音和激昂的鼓点强化了她那独具特色的乡村嗓音。这首歌曲最终在美国流行音乐榜单上取得了前20名的佳绩，并在《公告牌》"热门乡村音乐排行榜"上一举夺魁。

对页：在"时代"巡回演唱会上"爱的告白"部分，泰勒表演了《着迷》（*Enchanted*）和《不朽》（*Long Live*）

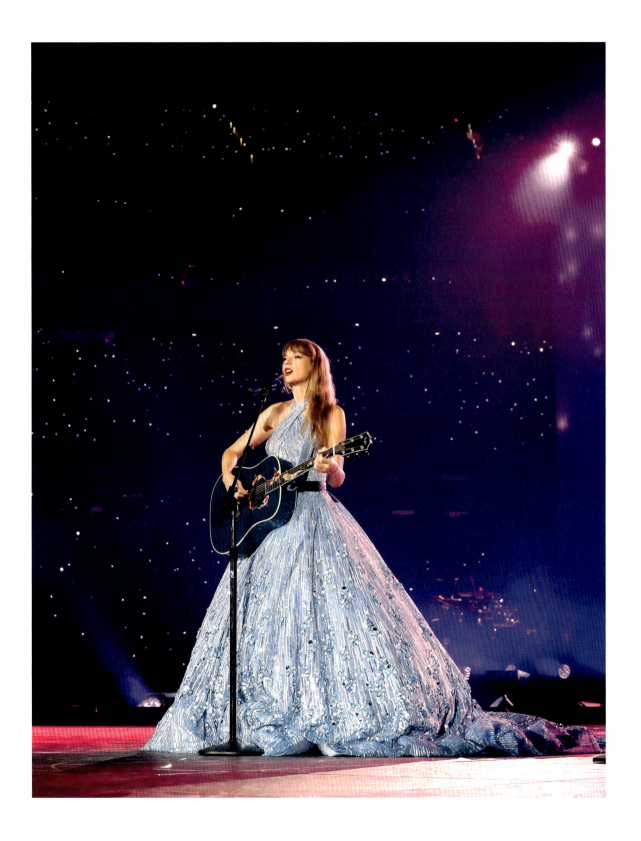

重回十二月 (*Back to December*)

单曲

发行日期： 2010年11月15日（乡村风格单曲）/ 2010年11月30日（流行风格单曲）/ 2010年10月25日（专辑）
创作者： 泰勒·斯威夫特
制作人： 内森·查普曼、泰勒·斯威夫特
其他版本： 原声版、国际版、《爱的告白》（世界巡回演唱会现场版）、泰勒重制版

　　能够承认自己对一段关系的破裂负有责任，并且承认自己的话语或行为深深地伤害了某人，这是成熟的一个标志。泰勒在这首令人陶醉的、由弦乐支撑的力量情歌《重回十二月》中做到了这一点——她的声音透露出恰当的悔意。她坦承，这是她首次为一位她未能善待的男友创作的道歉之歌。

　　泰勒说："那个人值得听到这首歌。""这首歌是关于一个对我非常好的人，在一段关系中他对我来说是完美的，而我却对他非常不上心，所以这些是我想说给他听的话——一些他值得听到的话。"[6]尽管她通常对自己的创作灵感保密，但《重回十二月》明显是关于她与2009年交往的演员泰勒·洛特纳的往事（歌词中巧妙地嵌入了"TAY"，即"泰勒"的缩写，洛特纳本人也在2016年确认这首歌是关于他的[7]）。幸运的是，泰勒和洛特纳如今保持着极佳的友谊。洛特纳不仅参与了泰勒的《我能看到你》（*I Can See You*）音乐视频的拍摄，还出席了2023年夏季在堪萨斯城举行的"时代"巡回演唱会上有关该视频的首映式。在用一系列令人震撼的杂技动作赢得了观众的喝彩后，洛特纳发表了一段即兴演讲，向泰勒抒发了自己的肺腑之言。[8]

右图：两个"泰勒"的合体！演员泰勒·洛特纳和泰勒·斯威夫特在2012年MTV音乐录影带大奖颁奖典礼后台合影，两人曾是情侣，现在保持着朋友关系
对页：泰勒在2010年新奥尔良NFL开幕式上表演

爱的告白 (*Speak Now*)

发布日期：2010年10月5日（推广单曲）/ 2010年10月25日（专辑）
创作者：泰勒·斯威夫特
制作人：内森·查普曼、泰勒·斯威夫特
其他版本：《爱的告白》（世界巡回演唱会现场版）、泰勒重制版

　　《爱的告白》淋漓尽致地展现了泰勒那调皮的音乐风格和出色的歌词创作才能。在这首歌中，主角震惊地发现她的前男友即将与一个不尽如人意的对象结婚，于是她决定在婚礼上采取行动，试图赢回他的心。歌词尖锐又不乏幽默感地批评了准新娘的穿着、家庭背景和不礼貌的行为；叙述者躲在婚礼现场的窗帘后，以一种讽刺的方式透露自己并未受邀参加婚礼。最终，新郎做出了明智的选择：在婚礼上抛弃了他的未婚妻，选择了更加可爱的前女友。

　　泰勒透露，这首歌的灵感来源于她的一个朋友，这位朋友一直暗恋着一个男孩，而这个男孩即将与另一个女孩结婚。泰勒的第一反应是问她："那么你现在要告白吗？"[9]如果她的朋友决定告白，泰勒甚至准备拿起吉他，去教堂为她的朋友加油鼓劲。后来，泰勒梦见自己的一个前男友要结婚，她认为这是一个明确的信号，她必须写一首关于大闹婚礼现场的歌曲。[10]在音乐编排上，《爱的告白》巧妙地在轻快的原声段落和丰富且层次分明的合唱之间切换，让人联想到21世纪初流行的情绪流行风格乐队"艾斯利"（Eisley）。

亲爱的约翰 (*Dear John*)

专辑收录曲

发布日期： 2010年10月25日
创作者： 泰勒·斯威夫特
制作人： 内森·查普曼、泰勒·斯威夫特
其他版本： 明尼阿波利斯现场版、《爱的告白》（世界巡回演唱会现场版）、泰勒重制版

我们都梦想着在痛苦地分手后对前任进行甜蜜的复仇，尤其是想要清晰地告诉他们——他们的行为为何以及如何伤害了我们。在充满内省的《亲爱的约翰》中，泰勒正是这样做的，她在歌曲中用尖锐而深刻的语言讽刺了她的前男友。

泰勒将这首歌比作"写给前男友的最后一封电子邮件"，它融合了舒缓的布鲁斯吉他和沉稳的节奏。对此，她解释说："最后人们通常会写这样一封充满情感宣泄的邮件，倾吐所有想对那个人说的话，但往往不会按下发送键。"当然，这并不是泰勒的行事作风，她选择了另一种方式："通过将这首歌收录在专辑中，我相当于按下了发送键。"[11]

《亲爱的约翰》确实是一封残酷的告别信。歌中，泰勒哀叹她本应该听从朋友的劝告，远离这个男人。随后，她一一列举了前男友的缺点——喜欢玩弄心理游戏，性格阴晴不定，总是让她流泪，并利用了她的年轻和纯真。最后，她发誓自己不会因为他而一蹶不振——因为他才是那个可悲的人。她的声音恰如其分地在歌曲的前半部分保持着克制，透露出一种坚定不移的决心。但当歌曲进入后半部分，她的情感开始泛滥，长期压抑的伤痛终于爆发出来。随着她情感的释放，电吉他的炫目演奏与她强烈的高音相得益彰，共同构建了一种情感上的宣泄和解脱。

"我相信这首歌真的触动了那些经历过不愉快恋情但最终走出阴霾的女孩们的心，"泰勒说道，"我从未在演唱会上看到这么多女孩哭泣。"[12]

尽管泰勒对歌曲中男主角的真实身份保持沉默，但公众和媒体的猜测纷纷指向了约翰·梅尔[1]，甚至梅尔本人也这样认为。他坦言这首歌让他感到被"羞辱"，并表达了自己"感觉非常糟糕"，认为自己"很有责任感，从未做过任何（歌中提及的）事，不

应当遭受这样的待遇"。他甚至批评这首歌是"廉价的歌词创作"。[13]

面对梅尔的这种反应，泰勒回应道："多么自大的想法！我从不公开透露我的歌曲是关于谁的。"[14]《亲爱的约翰》至今仍然在粉丝中引起强烈的共鸣。特别是当泰勒在2023年6月的《爱的告白》（泰勒重制版）的演出中，当她时隔11年首次现场演唱这首歌时，她对观众说："我19岁时发生的任何事情现在都不重要了，唯一重要的是我创作的歌曲……我发行这张专辑，并不是为了让你们在网上为我辩护，或是与那些你们认为我可能在很久以前为他写过歌的人争论。"[15]

对页：穿着靓丽是最好的复仇，正如泰勒在"时代"巡回演唱会"爱的告白"部分展示的华丽、闪亮的舞会礼服。

下图：约翰·梅尔和泰勒·斯威夫特在2009年麦迪逊广场花园的Z100 "铃儿响叮当"（Jingle Ball）音乐节上表演《我的一半》（*Half of My Heart*）

1 约翰·梅尔（John Mayer）：美国知名的歌手、词曲作者以及吉他手，他的音乐风格融合了流行、摇滚、蓝调以及民谣等多种元素，展现了他深厚的音乐造诣和创新精神。

卑鄙 (*Mean*)

发行日期: 2011年3月13日(乡村单曲)/ 2010年10月25日(专辑)
创作者: 泰勒·斯威夫特
制作人: 内森·查普曼、泰勒·斯威夫特
其他版本:《爱的告白》(世界巡回演唱会现场版)、泰勒重制版

　　激怒一位才华横溢的创作者绝非明智之举。卡莉·西蒙(Carly Simon)用《你真自大》(*You're So Vain*)一曲对自负者进行了精妙且有力的回击。同样,泰勒·斯威夫特也以其犀利的笔触,将一些人选为她歌词中瞄准的"目标"。

　　这首《卑鄙》所指的对象就是如此。泰勒坦言,那个人的所作所为确实值得她如此犀利地回击。她曾表示:"这首歌是关于一个经常对我发表尖刻评论的人,那些话足以让我整天都心情沉重。""这种情绪甚至会影响到第二天。每次这个人在键盘上敲出这些文字,我都感觉自己被无形地打击,仿佛被狠狠地扇了一巴掌。"[16]但泰勒并没有直接表达她的愤怒,相反,她用一种过分甜美的嗓音演绎这首歌——就像是一种用温柔包裹起来的致命一击——同时,她用充满生气的小提琴和班卓琴演奏,为这首蓝草乡村风格[1]音乐注入了活力,巧妙地掩盖了她的尖锐批评。

　　泰勒说:"有些人是提出建设性的批评,或是专业的点评意见,但是那个人就是单纯的刻薄。当你开始对别人进行人身攻击时,你就跨越了界限。"[17]

　　舆论普遍认为这首《卑鄙》是在影射音乐产业评论家鲍勃·莱夫塞兹[2],他在自己的新闻通讯中对泰

勒的音乐才能提出了尖锐的批评。在2010年格莱美奖颁奖典礼上,泰勒先是单独演唱了《童话般的今天》(*Today Was a Fairytale*),随后与史蒂薇·尼克斯[3]合作演绎了《你应该和我在一起》(*You Belong With Me*)和弗利特伍德·麦克的经典曲目《瑞安侬》(*Rhiannon*)。对这场演出,莱夫塞兹的评论毫不留情地写道:"她的表现多么差劲!简直是灾难性的。"他甚至断言:"现在,每个人都知道泰勒·斯威夫特并不擅长唱歌。"[18]

　　尽管泰勒从未公开确认《卑鄙》的灵感来源,但莱夫塞兹本人却开始宣称这首歌是写给他的。在一位记者就此问题询问他之后,莱夫塞兹发表了一篇详尽的文章,逐行分析了这首歌曲,并补充评论说:"但她仍然唱得不好,是不是该成熟一些了?摆脱那些高中生的形象,作为一个成熟女性展翅高飞,而不是像个小女孩一样到处乱窜。"[19]直至2023年,他还持续在自己的日常通讯中提及泰勒所写的《卑鄙》是关于他的。[20]

　　然而,泰勒以《卑鄙》这首歌曲在音乐上的成就对曲中人的质疑和批评做出了最好的回应:她赢得了两项格莱美奖——最佳乡村歌手表演奖和最佳乡村歌曲奖,并在《公告牌》的"热门乡村音乐排行榜"上高居第二名。

左图: 2010年1月,泰勒与史蒂薇·尼克斯合作演绎了《你应该和我在一起》和弗利特伍德·麦克的《瑞安侬》

对页: 在2011年4月举行的乡村音乐学院奖颁奖礼上,泰勒表演了《卑鄙》,并以年度艺术家的身份对批评者进行了有力的回击

1　蓝草乡村风格音乐(bluegrass-country music):蓝草音乐是美国根源音乐的一种流派,该流派的名字来源于比尔·门罗(Bill Monroe)和蓝草男孩(Blue Grass Boys)乐队。
2　鲍勃·莱夫塞兹(Bob Lefsetz):美国音乐行业分析师、作家和评论家。他以其坦率的评论风格和对音乐产业的深刻见解而闻名,在业界具有相当的影响力。
3　史蒂薇·尼克斯(Stevie Nicks):美国创作歌手,因其与弗利特伍德·麦克(Fleetwood Mac)乐队合作的作品以及作为独唱艺术家而闻名。

我们的故事 (*The Story of Us*)

单曲

发行日期：2011年4月19日（单曲）/ 2010年10月25日（专辑）
创作者：泰勒·斯威夫特
制作人：内森·查普曼、泰勒·斯威夫特
其他版本：国际版、《爱的告白》（世界巡回演唱会现场版）、泰勒重制版

回望过去，泰勒选择跳出乡村音乐的范畴，去探索更多元化的音乐风格，其实早有端倪。她对音乐的热爱跨越了各种风格，这种热情在她早期的作品中就已体现，她不断尝试和融合不同的音乐元素。例如，《我们的故事》这首歌就巧妙地结合了活泼的节拍、锋利的电吉他旋律和灵巧的曼陀林演奏，听起来像是一首体育场摇滚的热门曲目或沃皮德巡演音乐节（Warped Tour）的主题曲。

令人难以置信的是，《我们的故事》在美国成人当代音乐排行榜上并未大获成功——它未能闯入美国"《公告牌》百强单曲榜"的前40名，最高点仅在第41位。然而，这并不代表歌曲本身的品质欠佳。《我们的故事》的灵感来源于泰勒在一次颁奖典礼上偶遇前男友的经历。在《爱的告白》专辑的歌词小册子里，关于这首歌的提示信息是"全美乡村音乐奖"——泰勒在一次采访中透露，这首歌和《亲爱的约翰》中提到的是同一个人[21]——因此读者可以自行推断她所指的究竟是谁。

"那时候，我和他之间还没有达成和解，"她回忆道，"我们心中都有太多未说出口的话，却只能隔着六个座位的距离，默默进行着一场'我不在乎你的存在'的无声较量。那种场景，充满了难以言喻的尴尬和令人心碎的冷漠。"[22]

心情沉重的她回到家中，与母亲在厨房里反复回顾那个夜晚的一幕幕。在与母亲的交流中，她灵感迸发，构思出了歌曲合唱部分的开篇之句——这一句捕捉了她即便被人群包围，内心却感受到难以言说的孤独的时刻。她描述那一刻："我冲向我的卧室，就像她过去多次见到的那样。她应该知道我想出了歌曲中的一句歌词，事实上也确实如此。"她补充道，这首歌标志着《爱的告白》专辑的创作画上了句号："当我完成了这首歌，我就知道，我的工作完成了。"[23]

一旦听过《我们的故事》，便不难理解它为何被选作专辑的压轴之作。这首歌曲巧妙地将爱情比作一部书籍，将不可避免的分手描绘为故事中一个决定性的终章。在歌词中，叙述者用细腻而痛苦的笔触，勾勒出与她日渐疏远的伴侣共处一室时的那份挣扎与不适。她坦承自己愿意放下争执，寻求和解，然而，分手的阴霾却如同宿命般难以逃避；在某些句子中，她甚至暗示对方的固执己见正是阻碍两人重归于好的绊脚石。遗憾的是，这对即将走到尽头的恋人之间，无论是身体上的距离还是心灵上的隔阂，都似乎成了一道难以跨越的鸿沟。

对页和下图：在"爱的告白"世界巡回演唱会期间，泰勒·斯威夫特的名气和影响力持续上升。例如，在2011年7月，她在新泽西州纽瓦克的保诚中心体育馆连续四场爆满的演出中为超过52000名粉丝演出——并惊喜地演唱了新泽西州的知名歌手布鲁斯·斯普林斯汀的《在黑暗中跳舞》（*Dancing in the Dark*）

永不长大 (*Never Grow Up*)

专辑收录曲

发行日期：2010年10月25日
创作者：泰勒·斯威夫特
制作人：内森·查普曼、泰勒·斯威夫特
其他版本：泰勒重制版

　　正如歌曲的名字所示，这首浸透着淡淡忧伤的原声之歌《永不长大》表达了泰勒对于成长和衰老的复杂情感。"成长总是在不经意间悄然发生，"她如此说道，"成长本身就是一个神奇的概念，因为在年少时，我们常常渴望能够迅速长大。"[24]

　　这首歌曲透过父母的目光，细腻地描绘了注视着孩子入睡的宁静画面，开篇便流露出对那幼小生命永远保持纯真无邪的愿望。随后的歌词跨越时间，串联起这个孩子在不同成长阶段的情景：一位正步入青春期、对自由充满向往的14岁少女，以及一位迈入成年、首次独自搬入自己公寓的青年。泰勒在歌声中向那位少女提出忠告，提醒她珍视内心的纯净与对生活的热忱，同时要记住不要伤害父母的感情，因为自立的生活，并不总是像外表那般光鲜亮丽。

　　在这首歌曲中，泰勒温柔地呼吁我们把握每一刻，珍视那些塑造我们人生的回忆。"每次演出，站在舞台上，我都能看见许多与我同龄的女孩们，她们正在经历着与我相似的人生旅程，"她说道，"有一次，我从台上往下看，我看到一个七八岁的小女孩，我希望能告诉她所有这些。她正在塑造自己的身份，编织自己的梦想，形成自己的见解。这首歌是献给像她一样的小女孩的。"[25]

着迷 (*Enchanted*)

发行日期：2010年10月25日

创作者：泰勒·斯威夫特

制作人：内森·查普曼、泰勒·斯威夫特

其他版本：《爱的告白》（世界巡回演唱会现场版）、泰勒重制版

21世纪初到21世纪10年代，猫头鹰城市乐队[1]以其充满真挚情感和璀璨光泽的电子流行音乐，俘获了全球乐迷的心，尤其是那首荣登全球音乐排行榜首位的热门单曲《萤火虫》（*Fireflies*）。同一时期，乐队的创始人和唯一成员——来自明尼苏达州的亚当·扬，悄然走进了泰勒·斯威夫特的社交圈。两人的交往始于电子邮件。在数月的邮件交流后，终于，在一场猫头鹰城市乐队的演出结束后，两人在纽约市见面了。

"等待与泰勒·斯威夫特见面的时候，我经历了生命中最令人紧张的几分钟，"亚当·扬后来承认，"当我真正见到她时，她光彩照人，让我瞬间也被感染，我们彼此都沐浴在那份光芒之中。"[26]泰勒也被这次邂逅深深吸引。"在回家的路上，我满脑子都在想，'我真希望他还没有爱上其他人'，"她说，"那种感觉真是太美妙了。我不断地问自己：'天哪，他现在和谁在一起？他是不是对我有感觉？他是不是还喜欢着别人？这一切到底意味着什么？'"[27]

从此次约会中得到灵感，泰勒一踏进酒店房间，就迫不及待地开始创作《着迷》。她将所有那些关于希望与梦想的细腻情感，注入了这首歌曲——描绘了两个人在人潮涌动的房间中偶然相遇，即刻感受到深刻的情感联系。在他们的相互调情与轻松调侃中，周遭的世界仿佛消失了；当这段短暂的交流结束后，她心中涌起了对未来可能萌生的浪漫故事的无限遐想。《着迷》的编曲恰到好处，仿佛将听者带入一个梦幻般的粉彩色调的奇幻世界。歌曲以原声吉他和泰勒那低沉而富有感染力的嗓音为主导，营造出一种极简而又深邃的氛围。随着旋律的推进，音乐逐渐丰富起来，融入了华丽的管弦乐和螺旋上升的吉他旋律，构建出一幅层次分明、充满动感的声音景观。

按照泰勒·斯威夫特的一贯作风，她对于《着迷》这首歌的灵感来源揭示得异常直白。亚当·扬在午夜发售时购买了《爱的告白》专辑，并注意到专辑的歌词小册子所收录的歌曲的歌词中，仅有的几个大写字母拼出了"ADAM（亚当）"。若这还不够明显，他还在歌曲中发现了一个特别的词汇——"大吃

一惊（wonderstruck）"，这正是他之前在电子邮件中使用过的词。他回忆说："她曾说她从未听人真正用过这个词，所以当这首歌中出现了这个词，我就确信，这首歌绝对是写给我的。"[28]作为对泰勒这首歌曲的回应，猫头鹰城市发布了《着迷》的翻唱版本，修改后的歌词中提到了"泰勒"，表达了遇见她的喜悦。

《着迷》是《爱的告白》专辑中唯一一首在"时代"巡演的每晚都固定演唱的曲目。泰勒在舞台上的装扮总是与这首歌曲的氛围相得益彰，她身着一系列华贵的礼服，有些镶嵌着璀璨夺目的宝石，光芒四射；有些则拥有宽大的裙摆，轻盈飘逸，让她宛如公主或女王，仿佛要将歌曲中充满希望的童话式结尾变为现实。

对页：2010年4月19日，在拉斯维加斯举行的"布鲁克斯和邓恩乐队——最后的演出"（Brooks & Dunn - The Last Rodeo）的现场，泰勒演唱了布鲁克斯和邓恩乐队的《你的一切》（*Ain't Nothing 'Bout You*）

上图：在2010年全美音乐奖颁奖典礼上，泰勒获得了最受欢迎乡村女歌手奖

---

1 猫头鹰城市乐队（Owl City）：由大学生亚当·扬（Adam Young）于2007年组建的一支流行电子乐队。猫头鹰城市乐队的音乐风格以其欢快的电子旋律和清新的电子音乐而受到听众喜爱，乐队的音乐作品常带有梦幻般的童话特质。

胜过复仇 (*Better than Revenge*)

发行日期： 2010年10月25日

创作者： 泰勒·斯威夫特

制作人： 内森·查普曼、泰勒·斯威夫特

其他版本： 《爱的告白》（世界巡回演唱会现场版）、泰勒重制版

　　《胜过复仇》是一首充满力量的摇滚歌曲，以其鲜明的电吉他和充满力量的演唱风格，表达了对一位"撬走"泰勒男朋友的女孩的不满。这首歌的歌词充满了愤怒和对复仇的暗示，以及一些尖锐的个人攻击；例如，副歌部分通过与"床垫"相关的歌词，暗示这位女孩私生活混乱。令人难以置信的是，决定离开泰勒的那个男人并没有被怒火波及。多年后，对于在歌曲中放前男友一马的行为，泰勒解释道：自己写

这首歌时还很年轻，只有18岁。"在那个年龄，你会天真地认为有人真的能够夺走你的男朋友。但随着时间的推移，你会逐渐明白，如果一个人不想离开，那么没有人能够把他们从你身边带走。"[29]在重新录制这首歌的"泰勒重制版"时，泰勒展现了她更为成熟和睿智的一面。她修改了原有的歌词，去除了那些关于卧室行为的描述，转而用更加优雅和深刻的语言，公平地指出了出轨双方的责任。

天真无邪 (*Innocent*)

发行日期： 2010年10月25日

创作者： 泰勒·斯威夫特

制作人： 内森·查普曼、泰勒·斯威夫特

其他版本： 泰勒重制版

　　泰勒选择在2010年MTV音乐录影带大奖颁奖典礼上首次演出这首内敛的流行情歌《天真无邪》，并非偶然。众所周知，就在前一年的同一活动上，当她即将领取《你应该和我在一起》所赢得的最佳女歌手录影带奖时，坎耶·韦斯特突然冲上舞台，打断了她的发言。这一事件激发了泰勒创作《天真无邪》的灵感，她在歌曲中展现了对坎耶·韦斯特的宽恕，并向他传达了一个信息：一个人的行为并不能全然定义他的价值。泰勒说："许多人可能预料到我会写一首'关于他'的歌，但对我来说，更重要的是写一首

'给他'的歌。"[30]尽管在随后的几年，泰勒和韦斯特之间还将有更多复杂的情节上演，但她在《天真无邪》中用宽容与富有同情心的歌词，向世人展现了她在其后的专辑中所坚持的成熟和真诚的视角。她认为："制作专辑时，如果对真实的、原始的情感只是轻描淡写，那么这样的作品不会给任何人带来共鸣。"

对页：在2009年MTV音乐录影带大奖颁奖典礼上，说唱歌手坎耶·韦斯特打断泰勒·斯威夫特接受最佳女歌手录影带奖

阴魂不散 (*Haunted*)

发行日期：2010年10月25日

创作者：泰勒·斯威夫特

制作人：内森·查普曼、泰勒·斯威夫特

其他版本：原声混音版、《爱的告白》（世界巡回演唱会现场版）、泰勒重制版

　　《阴魂不散》这首歌曲以其炽热如闪电的弦乐为主线，被一层哥特式的幽暗迷雾所包围，透出一种不祥而又戏剧化的氛围，让人联想到伊凡塞斯乐队[1]标志性的风格。这首歌反映了泰勒创作时的心境——在一次深夜醒来时，心中因苦闷而涌现出灵感，她随即抓起笔，将这份情感倾泻于纸上。这首歌讲述的是爱情消逝的那个瞬间——那一刻，你突然醒悟，意识到自己深爱的人正在迅速地从你生命中淡出。所有的焦虑和恐惧都聚焦在最后一条信息上，你开始感受到对方的爱意正在慢慢消退。这是一种令人心碎、悲痛欲绝的经历，因为你一直在努力说服自己，这一切都不是真的。[31]为了录制弦乐部分，泰勒求助于传奇的作曲家兼编曲家保罗·巴克马斯特（Paul Buckmaster），他曾与埃尔顿·约翰、大卫·鲍伊和滚石乐队等艺术家合作过。泰勒说：“我希望音乐和编曲能够反映出歌曲所表达的情感的强度。”“录制这个宏大的现场弦乐伴奏，无疑是一次震撼的体验。我相信，它最终完美地捕捉并传达了我想要表达的那种混沌感和澎湃的情感。”[32]

最后一吻 (*Last Kiss*)

发行日期：2010年10月25日

创作者：泰勒·斯威夫特

制作人：内森·查普曼、泰勒·斯威夫特

其他版本：堪萨斯城现场版、《爱的告白》（世界巡回演唱会现场版）、泰勒重制版

　　结束一段感情往往会带来剧烈的情感波动——愤怒、烦恼、绝望，而其中最为痛苦的，可能是那种“极度的悲伤”。泰勒坦诚地表示：“这是失去一个人、所有共同的回忆以及对未来所有憧憬的悲伤。有时候，在某个时刻你终于可以对自己坦诚，你不得不承认，你真的很想念这一切。”[33]在创作这首柔和的乡村情歌《最后一吻》时，泰勒正处于深切的哀伤之中，她将这首歌构建成“一封给某人的信”，缅怀他们共同度过的美好时光。歌词细腻而令人心碎：叙述者回忆起自己喜欢前任的一些细节——从他握手的方式，到他第一次见到她父亲的情形——并祝愿对方未来幸福。然而，《最后一吻》也强调了与一段美好爱情告别的艰难；叙述者甚至透露自己穿上前任的衣服，试图保持那份亲近感，以减轻失去爱人的痛苦。

对页：2011年8月6日，泰勒·斯威夫特在费城林肯金融体育场为现场观众演出——这是“爱的告白”世界巡回演唱会美国站的八场体育场演出之一

1　伊凡塞斯乐队（Evanescence）：来自美国阿肯萨斯州的摇滚乐队，由主唱艾咪·李（Amy Lee）和吉他手本·穆迪（Ben Moody）于1995年共同创立。伊凡塞斯的音乐风格通常被归类为哥特金属（Gothic Metal）、新金属（Nu Metal）和另类摇滚（Alternative Rock）。

不朽（*Long Live*）

专辑收录曲

发行日期：2010年10月25日
创作者：泰勒·斯威夫特
制作人：内森·查普曼、泰勒·斯威夫特
其他版本：《爱的告白》（世界巡回演唱会现场版）、与葆拉·费尔南德斯（Paula Fernandes）合作版、泰勒重制版

　　尽管泰勒总是满怀感激之心，庆祝自己音乐之旅中每一个值得纪念的成就，但她从不在取得的成就面前沾沾自喜。在她的"爱的告白"世界巡回演唱会上，她演唱了那首激励人心的流行摇滚赞歌《不朽》。她和乐队成员肩并肩站在舞台上，满怀胜利的喜悦，齐声高歌，为演唱会画上完美的句点。泰勒说，这首歌是"我为我团队写的第一首歌"[34]，是为了庆祝在《爱的告白》专辑发行之前的两年里他们所经历的一切。"这首歌献给我的乐队、我的制作人，以及所有帮助我们一点一滴构建今天成就的人。它也是献给我们的粉丝们，以及所有与我们同在的人们的歌。"[35]《不朽》的歌词将这些共同的胜利比作新时代的曙光，讲述了弱者的胜利和勇士屠龙的故事，而音乐随着歌曲的推进愈发激昂、愈发响亮。而多年后，泰勒将《不朽》加入了"时代"巡回演唱会的歌单，重现了当年在"爱的告白"巡回演唱会舞台上的表演。尽管这一次的舞台和场地规模更大，但当我们看到泰勒与她的乐队团结一致地演绎这首歌曲时的场景，并以此庆祝他们共同走过的历程和创造的音乐上的丰碑时，依然会深受感动。

我们的 (*Ours*)

{ 单曲 }　《爱的告白》(豪华版)

发行日期：2011年12月5日（单曲）/ 2010年10月25日（专辑）
作者：泰勒·斯威夫特
制作人：内森·查普曼、泰勒·斯威夫特
其他版本：《爱的告白》（世界巡回演唱会现场版）、泰勒重制版

　　泰勒在20岁时创作了这首明快的乡村流行歌曲《我们的》。她回忆说："我曾深陷一段不被看好的恋情，我知道迟早会被公众所知。""在刚开始了解一个人的时候，两个人的关系还处于一个非常脆弱的阶段，而当媒体的报道和杂志的封面介入时，情况可能会变得相当复杂。"[36]因此，泰勒渴望拥有一些只属于他们两个人的私密的东西——一首能够在艰难时刻共同分享的歌曲。在《我们的》中，她的声音在由尤克里里、罗德斯钢琴和甜美的原声吉他构成的背景音乐中，传递出一种安抚人心的宁静。她表示："为他唱这首歌，是我记忆中最温馨的瞬间之一。"她没有透露那个人的名字，而是强调歌曲的普遍意义更为重要。"对我而言，这首歌传达了一个更深远的信息，那就是'我爱你，我不在乎外界的看法'。"[37]《我们的》这首慰藉心灵的歌曲深深触动了人心，最终登上了《公告牌》"热门乡村音乐排行榜"的榜首。

超人 (*Superman*)

{ 推广单曲 }　《爱的告白》(豪华版)

发行日期：2010年10月25日（专辑）/ 2011年11月8日（宣传单曲）
作者：泰勒·斯威夫特
制作人：内森·查普曼、泰勒·斯威夫特
其他版本：泰勒重制版

　　超人，这个由作家杰瑞·西格尔和艺术家乔·舒斯特在1938年塑造的漫画角色，已经成为经典超级英雄的代表——他英俊、成功、强壮且心地善良，堪称理想的梦中情人。不难猜到，泰勒在创作《超人》这首歌时，灵感来源于她对某个让她心动的男子的迷恋，这首歌的名字诞生于她不经意间的一句感慨："当他离开房间时，我对我的一个朋友说：'就像是看着超人飞走一样。'"[38]泰勒巧妙地以这个想法构建了整首歌曲，歌曲中的主人公渴望着"超人"，却并未与他在一起；她内心深处渴望着有一天，这位英雄能够重返人间，将她拥入怀中。在编曲方面，《超人》以其英雄主义的气概，搭配清脆的吉他旋律和泰勒在副歌部分情感充沛、直抒胸臆的演唱，展现了一种不可抗拒的旋律吸引力。

如果这是一部电影 (*If This Was a Movie*)

推广单曲　《爱的告白》(豪华版)

发行日期：2010年10月25日（专辑）/ 2011年11月8日（宣传单曲）
作者：马丁·约翰逊、泰勒·斯威夫特
制作人：内森·查普曼、泰勒·斯威夫特
其他版本：泰勒重制版（详见《无畏》[泰勒重制版]章节）

　　在21世纪初的情绪和流行朋克音乐浪潮中，来自马萨诸塞州的像女孩的男孩乐队以其直率的歌词在音乐界崭露头角——这使得泰勒与乐队主唱马丁·约翰逊在创作上的共鸣显得顺理成章。在一次采访中，约翰逊对泰勒的才华赞不绝口，称赞她"非常棒"，并描述与她共同创作的时光"非常愉快"，因为她是"我合作过的最有才华的词曲创作者之一，她几乎可以说是最棒的"。[39]

　　泰勒和约翰逊最终携手创作了多首作品，包括《如果这是一部电影》这首明亮欢快的流行摇滚歌曲，它以清澈悠扬的吉他旋律和浪漫喜剧般的弦乐为特色。歌曲中，主人公在经历分手之后，恳求前男友回来，因为在电影中，这样的情节总是上演。歌曲中，叙述者不断回忆起这段关系中的关键时刻——但最终，她惊讶于自己渴望的好莱坞式的圆满结局并未实现。约翰逊在谈到泰勒时说："对于一位如此年轻的艺术家来说，她不仅极具创造力，而且对音乐的把握非常精准。她深刻理解观众，她真正掌握了那种发自内心、以得体方式呈现的流行音乐。她知道如何让音乐脱颖而出——同时触动听众的心灵。"[40]

右图：泰勒在2010年1月31日举行的格莱美奖红毯上惊艳亮相，她在斯台普斯中心赢得了四项大奖，其中《无畏》获得了年度专辑奖

触电 (*Electric Touch*)（与打倒男孩乐队[1]的合作）

{ 曲库存曲 } 《爱的告白》(泰勒重制版)

发行日期： 2023年7月7日
创作者： 泰勒·斯威夫特
制作人： 亚伦·德斯纳、泰勒·斯威夫特

正如21世纪初的许多青少年一样，泰勒·斯威夫特也是那个时期情绪摇滚乐队的忠实拥趸，包括学院是……乐队（The Academy Is…）、像女孩的男孩乐队、仪表盘告解乐队（Dashboard Confessional）等。这些乐队的风格对她的创作产生了深远的影响，尤其在她的专辑《爱的告白》中体现得淋漓尽致。其中，一首备受瞩目的曲目便是深藏不露的《触电》。这首歌以激昂的电吉他和充满活力的节奏为特色，生动描绘了一对情侣在初次浪漫邂逅前的紧张而又充满期待的心情。尽管他们都曾经历过情感的伤害，但仍旧怀揣希望，相信这一次的爱情将会有所不同。更为难得的是，《触电》特邀芝加哥的朋克流行乐队——

打倒男孩乐队（Fall Out Boy）加盟。泰勒·斯威夫特与打倒男孩乐队的主唱帕特里克·斯图姆（Patrick Stump）早有合作之缘——他曾在她的"红"巡演中与她同台演唱了打倒男孩乐队的经典之作《我的歌曲知道你在黑暗中做了什么》（*My Songs Know What You Did in the Dark*）。因此，泰勒深知他们的声音能够完美融合，如同双生火焰，精准捕捉并传达了歌曲中情侣间的那份悸动与激动之情。

上图：由主唱帕特里克·斯图姆领衔的打倒男孩乐队——在2013年维多利亚的秘密时尚秀上与泰勒合作表演了他们的热门歌曲《我的歌曲知道你在黑暗中做了什么》

---

1 打倒男孩乐队（Fall Out Boy）：美国摇滚乐队，2001年组建于美国伊利诺伊州芝加哥，乐队曾获得多项提名和奖项，包括格莱美奖最佳摇滚专辑提名等荣誉。

当艾玛坠入爱河 (*When Emma Falls in Love*)

曲库存曲　《爱的告白》(泰勒重制版)

发行日期：2023年7月7日

创作者：泰勒·斯威夫特

制作人：亚伦·德斯纳、泰勒·斯威夫特

这首歌献给了她最好的朋友之一——尽管泰勒·斯威夫特未曾明言，但歌迷们普遍推测歌曲《当艾玛坠入爱河》的灵感可能来源于女演员艾玛·斯通（Emma Stone）。这首深情款款、钢琴主导的独立流行歌谣，堪称泰勒曲库存曲中的佳作。它不仅是一封写给艾玛的情书，赞美她那不羁的个性，也细致描绘了她浪漫的一面：她充满活力、脚踏实地、真实诚恳且感情丰富。在歌曲的最后，叙述者对艾玛的敬畏之情溢于言表——这份敬畏并非出于嫉妒，而是因为她的酷劲儿实在让人难以抗拒。

《当艾玛坠入爱河》同样是泰勒将老歌以现代风格重新演绎的典范之作。这首歌由国家乐队（The National）的亚伦·德斯纳与泰勒携手制作，汇聚了多位独立摇滚音乐人的才华——来自贝鲁特乐队（Beirut）的多乐器演奏家本杰明·兰茨带来的合成器旋律，来自大盗乐队（Big Thief）的詹姆斯·克里夫切尼亚的鼓点与打击乐，以及来自邦尼轻骑兵乐队（Bonny Light Horseman）的乔什·考夫曼——他们共同为这首歌增添了层次丰富的质感，使其焕发出新的生命力。

我能看见你 (*I Can See You*)

曲库存曲　《爱的告白》(泰勒重制版)

发行日期：2023年7月7日

创作者：泰勒·斯威夫特

制作人：杰克·安特诺夫、泰勒·斯威夫特

天马行空的幻想能够为最平淡无奇的日子注入活力。《我能看见你》是一首带有放克[1]节奏和挑逗意味的歌曲，它描绘了一个闲适的白日梦：与一个禁忌的对象——比如同事——展开一段充满激情的浪漫邂逅。对方似乎浑然不觉自己正在受到关注，更别提成为他人渴望的对象了。然而，在歌曲主人公的内心，却涌动着一系列越来越炽热的浪漫幻想。这首歌曲是《爱的告白》（泰勒重制版）中的亮点之作。在2023年夏天的巡演中，泰勒·斯威夫特在堪萨斯城的一站中首次公开了这首歌的音乐视频——一部紧张刺激的微电影，讲述了泰勒与一幅她的画像被锁在了保险箱中，她的朋友们冒险将她救出的故事。

泰勒表示："这个视频剧本我一年前就写好了，我真的想通过它象征性地表达粉丝们帮我重新夺回我的音乐的感觉。"[41]视频还标志着泰勒录影带中熟悉面孔的回归：她邀请了几位原版"爱的告白"时期的人物参与，特别是曾在《卑鄙》的视频中出现的乔伊·金（Joey King）和普雷斯利·卡什（Presley Cash）。更加引人注目的是，泰勒·洛特纳——泰勒的前男友，也是她创作《爱的告白》中《重回十二月》的灵感来源——也在视频中亮相。《我能看见你》最终在"《公告牌》百强单曲榜"上取得了第五名的佳绩。

---

1 放克（Funk）：一种美国的音乐类型，起源于20世纪60年代中期至晚期，非洲裔美国人音乐家将灵魂乐、灵魂爵士乐和节奏蓝调融合成一种有节奏的、适合跳舞的新的音乐形式。

城堡崩塌 (*Castles Crumbling*)

发行日期： 2023年7月7日

创作者： 泰勒 · 斯威夫特

制作人： 杰克 · 安特诺夫、泰勒 · 斯威夫特

　　《城堡崩塌》成为《爱的告白》（泰勒重制版）专辑中的杰出曲目，部分原因是帕拉摩尔乐队（Paramore）的海莉 · 威廉姆斯[1]的倾情加盟。泰勒曾表示："既然《爱的告白》的歌词完全出自我个人之手，所以我特意邀请了那些在我作为作词者成长过程中影响我最深的艺术家们，希望他们的声音能在这张专辑中得以展现。"[42]

　　威廉姆斯与泰勒的友谊源远流长，两位女性艺术家在音乐的道路上相互扶持、共同成长，形成了一种超越语言的深厚默契。威廉姆斯感慨道："多年来，无论我们是否频繁联系，我始终心怀感激，因为我知道我并不孤单。"[43]《城堡崩塌》在音乐风格上让人联想到托里 · 阿莫斯，仿佛是《红》（*Red*）专辑中那位名誉受损的主角在《幸运的她》（*The Lucky One*）中的内心独白。歌曲巧妙地运用了一位失宠皇室成员的隐喻，深入探讨了艺术家因创作选择而面临粉丝倒戈的困境，以及由此引发的对个人事业崩溃的恐惧。

　　威廉姆斯对《城堡崩塌》中的故事叙述情有独钟，并补充说："这首歌讲述的是我们两人在公众视野中成长的共同体验，能够通过这首歌表达出这样的情感，我感到无比荣幸。"[44]

1　海莉 · 威廉姆斯（Hayley Williams）：美国著名的歌手，担任流行朋克乐队帕拉摩尔（Paramore）的主唱。海莉不仅在乐队中担任主唱，还参与歌曲创作，她个人的音乐风格和帕拉摩尔乐队的音乐同样受到乐迷的喜爱。

愚蠢的人 (*Foolish One*)

曲库存曲 | 《爱的告白》(泰勒重制版)

发行日期：2023年7月7日
创作者：泰勒·斯威夫特
制作人：亚伦·德斯纳、泰勒·斯威夫特

　　沉浸在爱河中时，人们往往很难对自己的感情持有客观的态度。如果关系进展得一帆风顺，这种盲目也许无伤大雅。然而，当你对自己与某人之间的关系感到迷茫时，缺乏清晰的洞察力可能会带来灾难性的后果。在《愚蠢的人》这首歌中，主角就遭遇了这样的困境。她曾对那些细节，那些暗示着关系中存在问题的迹象视而不见；而现在，她最不愿面对的真相正逐渐显现：她必须接受一个事实，那就是他永远不会给出承诺。更令人痛心的是，"愚蠢的人"这一称呼实际上是她对自己的责难，因为她未能从以往失败的感情中吸取教训，未能及时识别出那些预示着关系终结的信号。《愚蠢的人》的乡村流行音乐风格与歌曲中令人心绪不宁的歌词形成了鲜明的对比。实际上，这首歌曲以其流畅的原声吉他旋律、轻松的节拍和充满情感的声线，营造出一种温馨的感觉，让人联想到泰勒·斯威夫特的《民间故事》(*folklore*)专辑中广受欢迎的歌曲《八月》(*august*)。

*对页：泰勒在2011年的现场表演中展现了她对情绪朋克的热爱；她与帕拉摩尔乐队的主唱海莉·威廉姆斯合唱了帕拉摩尔乐队的《你会得到》(*That's What You Get*)*

穿越时间 (*Timeless*)

曲库存曲 | 《爱的告白》(泰勒重制版)

发行日期：2023年7月7日
创作者：泰勒·斯威夫特
制作人：杰克·安特诺夫、泰勒·斯威夫特

　　这首简约的《穿越时间》流露出浓郁的浪漫情怀，这要归功于那悠扬动听的原声吉他旋律和充满韵味的歌词。泰勒在歌词中叙述了自己在古董店中发现的一系列珍贵的宝藏。她首先找到了一盒仅售25美分的黑白照片，这些照片捕捉了不同年代的瞬间：一位20世纪30年代的新娘，一位即将踏上二战战场的士兵，一对因购买首套住房而喜形于色的夫妇，以及1958年准备参加舞会的青少年们。她继续探索，又发现了一些尘封已久的古老书籍，它们记载了一些不那么幸福的故事，如一段多舛的恋情或一桩勉强的婚姻。尽管这些小物件跨越了数十年甚至数百年——可以说是历经了不同的时代——它们却让泰勒联想到了自己当下的爱情。她坚信，如果自己与他生活在不同的年代，比如1944年，他们也会克服困难，找到彼此。她甚至想象自己会放弃一桩被安排的婚姻，去追随自己的真爱。《穿越时间》以一种深刻的想法作为结尾：泰勒与她的伴侣将携手共度余生，共同编织属于他们自己的时光记忆。

04

"红"时期

泰勒·斯威夫特的音乐初恋始终是乡村音乐，而专辑《红》（*Red*）则被她比作与自己的音乐初恋（即乡村音乐）之间"唯一真正的分手专辑"，《红》标志着她艺术生涯的一个关键转折点。在这个转折点上，她选择拓宽自己的音乐视野，融合摇滚、民谣乃至回响贝斯等多种音乐元素。她曾表示："我很喜欢杰克逊·波洛克（Jackson Pollock）的作品，这张专辑就像是我的泼墨画，把所有色彩泼洒到墙上，观察哪些色彩能够持久留存。"[1]正是这种大胆的音乐探索精神，让《红》赢得了两项格莱美奖提名：年度最佳专辑和最佳乡村专辑。

天恩眷顾 (*State of Grace*)

发行日期： 2012年10月16日（推广单曲）/ 2012年10月22日（专辑）
创作者： 泰勒·斯威夫特
制作人： 内森·查普曼、泰勒·斯威夫特
其他版本： 原声版本、原声版本（泰勒重制版）、泰勒重制版

在《红》专辑酝酿之初，《天恩眷顾》以其激昂的旋律，昭示了泰勒音乐风格的一次大胆转变——她迈向了一种摇滚风格，这种风格由强烈的鼓点、电吉他的回响和梦幻般的嗓音共同塑造。泰勒如是说："对我而言，这首歌的编曲极其宏伟。它传达了一种宛如史诗般坠入爱河的感觉。"[2]

《天恩眷顾》恰如一首描述乐观的浪漫喜剧主角的主题曲，歌颂了对一段突如其来的浪漫关系的无限兴奋。歌曲中的叙述者对这份新恋情持有乐观的心态并且满怀希望地认为，或许这一次爱情能够开花结果。同时，他们并未盲目乐观：《天恩眷顾》也承认了爱情的无常——爱情往往以不尽如人意的方式结束，留给我们沉重的情感包袱。尽管如此，歌曲依然认为敞开心门是值得肯定的，爱情始终值得人们去冒险。

泰勒还提到，这首歌"几乎完美地充当了整张《红》专辑的一个明确提示"。也就是说，歌曲对爱情现实主义的描绘预示了专辑的核心主题。她解释道："《天恩眷顾》会让大家明白爱情中有两种极端：我们可以全心全意地去爱，也可以不公平地游戏。这两种选择都会在专辑中被探讨。"[3]

红 (*Red*)

{ 单曲 }

发行日期： 2012年10月2日（推广单曲）/ 2013年6月24日（乡村风格电台单曲）/ 2012年10月22日（专辑）
创作者： 泰勒·斯威夫特
制作人： 内森·查普曼、丹·哈夫（Dann Huff）、泰勒·斯威夫特
其他版本： 原始演示录音、2013年美国乡村音乐协会奖颁奖礼表演（与艾莉森·克劳斯[Alison Krauss]和文斯·吉尔[1]）版、泰勒重制版

    2011年9月7日，在华盛顿州塔科马市的塔科马圆顶体育馆内结束演唱会后，因思念家乡和母亲，泰勒临时决定改变行程飞回纳什维尔，而不是前往洛杉矶。

这次意外的旅行转变，成就了一首杰作：在回家的航班上，泰勒创作了《红》，她形容这首歌捕捉到了一段关系中最为矛盾的情感——"它既是我所经历过的最糟糕的事情，同时也是最好的事情"[4]。

她的歌词深入地探讨了这种复杂的心理。泰勒巧妙地将与某个特别之人建立联系比作易如反掌地熟记自己最喜欢的歌中的歌词。然而，爱情也有其失控的一面——她比喻说，这就像是驾驶着闪亮的新车疾驰奔向绝路，坠毁在所难免，或是如同深秋的绚丽色彩，短暂而易逝。

《红》的副歌将她的情感起伏比作不同的颜色。分手是忧郁的蓝色；对前任的渴望是荒凉的深灰；而这段动荡的爱情本身则是热烈的红色。泰勒解释说："红色代表了情感中大胆、勇敢、充满激情和爱意的一面。""而红色的对面，则是嫉妒、愤怒、挫折，以及'你不回我电话'和'我需要一个人静一静'的情绪。"[5]泰勒利用她的创造力，在纳什维尔的家中迅速录制了《红》。她激动地发现，共同制作人内森·查普曼对她对这首歌的处理赞不绝口。"当我把《红》放给他听时，他非常激动，对我的歌词赞不绝口，我非常满足。"[6]泰勒在录制过程中热情洋溢地说："随着班卓琴和副歌中特别的're-e-e-e-d'声音的导入，这首歌渐入佳境。"[7]

《红》确实是泰勒将乡村与流行音乐风格完美结合的杰作，它将班卓琴的期待、小提琴的活泼与摇滚吉他的活力、弦乐的热情以及旋转木马般的节奏融合在一起。不出所料，这首歌在两个流派中都取得了巨大成功，不仅在"《公告牌》百强单曲榜"上排名第六，在"热门乡村音乐排行榜"上也高居第二。2013年，《红》还进入了乡村音乐电台播放榜的前十名，泰勒在同年的美国乡村音乐协会奖颁奖礼上与艾莉森·克劳斯和文斯·吉尔共同演绎了这首歌的原声版本，赢得了满堂喝彩。

对页：在2012年拉斯维加斯的"我爱电台"音乐节（iHeartRadio Music Festival）上，泰勒带来了贯穿自己整个音乐生涯的曲目串烧，以《我们再也回不去了》（*We Are Never Ever Getting Back Together*）作为压轴曲目

上图：斯威夫特在她的职业生涯早期与制作人、歌曲作者和音乐家内森·查普曼的频繁合作，为她赢得了诸多荣誉，例如在乡村音乐协会奖的评选中，《无畏》被选为"年度专辑"

1 文斯·吉尔（Vince Gill）：享誉国际的美国乡村音乐歌手、音乐家以及吉他手。文斯·吉尔是获得格莱美奖最多的美国乡村音乐艺人之一，被誉为"乡村音乐类项的常胜军"，曾八次获得格莱美奖乡村最佳音乐歌手奖项。

暗藏危机 (*Treacherous*)

{单曲}

发行日期：2012年10月22日（单曲）/ 2012年10月22日（专辑）
创作者：泰勒·斯威夫特、丹·威尔逊[1]
制作人：丹·威尔逊
其他版本：原始演示录音、泰勒重制版

　　《暗藏危机》这首充满情感波动的中速情歌，以其清新的原声吉他旋律和如瀑布飞泻般的和声而备受赞誉。这首歌是泰勒·斯威夫特与丹·威尔逊一起创作的，后者是摇滚乐队塞米赛尼克（Semisenic）的成员，曾与阿黛尔[2]和南方小鸡乐队[3]等知名艺术家合作。

　　威尔逊回忆说，在前往录音室的途中，泰勒便构思出了歌曲的前几行歌词和标题。"我们在十分钟内就完成了这首歌的创作，她当时满怀激情。"[8]泰勒表达了自己对这首歌的自豪之情，特别是对其编曲和动态的处理，包括那段如海浪般澎湃的过渡段，仿佛是副歌的延伸。"它包含了这些宏大的声乐元素，模拟当你决定让自己坠入爱河时所经历的那种强烈情感。"[9]

　　然而，《暗藏危机》这首歌曲深入探讨了泰勒在《天恩眷顾》中暗示的爱情的阴暗面——以及我们并不总是做出明智的浪漫选择这一概念。实际上，有时候我们故意选择了一个明知不适合自己的人。泰勒如是说："我们找到了一种表达方式，那就是，'这很危险，我意识到如果继续下去，如果我选择与你一起前进，我可能会受伤。但……但我还是想这么做。'""这就像是每次坠入爱河时那种矛盾的情感——尤其是当你与某些类型的人相爱时，它总是伴随着风险。"[10]

对页：在2013年CMT颁奖典礼上，斯威夫特表演了《红》的现场版

右图：摇滚乐队"塞米赛尼克"的主唱、吉他手兼作曲家丹·威尔逊，斯威夫特和他共同创作了《暗藏危机》

1　丹·威尔逊（Dan Wilson）：原名丹尼尔·多德·威尔逊（Daniel Dodd Wilson），美国音乐家、歌手、词曲创作者、视觉艺术家和唱片制作人。

2　阿黛尔（Adele）：原名阿黛尔·劳丽·布鲁·阿德金斯（Adele Laurie Blue Adkins），英国歌手和词曲创作者，以其深情的女低音和感人至深的歌词而闻名，在流行音乐和灵魂乐领域取得了巨大成功。

3　南方小鸡乐队（The Chicks）：美国女子乐队，1989年在美国得克萨斯州达拉斯市成立。

我早知道你是个麻烦 (*I Knew You Were Trouble*)

发行日期： 2012年11月27日（单曲）/ 2012年10月22日（专辑）
创作者： 马克斯·马丁[1]、老水手[2]、泰勒·斯威夫特
制作人： 马克斯·马丁、老水手、泰勒·斯威夫特
其他版本： 泰勒重制版

　　泰勒·斯威夫特在她的专辑《红》中大胆地全面挑战自己的音乐极限。她曾表示："我始终密切关注那些批评者的声音，因为我把它们作为指引我下一步行动的路标。"在《红》这张专辑中，她想向世人证明的是"一种对学习的渴望"。[11]

　　泰勒有意识地寻找了不同的合作伙伴，其中包括瑞典流行音乐界的金牌制作人马克斯·马丁和老水手，他们曾为布兰妮·斯皮尔斯（Britney Spears）、粉红佳人（P!nk）、卡莎（Ke$ha）等艺术家打造了多首热门单曲。泰勒对马克斯·马丁创作副歌的能力赞不绝口："我一直对他如何能够创作出如此震撼人心的副歌感到着迷。"他的作品能够"突然间给你带来一段副歌——像是全大写并写满惊叹号一样，给人以强烈的听觉冲击。"[12]

　　《我早知道你是个麻烦》正是泰勒这一理念的

完美体现。她在钢琴上构思了这首歌曲的基本旋律，并向马丁和老水手描述了她希望音乐最终呈现出的感觉："就像那种情感一样混乱。"[13]这首歌讲述了与一个明知对方有缺陷却无法抗拒的人陷入情感纠葛的故事：对方情感上疏远、不愿承诺、对感情漠不关心。尽管你知道这个人很可能会伤害你的心，但你仍然被他的魅力所吸引。

　　马丁和老水手在副歌中巧妙地融入了当时流行的回响贝斯[3]元素，巧妙地处理了泰勒的声音，以配合笨拙的舞曲节奏。泰勒通过她的朋友艾德·希兰[4]熟悉了回响贝斯，并表示："他总是放一些在英国俱乐部播放的音乐给我听。"[14]她并没有特意追求某种潮流，但最终的音乐作品出人意料且充满活力，捕捉到了一段混乱关系中的起伏波动：回响贝斯的节奏创造了一个清脆、跳跃的导入部分，就像一个橡胶球在混凝土上弹跳——与歌曲其余部分的流行摇摆节奏形成了鲜明对比。

　　最终，《我早知道你是个麻烦》成了一首广受欢迎的流行歌曲，攀升至"《公告牌》百强单曲榜"第二名，这证明了泰勒此次音乐实验的成功。她回忆说："在我们制作这首歌曲的整个过程中，我们都在想'我们能做到吗？我们真的能做到吗？这样是可以的吗？'""当面对一个创意想法时我喜欢问自己：'这样是可以的吗？'因为这意味着你在挑战自己的极限。"[15]

左图：斯威夫特在2012年澳大利亚的ARIA音乐奖颁奖典礼上，激情演绎了《我早知道你是个麻烦》

1　马克斯·马丁（Max Martin）：瑞典著名的音乐制作人、作曲家和歌手。他被广泛认为是流行音乐界最具影响力和最高产的音乐创作人之一，以创作出众多热门歌曲而闻名。
2　老水手（Shellback）：原名卡尔·约翰·舒斯特（Karl Johan Schuster），著名的音乐制作人和词曲创作者。他与马克斯·马丁合作密切，两人经常共同创作，为流行音乐界带来了许多成功的作品。
3　回响贝斯（dubstep）：一种起源于20世纪90年代末期英国伦敦南部的电子音乐风格。这种音乐的特点是不断回响的贝斯声和低音鼓节拍，通常伴随着采样音乐和偶尔的人声配唱。
4　艾德·希兰（Ed Sheeran）：英国流行乐男歌手、音乐创作人、演员。

回忆太清晰 (*All Too Well*)

发行日期：2012年10月22日（专辑）/ 2021年11月11日（泰勒版单曲）
创作者：莉兹·罗斯、泰勒·斯威夫特
制作人：内森·查普曼、泰勒·斯威夫特
其他版本：泰勒重制版、10分钟版本

　　很少有歌曲能够如此精妙地捕捉到因爱情而心碎的复杂情绪，而《回忆太清晰》正是这样一首充满力量的慢热情歌，它的每一个音符都透露出优雅的气质。泰勒在筹备2010年"爱的告白"巡演的过程中，将满腔的情感倾注于这首歌的创作。她曾回忆道："我到达彩排现场时，内心充满了沮丧和悲伤，这种情绪显而易见，让周围的人也感受到了那份沉重。"[16]

　　面对这种心灵的苦楚，泰勒使用了她惯常的应对方式——音乐。她开始一遍又一遍地弹奏着四个吉他和弦，随后乐队加入，伴随着她即兴演唱自己所经历的一切和内心感受[17]，这个过程持续了十到十五分钟。这段自发的情感流露被幸运地记录下来，成了永恒。泰勒回忆说："那天结束时，我母亲走向音响师，询问他是否录制了这段演奏，音响师回答'是的'，并将一张CD交给了她。"[18]

　　为了将这首长歌打磨得更加完美，泰勒联系了她的长期合作伙伴——词曲创作者莉兹·罗斯。尽管当时罗斯正忙于搬家并在与鼻窦炎做斗争，但她还是放下了手头的一切，来帮助泰勒完成《回忆太清晰》的创作。[19]两人通过精心的剪辑，将无数的情感——包括遗憾、怀旧、悲伤和一丝愤怒——巧妙地融入了五分半的歌曲之中。

上图：斯威夫特在2014年1月26日的格莱美奖颁奖典礼上用钢琴演奏了《回忆太清晰》的时长较短的原始版本

22岁 (22)

发行日期： 2013年3月22日（单曲）/ 2012年10月22日（专辑）
创作者： 马克斯·马丁、老水手、泰勒·斯威夫特
制作人： 克里斯托弗·罗（Christopher Rowe）、老水手、泰勒·斯威夫特
其他版本： 泰勒重制版

22岁，这个年纪充满了起伏和不确定性。你已经跨入了成人的门槛，可能已经有了工作、家庭或其他责任。然而，对于成年的真正含义，以及你长大后想成为什么样的人，你或许仍然感到迷茫。

泰勒深刻地理解这种困境。她曾说："你已经到了开始规划人生的年龄，但你又如此年轻，你会意识到还有许多你想不通的问题。"[20]面对这种迷茫，她并没有选择焦虑，而是创作了《22岁》这首歌曲，它指出对生活的不完全理解是很正常的，并向人们保证这种不确定性不仅完全可以接受，甚至令人兴奋。

《22岁》的创作灵感，与《红》一样，最初是在飞机上涌现的，斯威夫特随后与她的合作伙伴马克斯·马丁和老水手分享了这个想法。她说："我想写一首歌，讲述我和我的朋友们度过的夏天，带着这样一种态度——'我们二十多岁，我们还什么都不知道——这太棒了！'"[21]这首歌以其跳跃的乡村节奏和充满活力的副歌，展现了年轻的热情和无忧无虑。

歌词中，泰勒提及了生活中的高潮与低谷，并愉快地承认这些复杂情感同时存在。她提出的解决方案是与好友一起享受无忧无虑的夜晚、跳舞、开玩笑、幻想生活，甚至可能遇见特别的人。未来的烦恼可以留到明天，今晚只需彻夜狂欢，尽情享受年轻和自由。

虽然《22岁》在"《公告牌》百强单曲榜"上仅达到了第20位，但它预示了乡村流行跨界趋势的兴起，成了粉丝的最爱。在时代巡演的"红"部分，作为开场曲的《22岁》成了演唱会的一大亮点。泰勒身穿印有"很多事情在此刻发生"标语的T恤——这是在她在原版《22岁》视频中所穿T恤的基础上修改的版本——以及头戴由洛杉矶著名设计师格拉迪斯·泰梅兹定制的黑色软呢帽，与她的舞蹈团队一起热情演绎这首歌。当歌曲达到高潮时，她会跳到舞台的尽头，将有她亲笔签名的帽子递给一位幸运的粉丝。

对页：时代巡演的"红"部分以斯威夫特演唱《22岁》开场——在歌曲的结尾，她会赠送一顶定制的、有亲笔签名的帽子给一位幸运粉丝

下图：斯威夫特"时代"巡演的"红"部分的演出

按捺不住 (*I Almost Do*)

发行日期：2012年10月22日
创作者：泰勒·斯威夫特
制作人：内森·查普曼、泰勒·斯威夫特
其他版本：泰勒重制版

{ 专辑收录曲 }

《按捺不住》以其深情的原声吉他演奏、充满波折的旋律线条和饱含情感的压抑唱腔，让人联想到泰勒·斯威夫特早期那些深受乡村音乐影响的作品。这首歌曲仿佛能够轻松地融入她早期的乡村音乐专辑之中。

然而，这首简约而不简单的作品同样映射出斯威夫特对情绪摇滚乐队"仪表盘告解"的偏爱——这支乐队以其直击心灵的歌词，讲述心痛和情感的煎熬的歌曲而著称。泰勒在这首歌曲中同样展现了她脆弱的一面，歌词聚焦于那种"你渴望让某人回到你的生活中，想要再次尝试，却又清楚地知道这不可能"的内心冲突。她如是说："你不能这么做，因为你知道那段感情曾经伤害你至深，你无法再次承受那样的痛苦。"[22]

泰勒坦承，《按捺不住》源自他个人非常私密的经历："我认为我写这首歌是为了不让自己打电话给那个人。创作这首歌是我代替拨打电话的方式。"[23]歌曲中的叙述者表达了切断联系的痛苦——她已经尽了全力不去联系对方——同时承认自己仍时不时地幻想着与对方重归于好。尽管如此，最终她只是带着一丝哀愁去想象前任的生活，并默默希望他偶尔会想起她。

对页：斯威夫特在"时代"巡演上演唱了10分钟版本的《回忆太清晰》；这一深情演绎的现场演出在巡演的每晚都转变成一次宣泄情感的集体合唱

下图：斯威夫特（在此接受采访）与披萨连锁店棒约翰（Papa John's）合作推出《红》专辑；她的脸会出现在美国各地的披萨盒上

我们再也回不去了 (*We Are Never Ever Getting Back Together*)

{ 单曲 }

发行日期：2012年8月13日（单曲）/ 2012年10月22日（专辑）
创作者：马克斯·马丁、老水手、泰勒·斯威夫特
制作人：马克斯·马丁、老水手、泰勒·斯威夫特
其他版本：乡村风格混音版、泰勒重制版

　　感情的分分合合既令人疲惫又叫人难以割舍。有时候，人们沉溺于其中的起起伏伏；有时候，则因为心存希望，期待伴侣终有一日能停止情感游戏，给出承诺。但总有一刻，人们会到达极限，决心彻底断绝那些对自己有害的关系。

　　如果你正处于这样的情感十字路口，那么《我们再也回不去了》就是你的主题曲。这首歌曲在音乐上继承了泰勒与马克斯·马丁和老水手合作的风格，以带有乡村色彩的循环吉他旋律和振奋人心的副歌推动歌曲前进。泰勒在歌词中细致地描述了她与这个优柔寡断的伴侣所经历的种种不公，坚定地宣告了他们关系的终结。这是一首终极的反击之歌——泰勒称之为"当我最终不再关心前男友对我的看法时，我的感受的确切写照"，并提到这位前男友"让我感觉自己不如他所追捧的那些潮人乐队那么出色或重要"。[24]

　　《我们再也回不去了》中还有一句轻蔑的歌词，描述了这位自负的伴侣在争吵后试图通过聆听独立音乐来平复情绪。泰勒讽刺地表示，"独立音乐比我的歌曲要酷得多"。这种挑衅的语气贯穿了整首歌，她在说唱式的歌词中特别强调了前男友的不当行为。而在过渡段，泰勒以一种口语化的方式，以一种听起来恼怒的口吻拒绝了前男友的电话，他在电话中说他仍然爱着她。她毫不含糊地声明他们的爱情绝不重燃——并且对他竟然说出这样的话而感到极度愤怒。（有趣的是，这个部分似乎让人联想到1982年月球单位[1]和弗兰克·扎帕[2]那首充满俚语的热门歌曲《谷地富家女》的现代版本。）

　　《我们再也回不去了》不仅成为斯威夫特在"《公告牌》百强单曲榜"上的首支冠军单曲，连续三周稳居榜首，还获得了格莱美奖年度唱片的提名。她并未就此远离乡村音乐领域。一个更具乡村风格、节奏活泼、泰勒声音更加突出的版本，最终在"《公告牌》乡村热门歌曲榜"上连续九周高居第一。泰勒说："人总有一天会长大，不再被反复导致烧伤的火焰所吸引。""幸运的是，当我写这首歌的时候，我还没有学会这个道理。"[25]

左图：在《红》专辑中，斯威夫特与瑞典作家、制作人老水手（左）和马克斯·马丁（右）合作，他们在2017年第89届奥斯卡提名者午餐会上与贾斯汀·汀布莱克（Justin Timberlake）合影

对页：在2012年MTV欧洲音乐奖的颁奖典礼上，斯威夫特获得了三项奖项（包括最佳女歌手奖），并带来了史诗级的《我们再也回不去了》的现场表演

1　月球单位（Moon Unit）：美国歌手、词曲创作者。是美国著名音乐家弗兰克·扎帕（Frank Zappa）的女儿。月球单位以其独特的音乐风格和艺术个性而闻名，在音乐、写作和表演艺术等多个领域都有涉猎。她的知名作品包括1982年与父亲合作的歌曲《谷地富家女》（*Valley Girl*），这首歌以幽默诙谐的方式展现了当时美国加州谷地青少年的生活和语言特点。
2　弗兰克·扎帕（Frank Zappa）：美国摇滚乐手、作曲家、唱片制作人、吉他手、歌手、演员，以及电影导演。他是20世纪60年代摇滚乐发展史上的先锋人物之一。扎帕以其音乐上的创新、多样化的风格和对传统摇滚乐界限的挑战而闻名。

为我停留 (*Stay Stay Stay*)

〔专辑收录曲〕

发行日期： 2012年10月22日
创作者： 泰勒·斯威夫特
制作人： 内森·查普曼、泰勒·斯威夫特
其他版本： 泰勒重制版

　　《为我停留》以其轻快的曼陀林旋律和拍手节奏，成为《红》专辑中一首充满幻想色彩的独立民谣，它以一种轻松愉快的方式展现了爱情中的甜蜜与幽默。这首歌讲述了一对情侣的故事，他们在经历了分手的挣扎之后，选择了继续在一起。泰勒在创作这首歌时，受到了现实生活中一段恋爱关系的启发，她指出："这些关系并不总是完美的。""有时候，你可能对另一半感到厌烦，甚至发生了一些愚蠢的争执，但坚持下去是值得的，因为这段关系中有你无法割舍的部分。" [26]

　　在《为我停留》的叙事中，主角对于能与一个既贴心又乐于助人，同时还充满幽默感的伴侣在一起感到惊喜和愉快。她更加感激的是，她的伴侣不仅接受了她的小缺点，而且在关系遇到挑战时也没有选择离开。故事中的一个情节是，在一个晚上，她情绪失控地将手机扔向了伴侣。虽然她担心这可能会导致他们分手，但她还是提议他们应该坐下来好好谈谈他们之间的分歧。而男友的回应是宽容和幽默的——他戴着橄榄球头盔出现在了她面前，以一种轻松的态度准备解决他们之间的问题。

最后一次 (*The Last Time*)（与加里·赖特波迪合作）

〔单曲〕

发行日期： 2012年10月22日（专辑）/ 2013年11月4日（英国单曲）
创作者： 杰克奈夫·李（Jacknife Lee）、加里·赖特波迪（Gary Lightbody）、泰勒·斯威夫特
制作人： 杰克奈夫·李
其他版本： 泰勒版

　　泰勒·斯威夫特长久以来都希望能够与她钟爱的英国流行摇滚乐队"雪地巡游者"[1]合作，这份愿望在深情且充满力量的情歌《最后一次》中得以实现。这首与乐队主唱加里·赖特波迪共同演绎的二重唱，展现了对旧爱重燃的复杂情感和不同视角。加里·赖特波迪以一种庄重而恳切的声音，诠释了一个幻想前女友见到他会兴奋不已并愿意重燃旧情的男人。而泰勒则以一个犹豫不决的叙述者身份，对前男友的出现表达了并不那么兴奋的心情；她的内心充满了回忆，回忆起他无数次地出现、道歉，然后再次离她而去的行为。

　　随着音乐从深沉的钢琴旋律逐渐过渡到如同暴风雨般的弦乐和电吉他合奏，两位歌手的声音汇聚成对最后一次和解的尝试。泰勒解释说："这两个角色都在发誓，这是最后一次。她在发誓，这将是最后一次

她原谅他；他在发誓，这是他最后一次离开她并伤害她。" [27]这首歌曲以其丰富的情感和音乐的动态变化，深刻地探讨了爱情中的承诺与不确定性。

1　雪地巡游者（Snow Patrol）：是来自英国苏格兰的摇滚乐队，成立于1994年。乐队以其独特的音乐风格以及与摇滚、流行、独立音乐和另类音乐元素的融合，在全球范围内拥有庞大的乐迷群体。

圣地 (*Holy Ground*)

发行日期： 2012年10月22日
创作者： 泰勒·斯威夫特
制作人： 杰夫·巴斯克（Jeff Bhasker）
其他版本： 泰勒重制版

　　《圣地》这首歌曲透过叙述者的内心世界，表达了一种深切的感激之情，这份感激来自对一段未能开花结果的恋情的深情回望。泰勒·斯威夫特在与一位未曾公开的前男友偶遇后，意外发现自己能够以一种积极的心态去追忆那些两人共度的时光——那些只有他们自己才能理解的笑话和共同经历的冒险所带来的快乐。她坦言："这首歌的创作初衷是为了捕捉那份随着时间的流逝而渐渐生发的感激之情，感激那段过去的感情所赋予我的一切，而不是纠结于它未能达到期望所带来的痛苦和怨恨。"她进一步补充道："它

曾是我生命中的一部分，这是美好的。"[28]为了将这种感激之情转化为音乐，泰勒选择了与制作人杰夫·巴斯克合作，她对他在2012年摇滚乐队"趣"[1]的首张专辑《有些晚上》（*Some Nights*）中的制作工作印象深刻（值得一提的是，泰勒后来的合作伙伴杰克·安特诺夫当时也是该乐队的成员）。在巴斯克的精心打造下，《圣地》化作了一首充满活力的摇滚乐章，其明快的鼓点、充满力量的原声吉他和电吉他的即兴重复段相互交织，共同营造出一种完美的和谐氛围。

忧伤美丽的悲剧 (*Sad Beautiful Tragic*)

发行日期： 2012年10月22日
创作者： 泰勒·斯威夫特
制作人： 内森·查普曼、泰勒·斯威夫特
其他版本： 泰勒重制版

　　《忧伤美丽的悲剧》是一首苦乐参半的歌曲，让人想起迷星乐队（Mazzy Star）1993年的歌曲《融入于你》（*Fade Into You*）。泰勒说这首专辑收录曲"真的非常贴近我的心情"。这首忧郁的原声歌曲正如其名——泰勒演出后，在巴士上写下了这首歌，当时她还在回味一段"几个月前就结束了的关系。那种感觉不再是悲伤和愤怒之类的情绪了。它是一种怀念的失落"。[29]这首歌曲的歌词细腻地描绘了一段因距离、孤独、争吵和沟通障碍等因素而走向终结的恋情。值得注意的是，歌曲中的叙述者并没有将分手

的责任归咎于任何一方。相反，叙述者对这段关系充满了怀旧之情，并对最终令人心碎的结局及其带来的后果表示深深的同情。泰勒解释说："我想以一种朦胧的回忆来讲述这个故事，探讨我们之间出了什么问题。当你回顾那些你无法改变或重来的事情时，感觉像是在模糊的灰色地带徘徊。"[30]

对页：雪地巡游者乐队的主唱兼吉他手加里·赖特波迪在演唱《最后一次》

1　趣乐队（fun.）：来自美国纽约的独立流行乐队，以其独特的音乐风格和戏剧化的舞台表现而闻名，他们的作品通常融合了摇滚、流行、电子和舞台剧等元素。

幸运的她 (*The Lucky One*)

{ 专辑收录曲 }

发行日期：2012年10月22日

创作者：泰勒·斯威夫特

制作人：杰夫·巴斯克

其他版本：泰勒重制版

《幸运的她》是泰勒在澳大利亚期间创作的作品，它是《红》这一专辑中深刻坦露脆弱情感的歌曲之一，表达出关于名声的深刻警示。这首歌根植于泰勒对音乐产业变幻莫测的深切恐惧。

她曾坦言："这首歌在很多层面上表达了我最深的恐惧——那就是这一切不再让人感到快乐，最终变成了一件可怕的事情。有些人会走到那一步，有些人最终会沦落至此。"[31]歌曲叙述了一个年轻女演员的故事，她来到洛杉矶，迅速成为众人瞩目的焦点。但不久，她的明星光环开始遭受侵蚀：不受欢迎的小报不断窥探她的私生活，表面光鲜却暗藏问题的关系令她身心俱疲，同时还要面对那些急切等待将她取而代之的竞争者。在《幸运的她》的最后一节中，这位女演员选择了退出公众视野，保护自己的隐私，而不是继续面对名声的无常。泰勒解释说："我在这首歌中所唱的基本上就是我所恐惧的，最终被名气所裹挟，感到孤独，感到被误解，感觉就像当人们认为你很幸运时，实际并非如此。"[32]这首歌在音乐上如同一场优雅的舞厅舞会，旋律旋转盘旋，充满了复古的魅力，与歌曲中的"郝薇香小姐[1]式氛围"完美融合，为听者带来了一种时空交错的美感体验。

---

1 郝薇香小姐（Miss Havisham）：查尔斯·狄更斯（Charles Dickens）的小说《远大前程》（*Great Expectations*）中的一个虚构角色。她是一个富有但精神不稳定的中年女性，因为过去的一次创伤性经历而变得精神错乱。在小说中，郝薇香被描述为一个半疯狂的、被遗弃的新娘，她一直穿着婚纱，生活在一个破败的豪宅中，与她的养女一起。她因为被未婚夫在婚礼当天抛弃而怀恨在心，从此便停留在过去的回忆中，生活在永远阴暗的家中，所有的时钟都停在了她被抛弃的那一刻。

一切注定不同 *(Everything Has Changed)*（与艾德·希兰合作）　　〔单曲〕

发行日期： 2013年7月14日（单曲）/ 2012年10月22日（专辑）
创作者： 艾德·希兰、泰勒·斯威夫特
制作人： 布奇·沃克（Butch Walker）
其他版本： 混音版、泰勒重制版

　　艾德·希兰与泰勒·斯威夫特不仅是亲密无间的好友和昔日巡演的伙伴，更是一对充满活力的音乐创作搭档。他们在洛杉矶斯威夫特家后院的蹦床上灵感迸发，共同孕育出《一切注定不同》这首动人的歌曲。

　　当希兰与斯威夫特的歌声交织在一起，这首歌自然而然地演变成了一首二重唱。它恰到好处地表达了歌曲的主题。"描述了两个人共同经历的瞬间——当他们彼此凝望，世界突然变得不同了，因为一切都已改变了。"泰勒如是说。[33]确实，歌词可以被解读为描述了一见钟情那种激动人心的体验，以及对某人怀有甜蜜幻想的喜悦，或者是长期柏拉图式友情突然萌生了浪漫情愫。

　　在制作《一切注定不同》时，泰勒选择了新的合作伙伴布奇·沃克。这位资深的摇滚音乐家已经与多位流行音乐界的艺人合作，包括粉红佳人、艾薇儿·拉维尼和乐队"恐慌！在迪斯科舞厅"（Panic! At The Disco）。"他是那种非常尊重艺术家个性的制作人，允许每个人将自己的特色带入录音室，"她评价道，"我知道他会以一种自然而真实的方式处理这首歌，这也正是艾德的风格。"[34]确实，《一切注定不同》以其恰到好处的轻描淡写，以在门廊处即兴演奏的原声吉他演奏为主轴，搭配泰勒和希兰那天使般的、充满深情的歌声，展现了一种朴实无华的美。

对页：斯威夫特在2012年MTV音乐录影带大奖颁奖典礼上演唱了一版活泼的《一切注定不同》

上图：2013年11月1日，斯威夫特在艾德·希兰的一票难求的麦迪逊广场花园演唱会上与他一起演唱了《一切注定不同》

星光 (*Starlight*)

发行日期： 2012年10月22日

创作者： 泰勒·斯威夫特

制作人： 内森·查普曼、丹·哈夫、泰勒·斯威夫特

其他版本： 泰勒重制版

在一次翻阅老旧黑白照片的过程中，泰勒偶然发现了一张照片，画面定格了一对年轻情侣在舞会上尽情享乐的瞬间：他们便是后来一生致力于捍卫人权的埃塞尔·肯尼迪[1]和她的丈夫、已故的美国参议员罗伯特·F·肯尼迪[2]。泰勒回忆道："我立刻想象到，他们那晚一定非常快乐。"[35]这张照片捕捉到的活力四射的场景激发了她创作《星光》的灵感，这首歌温馨动人，描绘了埃塞尔在那一时刻感受到的无比快乐和无忧无虑的感觉，她与一个英俊的男孩置身于一场奢华的派对，而这个男孩鼓励她保持乐观的态度。

《星光》这首歌曲恰如其名，就像1987年佛利伍麦克[3]专辑《夜的探戈》（*Tango in the Night*）中的音乐一样璀璨夺目：键盘的声音如同流星划过夜空，伴随着钢琴声和清晰有力的电吉他旋律。

事实上，泰勒在现实生活中对埃塞尔有着更深入的了解。2012年初，她在与《时尚》（*Vogue*）杂志的访谈中分享了与埃塞尔共度的一个难忘的下午。不久后，泰勒出席了在圣丹斯电影节上首映的关于埃塞尔的纪录片《埃塞尔》（*Ethel*）的红地毯活动。泰勒还透露，埃塞尔在听到《星光》这首歌后，对它赞不绝口。从某种角度来看，你可以将这整个经历视作泰勒为她的2020年专辑《民间故事》（*folklore*）所做的一次热身，这张专辑同样包含了许多基于真实人物生活的细节丰富的虚构歌曲。

对页：埃塞尔·肯尼迪——泰勒《星光》一曲中的女主角——在2012年圣丹斯电影节《埃塞尔》首映式前与泰勒合影

重新开始 (*Begin Again*)

发行日期： 2012年9月25日（单曲）/ 2012年10月22日（专辑）

创作者： 泰勒·斯威夫特

制作人： 内森·查普曼、丹·哈夫、泰勒·斯威夫特

其他版本： 泰勒重制版

面对一场痛苦的分手，重新开始总是充满挑战。这样的分离令人心神不宁，而且可能让你对自己的整个生活感到怀疑，质疑自己曾经深信的一切。《重新开始》正是泰勒在这种动荡不安的心理状态下孕育而生的。她表示："这是一首关于我如何度过分手时期的歌曲，"她坦承："我仍然感到有些悲伤。这段关系让我觉得自己不够好，从而感到不自信。"[36]然而，这首歌曲的叙述者并未沉溺于单身生活的忧愁之中，相反，她用歌词描绘了令人心动的初次约会——对方既尊重你，又对你的笑话报以微笑，愿意与你分享对圣诞电影的热爱，并且收藏了众多詹姆斯·泰勒的唱片。泰勒解释说："《重新开始》实际上是一首关于当你……在经历了一次痛苦的分手以及脆弱的时期后终于重新振作起来，勇敢地迈出第一次约会的步伐的歌曲。"[37]《重新开始》以其简约的乡村风格和民谣流行风格，展现了《红》专辑音乐上的多样性，它像一首舒缓的摇篮曲，抚慰着听者的心灵。这首歌曲不仅获得了格莱美奖最佳乡村歌曲的提名，还在"《公告牌》百强单曲榜"上取得了第七名的成绩，证明了它在乐迷心中的地位。

1　埃塞尔·肯尼迪（Ethel Kennedy）：出生于美国伊利诺伊州芝加哥市，美国前司法部部长、参议员罗伯特·肯尼迪的妻子，被媒体称为"肯尼迪家族女家长"。
2　罗伯特·弗朗西斯·肯尼迪（Robert Francis Kennedy，1925年11月20日—1968年6月6日）：美国第35任总统约翰·肯尼迪的弟弟，1961年至1964年任美国司法部部长，1965年至1968年任纽约州联邦参议员，1968年6月竞选美国总统时遇刺身亡。
3　佛利伍麦克（Fleetwood Mac）：成立于1967年的英美摇滚乐队，以其独特的音乐风格和乐队成员间复杂的个人关系而闻名。乐队的音乐融合了摇滚、流行、民谣和布鲁斯等元素。

那瞬间我发现 (*The Moment I Knew*)

附赠曲目 《红》(豪华版)

发行日期：2012年10月22日

创作者：泰勒·斯威夫特

制作人：内森·查普曼、泰勒·斯威夫特

其他版本：泰勒重制版

　　泰勒曾透露，她那首如挽歌般的《那瞬间我发现》源自她21岁的生日派对——一个因种种令人尴尬的原因而难以忘怀的夜晚。尽管一位朋友描述她在这场70位宾客的聚会中"情绪高涨，头戴一顶俏皮的小皇冠"[38]，但斯威夫特自己却将那晚称为"史上最糟糕的经历"。[39]原因何在？传言她的男友杰克·吉伦哈尔未能出席，这个缺席让她意识到他们的关系正走向终结。[40]《那瞬间我发现》细致入微地描绘了她那令人痛心的领悟：泰勒凝望门口，期盼着他的到来；意识到他不会现身后，她躲进了洗手间；最终，在众目睽睽之下泪如雨下。她在歌曲中以那几乎可以让人感受到她心碎的声响向他倾诉——她告诉他，他本应出席那个派对，他的出席对她来说意义重大。最终，他虽然打来电话道歉，但这一举动显得既微不足道，又为时已晚。

回来……待在我身边 (*Come Back ... Be Here*)

附赠曲目 《红》(豪华版)

发行日期：2012年10月22日

创作者：泰勒·斯威夫特、丹·威尔逊

制作人：丹·威尔逊

其他版本：泰勒重制版

　　长距离的恋爱总是充满挑战，特别是对于一个像泰勒一样忙碌的歌手，经常需要四处奔波演出。正如她所指出的，这首充满美国风情的歌曲《回来……待在我身边》讲述了"距离将我们分离，这是我时常要面对的现实"。[41]然而，这首歌的视角与传统不同：它站在那个留守原地、深切思念着远行之人的角度，而非远行者自身。泰勒阐释道："《回来……待在我身边》描述了当你迷恋上某人，他却因工作需要而离去的情感体验。""他在旅途中，你亦在旅途中，你思念着他，同时思考当彼此之间隔着如此遥远的距离时，两人的关系将何去何从。"[42]与丹·威尔逊携手创作的这首歌曲，在情感上深刻地表达了距离带来的空虚感。泰勒用她那几近哀求的歌声唱出对远在纽约或伦敦的心上人的思念，并恳求他回到她的身边。原声吉他的轻拨、孤寂的电吉他点缀，以及如同电影配乐般的弦乐层层铺开，将她的歌声环绕，共同编织出一幕悲伤而富有戏剧性的情感场景。

家里的女孩 (*Girl At Home*)

{附赠曲目} 《红》(豪华版)

发行日期：2012年10月22日
创作者：泰勒·斯威夫特
制作人：内森·查普曼、泰勒·斯威夫特
其他版本：泰勒重制版

在《家里的女孩》这首歌中，泰勒毫不留情地批评了一个男人所做的令她所不齿的行为。她直言不讳地指出这首歌是"关于一个有女朋友的家伙，我觉得他和其他女孩调情的行为令人作呕"[43]。尽管《家里的女孩》的旋律听起来纯真无邪，带有电子低音和朗朗上口的副歌，但其歌词却透露出深意。泰勒以尖锐而直接的笔触，对那位用游移不定的目光四处猎艳的男人进行了深刻的斥责。她不仅引用了女性间的默契守则，更直言不讳地指责了他的不检点行为。在歌词中，她巧妙地对曲中的男人进行了道德审判，提醒他，他的女友正在家中焦急等待，同时痛斥他不知感恩的行为。泰勒坚定地声明，她自己不应成为被利用的对象，她对他轻浮的挑逗毫无兴趣，并明确要求他删除自己的电话号码，不要再打扰她。

下图：斯威夫特在2012年拉斯维加斯"我爱电台"音乐节上带来惊艳的表演

更好的人 (*Better Man*)

发行日期：2021年11月12日
创作者：泰勒·斯威夫特
制作人：亚伦·德斯纳、泰勒·斯威夫特
其他版本：小大城乐队[1]版本

　　作为一位才华横溢的创作歌手，泰勒在专辑曲目的选择上常常面临艰难的决策。以深情的乡村情歌《更好的人》为例，这首歌虽然被她视为适合收录在《红》专辑中的作品，但最终却因为"那个时期我创作了太多喜爱的歌曲，不得不忍痛割爱"[44]，而被搁置一旁。泰勒甚至透露，她在《回忆太清晰》和《更好的人》之间最终选择了前者。

　　在巡演途中的某家酒店房间里，泰勒凭借直觉，一字一句地拼凑出了《更好的人》的歌词。这首歌曲描述了面对分手虽感悲伤但毅然接受的心境。尽管如此，泰勒始终相信这首歌有其独特的光彩。机缘巧合下，她将这首歌发给了乡村乐队"小大城"，因为这首歌的风格让她联想到了他们。[45]小大城乐队欣然接受了这份礼物，并将其演绎得淋漓尽致；他们的版本不仅成了热门单曲，荣登"《公告牌》乡村热曲榜"榜首，更赢得了格莱美奖（最佳乡村组合/团体表演）和全美乡村音乐奖（年度歌曲）的殊荣。

上图：乡村音乐乐队"小大城"在2016年11月2日的乡村音乐协会奖颁奖典礼上表演了《更好的人》——就在他们公布斯威夫特创作了这首歌的第二天

1　小大城乐队（Little Big Town）：成立于1998年的美国乡村音乐组合，由四位才华横溢的成员组成。这个乐队以其精湛的和声技巧和成员间天衣无缝般的声部配合而闻名，在乡村音乐界享有极高的声誉。

一切如旧 (*Nothing New*)（与菲比·布里奇斯[1]合作）

发行日期： 2021年11月12日
创作者： 泰勒·斯威夫特
制作人： 托尼·伯格、亚伦·德斯纳、泰勒·斯威夫特

　　泰勒·斯威夫特是乔尼·米切尔[2]的忠实粉丝，非常欣赏她的音乐与绘画作品。这种敬仰之情在她2012年的澳大利亚之行中得到了充分体现，她因米切尔在1971年的经典专辑《蓝》（*Blue*）中演奏了阿巴拉契亚扬琴[3]而深受启发，随即购入了一架同样的乐器。泰勒没有耽搁，立即用这架扬琴在飞往珀斯的航班上创作了一首原创作品《一切如旧》，这首歌带有浓厚的独立音乐风格。她在日记中透露，这首歌"关于对衰老的恐惧、对变化的忧虑以及对失去所拥有的一切的担忧"，紧接着她反思了"关于害怕衰老及事物的变化，关于对失去所拥有的一切的恐惧"[46]。泰勒版

的《一切如旧》，通过点缀其间的大提琴、小提琴音和钢琴弹奏，营造出一种古色古香的氛围，仿佛一件珍贵的古董。菲比·布里奇斯的加盟更为这首歌增添了深度，她那充满智慧和天鹅绒般柔和的嗓音，为这些内省的歌词注入了更多层次的情感。泰勒在谈到这次合作时表示："我真的希望有另一位我欣赏的女性艺术家与我共同演唱这首歌，因为它传达的是一个非常女性化的音乐视角。"她回忆说，布里奇斯的回应是："我一直在期待你的邀请。"[47]这次合作不仅展现了两位女性艺术家间的相互欣赏和支持，也使得《一切如旧》成了一首充满共鸣和深刻情感的作品。

宝贝 (*Babe*)

发行日期： 2021年11月12日
创作者： 帕特里克·莫纳汉、泰勒·斯威夫特
制作人： 杰克·安东诺夫、泰勒·斯威夫特
其他版本： 糖城（Sugarland）版本

　　在泰勒·斯威夫特的早期音乐旅程中，她时常翻唱乡村音乐二人组糖城组合[4]的《宝贝女孩》（*Baby Girl*）。时光流转，当糖城乐队经历了数年的分离后重聚，泰勒以一种特别的方式回馈了他们——她提议让糖城组合演唱她所创作的歌曲《宝贝》。这首歌曲是斯威夫特与火车乐队[5]的主唱帕特里克·莫纳汉联手创作的，一首悲伤的告别情歌。尽管糖城乐队鲜少录制非自身成员创作的歌曲，但他们立刻接受了斯威夫特这一慷慨的提议。糖城乐队的主唱詹妮弗·内特尔斯回忆道："泰勒选择演唱她创作的歌曲的候选人名单是非常短的，泰勒对我们说，'嘿，我写了一首歌，你们

愿意唱吗？'"她继续说道："因此我们毫不犹豫地答应了。"[48]泰勒不仅参与了歌曲的创作，还在糖城乐队的版本中担任了伴唱，使得这首歌曲在《公告牌》乡村热门歌曲排行榜上荣登第八位。随着《红》（泰勒重制版）的发行，泰勒也推出了她独唱版本的《宝贝》，这一版本带有20世纪70年代民谣流行风格的色彩。歌曲中轻松愉悦的号角、充满节奏感的放克氛围以及缥缈的吉他即兴演奏，共同营造出一种复古而温馨的听感，无疑是对斯威夫特心中两位音乐巨匠乔尼·米切尔和卡洛尔·金[6]的深情致敬。这不仅是对经典音乐的一次重温，也是泰勒音乐才华的又一次展现。

1　菲比·布里奇斯（Phoebe Bridgers）：美国独立民谣、摇滚音乐女歌手和词曲创作者。她以独特的音乐风格、深刻的歌词和富有感染力的嗓音在音乐界获得了广泛的认可和赞誉。
2　乔尼·米切尔（Joni Mitchell）：享誉国际的音乐家、歌手、作曲家和画家。她以独特的声音、深情的歌词和精湛的吉他演奏技巧而闻名于世。
3　阿巴拉契亚扬琴（Appalachian Dulcimer）：也被称为山扬琴（Mountain Dulcimer），是一种传统的北美民间拨弦乐器。
4　糖城组合（Sugarland）：美国乡村音乐二人组，成立于2002年。乐队以其和谐的人声和富有感染力的旋律而闻名。
5　火车乐队（Train）：美国的摇滚乐队，成立于1994年，来自加利福尼亚州旧金山。乐队以混合了流行、摇滚和民谣的音乐风格而受到欢迎。
6　卡洛尔·金（Carole King）：美国歌手及作曲人，在大学期间与保罗·西蒙（Paul Simon）一起创作歌曲，并逐渐发展成为职业作曲家。

漂流瓶 (*Message in a Bottle*)

{ 曲库存曲 } 《红》(泰勒重制版)

发行日期： 2021年11月16日（单曲）/ 2021年11月12日（专辑）

创作者： 马克斯·马丁、老水手、泰勒·斯威夫特

制作人： 艾尔维拉·安德菲耶德、老水手

其他版本： 泰勒重制版（胖麦克斯G混音版）

　　《漂流瓶》这首歌曲，似乎更容易让人联想到泰勒的《1989》专辑，而非《红》。这不仅是她首次与马克斯·马丁和老水手合作的成果，也是一首充满梦幻色彩的合成器流行乐作品。它细腻地描绘了身在异乡——特别是伦敦——感受到的与他人之间的距离感，以及那份渴望与人产生联系的心情。在这首歌中，唯一的沟通方式似乎就是通过古老的漂流瓶，尽管这种方式充满了不确定性和风险。然而，泰勒在这首歌中展现出了乐观的态度，她相信，与远方之人重新建立联系的希望和喜悦，远远超过了任何可能的不利后果。

我猜你也会想起我 (*I Bet You Think About Me*)
（与克里斯·斯台普顿[1]合作）

{ 单曲 }

发行日期： 2021年11月15日（单曲）/ 2021年11月12日（专辑）

创作者： 洛丽·麦克肯纳[2]、泰勒·斯威夫特

制作人： 亚伦·德斯纳、泰勒·斯威夫特

　　在2011年于福克斯伯勒的吉列体育场举办的两场爆满的演唱会间隙，泰勒·斯威夫特抓住了宝贵的时间，与她敬仰的词曲创作人洛丽·麦克肯纳一同创作了《我猜你也会想起我》。她们的创作愿景十分明确，泰勒如是说："我们期望这首歌成为一首带有幽默感、讽刺意味强，风趣别致且不在乎他人看法的分手情歌。"[49]最终这个目标达成了——这首歌曲融合了钢棒吉他[3]、口琴以及弦乐演奏，加上克里斯·斯台普顿的灵魂嗓音，构成了一曲美国乡村风格的华尔兹。它以一种俏皮的方式戏谑地挑衅着某一位前任，同时讽刺了他那高傲且自大的举止。

永恒的冬季 (*Forever Winter*)

{ 曲库存曲 } 《红》(泰勒重制版)

发行日期： 2021年11月12日

创作者： 马克·福斯特（Mark Foster）、泰勒·斯威夫特

制作人： 杰克·安东诺夫、泰勒·斯威夫特

　　与培育人民乐队（Foster the People）的马克·福斯特携手创作，泰勒在《永恒的冬季》这首歌曲中描绘了后知后觉地发现身边亲近之人——无论是朋友还是伴侣——已经痛苦了很长的时间的体验。泰勒说道："你意识到他们已经挣扎了许久，而你对自己未能早日察觉感到愧疚，希望自己能给予他们更多的关心和支持。"[50]这首歌虽然名为《永恒的冬季》，似乎预示着无尽的寒冷，却在音乐中巧妙地融入了温暖的号角声部，它们不仅传递出歌词中的复杂情感，还营造出一种淡淡的无奈和妥协的意味。

1　克里斯·斯台普顿（Chris Stapleton）：著名的美国乡村音乐歌手。他的代表作品为*Tennessee Whiskey*。斯台普顿在音乐界以其深情的嗓音、精湛的吉他演奏技巧以及感人至深的歌词创作而受到广泛赞誉。

2　洛丽·麦克肯纳（Lori McKenna）：美国的民谣创作歌手，凭借*Humble And Kind*获得第59届格莱美最佳乡村单曲奖。

3　钢棒吉他（Lap steel）：一种弹拨乐器，通常由一块金属板（通常是钢）和一根滑棒（滑音棒）组成。这种乐器在20世纪初起源于夏威夷，因此也被称为夏威夷吉他。演奏者将金属板放在膝上或使用特殊的支架，使用滑音棒沿金属板的表面滑动来演奏，以产生滑音和颤音等特色音效。

逃离 (*Run*)(与艾德·希兰合作)

{ 曲库存曲 } 《红》(泰勒重制版)

发行日期：2021年11月12日

创作者：艾德·希兰、泰勒·斯威夫特

制作人：亚伦·德斯纳、泰勒·斯威夫特

　　泰勒·斯威夫特能清晰地回忆起她与艾德·希兰结下友谊的那一刻——就在2021年，她透露，就在"我们初次相识的那一天"，他们俩便联袂创作了他们合作的第一首歌《逃离》。[51] 作为两位音乐天才首次合作的成果，这首歌无疑树立了一个高起点：在这首歌轻快的原声旋律中，他们的和声默契十足，仿佛他们已经合作多年了。泰勒解释说，这首歌讲述的是"陷入爱河时，人会逃避现实，那时你不会在意旁人的任何看法——你只想与某人一同逃离"，"你会珍视你与这个人共同拥有的所有小秘密，以及你们一起创造的这个私密的世界"。[52]

　　艾德·希兰对于《逃离》的正式发布感到无比激动——他始终认为这首歌最终会收录在《红》专辑中，他对这首歌一直情有独钟，他说："我从未想过要催促泰勒，因为这终归是她的歌和她的决定。但我内心深处一直在默默期待，希望有一天她会说出：'嘿，这首歌真的很酷。'"[53] 这次合作不仅象征着两位艺术家友谊的开始，也是他们音乐旅程中一个美好的里程碑。

第一个夜晚 (*The Very First Night*)

{ 曲库存曲 } 《红》(泰勒重制版)

发行日期：2021年11月12日

创作者：阿蒙德·比约克伦德、阿斯彭·林德、泰勒·斯威夫特

制作人：蒂姆·布莱克史密斯、丹迪·D、间谍制作团队（Espionage）

　　《第一个夜晚》是泰勒·斯威夫特作品中一首相当特别的歌曲，它预示了她后来在《1989》专辑中那种以合成器为主的声音风格。她和间谍制作团队合作了这首节奏欢快、适合跳舞的歌曲，歌词充满活力，表达了对美好时光和甜蜜恋情的向往。这首歌在主题上和《红》专辑很契合，因为它讲的是"怀旧"，泰勒说："它让人回忆起已经结束的事情，那些美好的时刻，以及记忆的力量。"[54] 歌词里充满了生动的细节，比如宝丽来照片上的信息、在洛杉矶的特别夜晚，还有厨房里的舞蹈派对——这些都让《第一个夜晚》听起来像是一本写满私密信息的日记，只有当事人才能完全读懂。

上图：艾德·希兰在"99.7 就是现在！流行乌托邦"（99.7 NOW! POPTOPIA）演唱会上加入了与泰勒·斯威夫特的表演，他们一起演唱了《终局》（*End Game*）

回忆太清晰 (*All Too Well*) （10分钟版本）

{ 单曲 }

发行日期：2021年11月12日（专辑）/ 2021年11月15日（数字单曲）
创作者：莉兹·罗斯、泰勒·斯威夫特
制作人：杰克·安东诺夫、泰勒·斯威夫特
其他版本：现场原声版、悲伤女孩秋天版、微电影版

当泰勒·斯威夫特在2012年的专辑《红》中首次推出《回忆太清晰》时，她坦言这首歌在情感上是最难以创作的，因为她花了很长时间去筛选想要表达的内容。她带着一丝笑意补充说，这首歌最初可能长达十分钟，这在专辑中是放不下的。[55]

泰勒当时未曾预料到，这首史诗般的歌曲将在未来拥有怎样的命运。不到十年，她不仅在专辑《红》（泰勒重制版）中发布了这首歌的加长版——这个版本不仅获得了格莱美奖年度歌曲提名，还成为"《公告牌》百强单曲榜"历史上排名第一的最长歌曲。斯威夫特还执导了一部名为《回忆太清晰：微电影》的音乐视频，由萨迪·辛克（Sadie Sink）和迪伦·奥布莱恩（Dylan O'Brien）主演，赢得了格莱美最佳音乐视频奖。这首歌的加长版常常在泰勒歌迷们的各种大型聚会上引起全场大合唱——无论是"时代"巡回演唱会，还是全球各地以泰勒为主题的DJ之夜。

那么，《回忆太清晰》（10分钟版本）为何成为泰勒的标志性作品呢？首先，这首歌毫不掩饰地追溯了一段关系的全貌。从最初的甜蜜时光到最终的苦涩，斯威夫特意识到她的伴侣并不真心爱她，也没有给予她应有的尊重。歌词中甚至提到了让她心碎的21岁生日——她的男友并没有出席她的生日派对。这首歌还包含了许多细节，如印有"去他的父权社会"字样的钥匙链，以及分手后她从未找回的围巾，这些都成了粉丝们津津乐道的话题。最重要的是，泰勒没有掩饰她的心碎，她允许自己回忆起那些美好时光，同时也深刻体验了愤怒、悲伤和失落。

尽管泰勒从未公开《回忆太清晰》的灵感来源，但歌迷们普遍认为这首歌受到了她2010年与演员杰克·吉伦哈尔[1]的恋情（以及随后的分手）的启发。10分钟版本中的更多细节似乎也支持了这一猜测，比如歌词中提到的两人在年龄差异上的挣扎。

吉伦哈尔本人从未直接评论过他在《回忆太清晰》中扮演的角色，但当一位采访者提及这首歌的加长版时，他做出了回应。"这与我无关，"他说，"这是她与她粉丝之间的联系，是她的情感表达。艺术家们从个人经历中汲取灵感，我对此并无怨言。"[56]

对页：在2021年11月12日的《回忆太清晰：微电影》纽约首映式上，斯威夫特身着一套深紫红色的艾绰（Etro）天鹅绒西装，惊艳亮相

---

1 杰克·吉伦哈尔（Jake Gyllenhaal）：美国著名演员，以其深邃的眼神和书卷气的形象著称。1980年12月19日生于洛杉矶，毕业于哥伦比亚大学。他在多部影片中有着杰出表现，包括在《断背山》中饰演的同性恋牛仔杰克，以及在《夜行者》中饰演的记者卢·布鲁姆。

罗南 (*Ronan*)

{单曲}

发行日期：2012年9月8日
创作者：泰勒·斯威夫特、玛雅·汤普森
制作人：泰勒·斯威夫特
其他版本：泰勒重制版

斯威夫特写了许多悲伤的歌曲，但没有一首能与《罗南》相比。这是一首极其感人的原声吉他歌曲，从一个悲伤的母亲的角度出发，她正在慢慢接受她四岁儿子去世的事实。这首歌巧妙地使用了他幼年生活中的画面——他玩塑料恐龙，他难忘的笑声，他光着脚走路的声音——以确保他的生命永远不会被遗忘。《罗南》是一个真实的故事，基于一个名叫玛雅·汤普森的女士在名为"摇滚明星罗南"的网站上写的令人心碎的博客帖子。泰勒是这个博客的忠实读者，汤普森的帖子让她非常感动，以至于在《红》专辑的筹备初期创作了这首歌后，她亲自联系了玛雅，分享了自己创作的这首歌，并表达了自己有多么被触动。

"《红》是一张关于心碎和治愈、愤怒和疯狂、悲剧和创伤，以及与某人一起失去想象中的未来的专辑，"泰勒在多年后写给汤普森的一封信中写道，请求允许在《红（重制版）》中加入《罗南》，"我在制作《红》的时候写了《罗南》，发现了这个你如此诚实和残忍地讲述的故事。" [57]

到目前为止，泰勒只现场演唱过两次《罗南》：一次是在2012年的慈善性质的电视节目《对抗癌症》中，另一次是在"1989"巡演的亚利桑那州格兰岱尔站，汤普森出席了演出。

睁大双眼 (*Eyes Open*)

{单曲}

发行日期：2012年3月27日（单曲）/ 2012年3月20日（电影原声带）
创作者：泰勒·斯威夫特
制作人：内森·查普曼、泰勒·斯威夫特
其他版本：泰勒重制版

受电影《饥饿游戏》（*The Hunger Games*）启发而创作的《睁大双眼》展现了泰勒截然不同的一面——重金属摇滚风格。事实上，这首歌中吉他咆哮式的弹奏和强烈的节奏，如果出现在那些充满激情的太空摇滚乐队如哼鸣乐队（Hum）和失败乐队（Failure）的专辑中，也不会显得突兀。在音乐上的大胆尝试是斯威夫特故意为之，因为她希望这首歌能"更多地描绘展现电影主角凯特尼斯与国会的复杂关系"，而电影中饥饿游戏就在国会举办。"她知道她不能相信政府里的任何人，这就是为什么我希望这首歌能有紧迫感——像被追捕或追逐的紧张感。" [58]《睁大双眼》的歌词强调了在逆境中保持清醒和自信的重要性。值得一提的是，泰勒的声音中充满了不屈不挠的精神，为这首歌注入了一种乐观的力量，而不是沉重的预兆。

安然无恙 *(Safe and Sound)*（与内战组合[1]合作） 〔推广单曲〕

发行日期：2011年12月26日（推广单曲）/ 2012年3月20日（电影原声带）

创作者：T-本恩·本内特（T-Bone Burnett）、泰勒·斯威夫特、约翰·保罗·怀特（John Paul White）、乔伊·威廉姆斯（Joy Williams）

制作人：T-本恩·本内特

其他版本：泰勒重制版

　　泰勒深知如何通过歌曲塑造强大女性的形象，这让她成为合写《饥饿游戏》女主角凯特尼斯·伊夫狄恩视角的《安然无恙》的理想人选。泰勒表示："融入她的内心世界是一种美妙的休息。"她形容这个过程"就像度假一样，能够从另一个人的角度去创作"。[59]这首歌曲以其简朴的民谣风格，传达了凯特尼斯对周围人物的同情与理解[60]——在动荡不安的世界中，这份理解何其难得。《安然无恙》在T-本恩·本内特家的录音室里仅用两小时就创作完成，并荣获格莱美最佳视觉媒体歌曲奖。美国乡村音乐二人组内战组合的约翰·保罗·怀特和乔伊·威廉姆斯为歌曲增添了感人肺腑的和声，让歌曲的感染力更加强烈。最终呈现的作品仿佛一首古老的乡村布鲁斯，历经世代传承，如同一段历史传说。

上图：斯威夫特在2012年《对抗癌症》慈善性质的电视节目中，以深情的演绎感动了在场的每一位听众，她演唱的《罗南》令人难忘

1　内战组合（Civil Wars）：美国独立民谣乐队，成立于2009年2月14日，以深情的和声和感人的歌词著称。他们因与泰勒·斯威夫特合作演唱电影《饥饿游戏》的插曲《安然无恙》而广受关注，并因此获得了第55届格莱美最佳视觉媒体歌曲奖。

05

"1989"时期

在专辑《红》和《1989》发行间隔的几年间，泰勒·斯威夫特的音乐才华突飞猛进。她坦言："每天早晨醒来，我不仅仅是渴望，而是迫切地感觉到需要创造一种全新的音乐风格。"她将这张专辑视作个人音乐生涯的重生。[1]受到20世纪80年代末期富有创新精神的流行音乐的启发——在一次访谈中，她特别提到了麦当娜[1]的《宛如祈祷者》（*Like a Prayer*）和善良年轻食人族乐队（Fine Young Cannibals）的《她让我疯狂》（*She Drives Me Crazy*）是她的音乐灵感的来源[2]——《1989》在发行首周便售出了近130万张，不仅让泰勒再度荣获格莱美年度最佳专辑奖，还让她获得了最佳流行专辑演唱奖。

1　麦当娜（Madonna）：全名麦当娜·路易丝·西科内（Madonna Louise Ciccone），1958年8月16日出生于美国，是全球知名的流行音乐巨星。凭借创新的音乐风格、前卫的时尚形象和持续的舞台魅力，麦当娜在音乐、影视和文化界留下了深远影响。

欢迎来到纽约市 (*Welcome to New York*)

发行日期： 2014年10月20日（数字下载）/ 2014年10月27日（专辑发行）
创作者： 泰勒·斯威夫特、瑞恩·泰德[1]
制作人： 泰勒·斯威夫特、瑞恩·泰德、诺埃尔·詹卡内拉（Noel Zancanella）
其他版本： 泰勒重制版

> 泰勒·斯威夫特总是精心挑选专辑的开篇曲目，她视这些曲目为音乐上的宣言。

《欢迎来到纽约市》正是这样一首作品。2014年春，斯威夫特实现了迁居纽约的梦想，她在翠贝卡购得价值1990万美元的顶层豪宅，并从这座充满活力的"电子之城"中汲取了无限创意。她形容："那座城市给予我的灵感难以言喻，给了我从未经历过的灵感冲动。"[3]这首歌也与泰勒以往的作品有所不同：它充满活力的合成流行乐旋律，像汽水一样的清新听感，20世纪80年代风格的键盘，以及如清风拂面的制作细节，令人耳目一新。歌词中，泰勒传达了这样的一种感觉：在纽约市，一切皆有可能——无论是寻求自我重塑还是雄心勃勃地准备闯出一番天地，在这个不夜城里总有你的一席之地。她曾说："我带着无比乐观的心态搬到纽约，视其为充满无尽潜力和机会的地方，这种心情在这张专辑的第一首歌里尤其明显。"[4]

1　瑞恩·泰德（Ryan Tedder）：全名瑞恩·本杰明·泰德（Ryan Benjamin Tedder），美国歌手、词曲创作者和唱片制作人，他最出名的身份是流行摇滚乐队"共和时代"（OneRepublic）的主唱。

空格 (*Blank Space*)

单曲

发行日期：2014年11月10日（单曲）/ 2014年10月27日（专辑）
创作者：马克斯·马丁、老水手、泰勒·斯威夫特
制作人：马克斯·马丁、老水手
其他版本：泰勒重制版

　　《空格》是一首冷艳的电子流行曲，其说唱式的歌声和节奏，宛如古老大本钟的回响，穿透人心。泰勒曾透露："这是我鲜有的以开玩笑的方式创作的歌曲之一。"[5]

　　她以公众对她私生活和感情关系的诸多（往往是滑稽、错误的）刻画为基础，创作了歌词——她被描绘为一个"约会狂"，与众多男友环游世界，却因为种种性格缺陷，从未有人能长久留在她身边。"然后她心碎了，因为他们离她而去，她感到被遗弃，于是她躲进她的'邪恶老巢'，用写歌来作为报复，"她接着说，并思考，"如果这样性格的角色是真实存在的，她会写出怎样的歌曲？"[6]于是，《空格》诞生了，这首歌想象了一位夸张的、更加淘气的泰勒——一个机智的诱惑者，在感情上屡败屡战，只为了把男人的名字加入自己的征服者名单，而每一段关系都注定以失败告终。《空格》获得了三项格莱美奖提名，包括年度唱片奖和年度歌曲奖，并成为她在"《公告牌》百强单曲榜"上的第三支冠军单曲，连续七周稳坐榜首。

对页：在2014年的乡村音乐学院奖上，斯威夫特已经踏上了跨界流行巨星的道路——她与蒂姆·麦格劳合唱的《那条漫漫长路不在乎》（*Highway Don't Care*）赢得了年度音乐录影带奖

右图：2014年，在电台频道"KIIS FM"的圣诞舞会上，斯威夫特带来了包括《空格》和《通通甩掉》（*Shake It Off*）等曲目在内的精彩表演

永不过时 (*Style*)

发行日期： 2015年2月9日（单曲）/ 2014年10月27日（专辑）
创作者： 马克斯·马丁、阿里·帕亚米（Ali Payami）、老水手、泰勒·斯威夫特
制作人： 马克斯·马丁、阿里·帕亚米、老水手
其他版本： 泰勒重制版

　　泰勒表示，她为《1989》专辑创作的最后两首歌是《通通甩掉》（*Shake It Off*）和《永不过时》。当她完成《永不过时》的那一刻，她知道专辑的拼图已经完整。她曾说："专辑中曾有一块巨大的空白，而这首歌恰好填补了它。" [7]

　　《永不过时》作为一首跻身"《公告牌》百强单曲榜"前十名的热门单曲，不仅是斯威夫特最受欢迎的歌曲之一，更以其轻松的迪斯科放克风格和流畅的制作，让人有一种坐在敞篷车里飞驰在高速公路上的兴奋感。泰勒说："我喜欢让一首歌听起来能准确传达我灵感产生的瞬间的感觉。这首歌总能让我想起在午夜的公路上飞驰。" [8]

　　吉他手尼克拉斯·永费尔特和共同创作者、制作人阿里·帕亚米在《永不过时》成为泰勒的歌曲之前，就已经开始创作这首曲子。永费尔特回忆说："我在它成为泰勒的歌曲之前就录制了吉他部分，那时它还只是一段纯音乐伴奏。我完全没想到泰勒会来演唱它。我们的灵感来源于蠢朋克乐队（Daft Punk）和放克电子音乐。" [9] 当帕亚米为另一位共同创作者、制作人马克斯·马丁播放这段音乐时，泰勒"无意中听到了它，并立刻爱上了这个旋律"，永费尔特补充说。 [10]

　　接着是歌词的创作，泰勒说歌词讲述了"一种总是有点不对劲的关系"。 [11] 歌词描绘了两个人似乎在深夜秘密会面，这可能是他们长时间来的第一次见面。叙述者坦承，这次见面可能是个美妙的开始，但也可能走向糟糕的结局；从她对伴侣的坦白——她目睹了他与另一个女孩在一起——来看，后者的可能性似乎更大。伴侣的回应又是怎样的呢？他无法抑制对她的思念——对此，她只是淡淡回应，表示自己已对这样的情节烂熟于心。

　　泰勒解释说："这首歌实际上是关于那些从未真正结束过的关系。""你总会遇到那样一个人——那个让你觉得他可能会在你婚礼上出现并说'别这么做，我们之间还没结束'的人。我想每个人都曾有过那样一个人，他们在你生命中来来去去，而你们的故事从未真正画上句号。" [12]

　　泰勒巧妙地将这种时断时续的关系比作"时尚界的趋势和你在流行文化中看到的一些元素，这些元素从未真正过时"。 [13] 这引出了一个充满力量的副歌部分。在跳动的电子节奏上，有着自信的T台步伐一样的鼓点，泰勒将永恒的时尚符号（詹姆斯·迪恩[1]、红唇膏、白T恤、紧身裙）的引用与这段关系总能以某种方式重回正轨的认识巧妙融合。

　　在采访中，泰勒承认这首歌源自她自己的真实经历，但她并未透露更多细节——或是公布那个"永不过时"的人的名字。她说："这首歌本身就能表达一切，这首歌的声音和感觉，就是我希望大家了解的全部。" [14]

左图：斯威夫特在2014年"我爱电台"的圣诞舞会上展示了她标志性的时尚风格

1　詹姆斯·迪恩（James Dean）：美国著名演员，以其在《无因的反叛》（*Rebel Without a Cause*）等电影中的标志性角色和不羁形象成为青少年反叛的象征。

脱离险境 (*Out of the Woods*)

【单曲】

发行日期：2014年10月14日（数字下载）/ 2016年1月19日（单曲）/ 2014年10月27日（专辑）
创作者：杰克·安东诺夫、泰勒·斯威夫特
制作人：杰克·安东诺夫、泰勒·斯威夫特
其他版本：泰勒重制版

　　创作一首歌曲没有固定的方法。有的作词者在听到音乐后才能产生灵感；有的则是词曲同步创作；还有的独立制作小样，然后在此基础上进一步发展。

　　泰勒与杰克·安东诺夫这位自少年时期就参与乐队演奏的制作人兼词曲创作者的合作，为她的音乐创作增添了新维度：基于安东诺夫创作的旋律来撰写歌词。她评价说："杰克制作音轨时注入了丰富的情感，我一听到就能立刻感受到，我们在这方面配合得非常默契。" [15]

　　当安东诺夫使用雅马哈DX7和迷你慕格航海家（MiniMoog Voyager）等合成器为《脱离险境》制作了音轨后，泰勒立刻就知道如何着手。她回忆说："我当时在飞机上……一边听，一边喃喃自语地哼唱旋律，因为整首歌很快就完整地出现在我的脑海中。" [16]她在短时间内就构思出了旋律和歌词，并迅速将初稿发给了安东诺夫。这首歌听起来宛如一部失落的20世纪80年代的经典MTV：作为基础的回响节拍像是篮球在室内球场上弹跳，铺垫在层层叠加的人声和忙碌的键盘声之下。

　　与轻松的创作过程形成鲜明对比的是，泰勒在《脱离险境》中描述的感情经历却并不顺利。她说："每天都在挣扎，我们甚至不敢为生活做长远计划，只能努力熬过下一个星期。" [17]尽管如此，歌曲中还是包含了一些幸福的时刻，比如即兴的舞会和记录幸福瞬间的拍立得照片。泰勒强调，展示这段关系的积极面非常重要。她说："即使一段关系脆弱、充满焦虑，但这并不意味着它不珍贵、不激动人心、不美好，它同样包含了我们所追求的所有元素。" [18]

　　然而，歌曲中的桥段提到了一次雪地摩托事故，

泰勒的前男友不慎急刹导致车辆损毁，最终不得不去医院缝了20针。她指出，这一事件也预示了这段关系将早早结束。"这首歌触及了那段关系中不断涌动的焦虑感，因为我们都感受到媒体无孔不入的关注，他们试图为我们的经历编造故事，展开辩论和猜测。" [19]

　　许多人推测《脱离险境》是关于泰勒与哈里·斯泰尔斯[1]的恋情。当斯泰尔斯被问及这首歌（以及《永不过时》）是否与他有关时，他谨慎地回应："我不确定它们是否关于我，但她的创作太出色了，这些歌曲在哪里都可以听到。我写作也是基于我的个人经历，每个人都是如此。如果我们一起度过的时光帮助创作了这些歌曲，那我很荣幸。这是触动人心的力量。" [20]

上图：一对老合作伙伴——杰克·安东诺夫和斯威夫特在2012年MTV欧洲音乐奖颁奖典礼上的合影

1　哈里·斯泰尔斯（Harry Styles）：英国著名的歌手、演员和前单向组合（One Direction）乐队成员。斯泰尔斯在乐队解散后成功开展了个人音乐事业，他的音乐风格深受20世纪70年代摇滚乐影响，同时他也是时尚界的标志性人物，以大胆的风格和中性的着装而闻名。

105

你只需要留下 (*All You Had to Do Was Stay*)

{ 专辑收录曲 }

发行日期：2014年10月27日

创作者：马克斯·马丁、泰勒·斯威夫特

制作人：马特曼&罗宾（Mattman & Robin）、马克斯·马丁、老水手

其他版本：泰勒重制版

　　我们每个人的梦境中，都可能上演那些令人焦虑的场景：如毫无准备地参加重要考试，或忘记穿戴整齐便匆匆出门。泰勒也经历了这样的梦境。她曾说："我梦到自己想要和一个当时对我非常重要的人交谈，但无论我想说什么，嘴里发出的只有尖锐的歌声，反复唱着'留下'。"

　　"不论我试图说什么，我只能发出这一个音节。"[21]这个梦境让斯威夫特醒来时感到"异常诡异"，她决定将这份奇异感受融入歌曲创作中。[22]恰逢此时，《你只需要留下》这首歌正在制作之中，而梦境中的那句呼喊，恰好为这首歌增添了点睛之笔。这首歌曲在声音和主题上，与《我们再也回不去了》有着异曲同工之妙。歌曲中的叙述者正试图从前任的影响下走出，而前任却有意重修旧好。然而，这一切并未如叙述者所愿；事实上，泰勒在歌中所表达的"留下"，是一个充满复杂情感的请求，它蕴含着悲伤、心痛、渴望，以及对可能错过的美好时光的淡淡怀念。

上图：在《空格》的音乐视频中，斯威夫特如同使用武器一般挥舞高尔夫球杆——这一动作在"1989"世界巡演以及"时代"巡演中再次呈现

对页：斯威夫特在2014年MTV音乐录影带大奖颁奖典礼上的装束，如果你觉得眼熟，那是因为在"时代"巡演的"1989"部分中，她也以相似的造型登台过

通通甩掉 (*Shake It Off*)

〔单曲〕

发行日期：2014年8月19日（单曲）/ 2014年10月27日（专辑）
创作者：马克斯·马丁、老水手、泰勒·斯威夫特
制作人：马克斯·马丁、老水手
其他版本：泰勒重制版

泰勒的第二首流行音乐冠军单曲是《通通甩掉》——正如歌名所暗示的，这是一首关于甩掉那些讨厌的人和仇视者的关注，无忧无虑地过上自己理想的生活，不用担心别人可能怎么想的歌曲。泰勒坦言："我生活的每一个方面——无论是选择、行为、言语、身体、风格还是音乐——都曾被置于放大镜下审视。""当你生活在那种审视之下，你可以选择让它击垮你，你也可以变得非常擅长躲避攻击。当新的打击到来时，你要知道如何化解和处理它。"[23]

而泰勒应对这些打击的方法是什么？当然是统统甩掉。在歌词创作方面，泰勒将《通通甩掉》与2010年的《卑鄙》进行了比较——但指出她现在有了不同的看法，这得益于成熟的经验。她说："在《卑鄙》中，我是从一个有点受害者的角度说，'你为什么要对我这么刻薄？'这是我们所有人第一次面对欺凌或流言蜚语时采取的方式。但在过去几年里，我已经学会对那些对我的现实生活毫无影响的事情一笑置之。"[24]

尽管泰勒对于歌词已经有了灵感，但音乐是另一回事，她带着没有旋律的状态进入了录音室，只知道她想要的"氛围"。她说："当这首歌一开始，我就希望它是，比如在婚礼上，有一个整个晚上都没有跳舞的女孩，听到这首歌，所有的朋友都会过来对她说，'你必须跳舞！来吧！你必须伴着这首歌跳舞！'，这样的一首歌曲。"[25]

通过与马克斯·马丁和老水手合作，泰勒最终将她的愿景变为现实，写出了她迄今为止最明亮、最欢快的一首歌。歌曲还有一个跳跃的说唱桥段，仿佛是儿时跳绳游戏时的歌唱，充满了顽皮和活力，俏皮地提到前任和一个发型很好看的男人。《通通甩掉》伴奏中的踩脚声是老水手和泰勒通过在木地板上齐步踩脚创造出来的。马丁还使用了电子琴来创造一种号角声——这是斯威夫特一直抵制的一个元素——在用真正的萨克斯管和其他号角重新录制后，它成了这首歌的一个亮点。

《通通甩掉》是泰勒亲自选择的音乐旅程上的一个新起点。她坦承："我对每个人对我的评价都了如指掌。但现在，我不再被这些声音所困扰，生活因此变得更加美好。"[26]

但愿你会 (*I Wish You Would*)

{ 专辑收录曲 }

发行日期：2014年10月27日

创作者：杰克·安东诺夫、泰勒·斯威夫特

制作人：杰克·安东诺夫、格莱格·科尔斯汀、马克斯·马丁、泰勒·斯威夫特

其他版本：泰勒重制版

　　泰勒透露，她与杰克·安东诺夫合作的第一首歌是《但愿你会》，这是一首宏大的合成器流行乐作品，仿佛是一部宏大电影的片尾曲。"我们当时在一起闲逛，他拿出手机说，'前几天我制作了这个超棒的音轨。这听起来太酷了，我很喜欢这些吉他声音。'"泰勒回忆说。[27]

　　当泰勒听到这段音乐时，灵感如闪电般击中了她："我能在脑海中听到完整的歌曲，我立刻说，'请让我用它，让我来试一试，把它发给我'。"[28]当时泰勒正在巡演中，她甚至用电话的麦克风录制了人声部分。但她和安东诺夫有着宏伟的构想。"我们渴望创造一种约翰·休斯[1]的电影般的视觉效果，"斯威夫特说，并补充说这首歌描述了"那种戏剧性的爱情，它总是出现得不合时宜，以及由此产生的紧张感"。[29]

　　结果，这首歌一部分是从一位失恋男子的角度出发，他在"深夜开车行驶在街上，经过前女友的房子，他觉得前女友虽然恨自己，但仍然爱着他"。[30]巧妙的是，歌曲的其他部分是从前女友的视角出发——从她的角度，我们意识到她对事情的结局也感到非常遗憾。歌曲中并未提及这对情侣是否再次见面，以及他们的渴望是否得到回应。遗憾的是，后者的可能性更大。

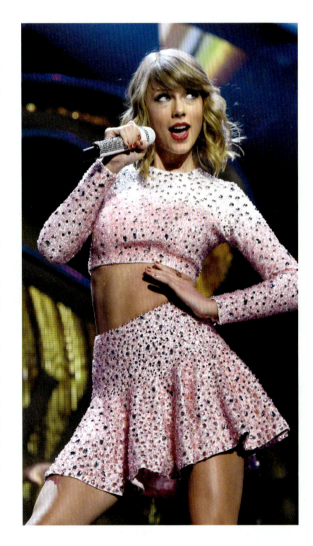

对页：在2015年的"我爱电台"音乐奖颁奖典礼上，泰勒·斯威夫特背上吉他，为流行音乐偶像麦当娜伴奏，麦当娜演唱了歌曲《鬼城》（*Ghosttown*）

右图：在2014年的"我爱电台"音乐节上，斯威夫特在拉斯维加斯进行了表演

1　约翰·休斯（John Hughes）：好莱坞著名的导演兼编剧。他尤其以在20世纪80、90年代作为青少年喜剧电影的导演和编剧而闻名。约翰·休斯最成功的作品之一是20世纪90年代的经典喜剧片《小鬼当家》（*Home Alone*）系列，该系列被认为是美国有史以来最好的喜剧片之一。

敌对 (*Bad Blood*)

发行日期： 2015年5月17日（单曲）/ 2014年10月27日（专辑）

创作者： 马克斯·马丁、老水手、泰勒·斯威夫特

制作人： 马克斯·马丁、老水手

混音版本： 肯德里克·拉马尔（Kendrick Lamar）混音版、泰勒重制版、泰勒重制版（与肯德里克·拉马尔）

  继《通通甩掉》之后，《敌对》以其朗朗上口的旋律成为《1989》专辑中的又一热门单曲，同样在"《公告牌》百强单曲榜"上位居榜首。这首歌曲在音乐上采用了起伏有致的节奏，对副歌部分的重复吟唱营造出一种啦啦队般的氛围，使得歌曲极具感染力。而在肯德里克·拉马尔加盟的混音版中，副歌部分连同泰勒·斯威夫特那充满激情的高潮铺垫，如同一股强劲的磁力，牢牢吸引住听众的耳朵，将他们带入一个迷人而充满活力的音乐世界。

  泰勒早期的作品中有许多被误认为是针对前任的毒舌歌曲，但深入了解她的音乐的人会知道事实并非如此。在《敌对》这首歌中，她明确表示，这首歌并非针对她曾经约会的人，而是以"无法用简单方式修复深刻创伤"为主题。她说："我知道人们会把它想象成一场女孩之间的斗争，但我希望大家明白，这场斗争不是为了争夺一个男人。我不想无端抹黑一个我实际上并不记恨的前男友。"[31]

  《敌对》这首歌实际上是关于一位音乐艺术家，她与斯威夫特之间的关系复杂，亦敌亦友。泰勒描述说："她在颁奖典礼上走到我面前说些话然后离开，我常常感到困惑，'她说这话是因为我们是朋友，她在开玩笑，还是她单纯地给了我这辈子听过的最恶毒的侮辱？'"[32] 最终，这位歌手的行为让泰勒意识到，她们之间的关系并非朋友，而是敌人。泰勒补充说："在商业上，她也做了一些非常过分的事情，比如试图破坏我的整个体育馆巡演，挖走我的团队成员。"[33]

  尽管斯威夫特没有指名道姓，但公众普遍猜测这首歌中写的是流行歌星凯蒂·佩里[1]。佩里后来在与詹姆斯·柯登（James Corden）的《拼车卡拉OK》（Carpool Karaoke）节目中间接证实了她们之间的不和，并讲述了她对这段关系的看法。"坦白说，这场争端是由她挑起的，现在也是时候由她来画上句号了。"佩里在谈及她与泰勒之间的不和时说道，随后她阐述了自己在伴舞合同争议中的立场。[34]（简单来说，就是双方在合同条款和独家合作方面存在一些分

歧和误解。）佩里表示愿意与泰勒和解，她说："我个人认为是时候结束这些无意义的争执了，女性团结起来，而非分裂，才能共同治愈这个世界。"经过几年的时间，两位艺术家最终达成和解，并在泰勒的《你需要冷静下来》（You Need to Calm Down）音乐视频中展示了她们的友谊。

上图：在她们各自的职业生涯早期，斯威夫特和凯蒂·佩里在2008年MTV音乐录影带大奖颁奖礼的红地毯上偶遇并聊天

对页：斯威夫特在北卡罗来纳州格林斯伯勒的格林斯伯勒体育馆进行"1989"世界巡演的表演

1　凯蒂·佩里（Katy Perry）：享誉国际的流行音乐歌手、词曲创作者，以其独特的音乐风格、鲜明的时尚形象和充满活力的舞台表演而闻名。2008年，佩里凭借单曲 *I Kissed a Girl* 和 *Hot N Cold* 成名，之后发行了多张成功的专辑，包括 *One of the Boys*、*Teenage Dream* 和 *Prism*。她的音乐作品经常探讨爱情、自我接纳和女性力量等主题。

狂野之梦 (*Wildest Dreams*)

发行日期：2015年8月31日（单曲）/ 2014年10月27日（专辑）
创作者：马克斯·马丁、老水手、泰勒·斯威夫特
制作人：马克斯·马丁、老水手
其他版本：R3hab混音版、泰勒重制版

在创作《1989》专辑时，泰勒坦言自己深受两位杰出艺术家的影响：英国前卫摇滚乐界的彼得·加布里埃尔[1]，以及欧律斯密克斯乐队（Eurythmics）的主唱安妮·蓝妮克斯[2]。

蓝妮克斯独特的演绎方式给斯威夫特留下了深刻印象，她表示："她表达思想的强度，总让我感到震撼，这是我始终追求的境界。"[35]加布里埃尔的音乐也给她留下了深刻的印象。"他在20世纪80年代所做的一切都是如此超前，因为他创新地融合了很多合成器流行音乐的声音，但实际上是在他的歌唱背后创造了一种氛围，而不仅仅是制作音轨，"泰勒说，"他能做到这一点真是令人惊讶。"[36]

加布里埃尔与制作人——声音雕刻家丹尼尔·拉诺伊合作的音乐——特别是1986年的那张氛围感强烈的、获得格莱美奖提名的《所以》（*So*）专辑——对《狂野之梦》的产生有着显著的影响。这首歌曲最终在"《公告牌》百强单曲榜"上排名第五。其音乐中迷雾般的键盘声、叹息一般的人声和清新的打击乐，以及模仿泰勒心跳节奏的节拍，像心电图一样稳定跳

动着，共同营造出一种梦幻般的氛围。

泰勒透露，《狂野之梦》的歌词反映了她对爱情和关系的新看法——一种现实而务实的态度，不再幻想每段恋情都有完美的结局。她解释说："随着经验的增长和偶尔的失望，我开始更加现实地看待爱情。爱情不是简单的，他喜欢你，你也喜欢他，你们就能永远在一起了。我不再那样看待爱情了。"[37]

但《狂野之梦》认识到务实可以与激情共存——展现了一种即使知道爱情可能无法持久，依然选择全情投入的复杂情感。泰勒在歌曲中描述了自己与一个迷人男子之间产生的剧烈火花，以及两人秘密的激情时刻。尽管她预感到美好不会持久，但她只单纯地要求他记住自己的好，看着美丽的自己，共享那美丽的日落。

这首歌如果是其他词曲创作者创作，可能会显得沉重，但泰勒却以一种积极的态度来看待这段邂逅，这平衡了这段感情暗淡的前景，她说："我觉得爱情是一种宿命，当我与某人建立联系时，我首先想到的是，希望当一切结束后，你能对我有美好的回忆。这首歌就是关于那种即刻的联结，以及我遇见他时那些生动的想法。"[38]

对页和左图：在2016年2月15日的格莱美奖颁奖典礼上，斯威夫特以一曲《脱离险境》的震撼表演拉开了序幕。这场演出预示着她当晚的辉煌成就：她凭借《1989》赢得了包括年度最佳专辑和最佳流行专辑演唱奖在内的三项大奖

1　彼得·加布里埃尔（Peter Gabriel）：1940年2月13日出生于英国，享誉国际的音乐家、歌手和词曲创作者。他最初作为创世纪乐队（Genesis）的主唱闻名，后发展个人事业，发行了多张深具影响力的专辑。
2　安妮·蓝妮克斯（Annie Lennox）：1954年生于苏格兰，是欧律斯密克斯乐队（Eurythmics）的女主唱，以其独特的音乐才华和中性形象闻名。她的个人专辑*Diva*和*Medusa*获得全球赞誉。蓝妮克斯也是多座格莱美奖得主，被VH1（Video Hits One）评为"乐坛一百位最伟大女性"之一。

俘获芳心 (*How You Get the Girl*)

{专辑收录曲}

发行日期：2014年10月27日

创作者：马克斯·马丁、老水手、泰勒·斯威夫特

制作人：马克斯·马丁、老水手

其他版本：泰勒重制版

浪漫喜剧可能会误导你，让你认为在分手后赢回某人的心只有一条正确路径。但实际上，挽回爱情并没有固定公式。不过，斯威夫特在轻快的电子流行曲《俘获芳心》中，巧妙地提出了一套策略。

实际上，她认为这首歌有点像一个"教程"，教你如何在分手后挽回前女友，尤其是"当你意识到自己搞砸了这段关系，而她已不再愿意与你沟通时"。她笑着说："比如，如果你和她分手了，冷落了她六个月，然后你意识到你想念她。你必须遵循以下的所有步骤，让自己重新进入她的生活，因为她可能对你非常生气。"[39]

第一步是出现在她家门口，乞求原谅。（如果下雨，你会看起来很可怜且全身湿透，这样会有额外加分。）接下来，用充满爱意的照片让她回忆起两人共度的美好时光，然后对你的所作所为表示悔意。最后，承诺你会终生对她忠诚，并发誓帮助修补她受伤的心。如果能做到这一切，泰勒承诺会看到成效。"如果你按照歌曲中的指示做，事情很可能会有好转，"她说，"或者，你可能会收到一个人身限制令。"[40]

上图：在"超级星期六夜"（Super Saturday Night）音乐会上，她表演了她参与创作的歌曲的不插电版本，即加尔文·哈里斯与蕾哈娜合作的热门歌曲《你出现的原因》（*This Is What You Came For*）

这份爱 (*This Love*)

发行日期：2014年10月27日

创作者：泰勒·斯威夫特

制作人：内森·查普曼、泰勒·斯威夫特

其他版本：泰勒重制版

　　《这份爱》这首歌曲，以其梦幻般的曲风，可被视为泰勒·斯威夫特从乡村音乐向流行音乐转型的过渡之作。毕竟，本曲是由曾参与制作《1989》之前大部分作品的内森·查普曼与泰勒共同制作的。在制作专辑的早期阶段，泰勒也独自完成了这首歌的创作。

　　然而，这首歌也映射出泰勒在音乐上探索新领域、挑战自我极限的渴望，她希望在流行音乐界留下自己独特的烙印。她说："这是我第一次真正开始尝试不同的声乐录制风格。""我追求的是一种令人难以忘怀的声音效果。我以一种与以往不同的方式演唱并录制了这首歌，我录制它的方式也不同，整首歌中有多重人声贯穿始终。"[41]

　　从歌词上看，《这份爱》讲述了一种独特的情感上的痛苦：意识到你的伴侣目前并不适合这一段关系，从而做出放手的艰难决定。泰勒说："当你不得不放弃一些你不想放弃的东西时，那种感觉很糟糕，但我认为在关系中，当你知道时机不对时，你必须表现出释怀。""如果你做出了放手的决定，而那个人注定要回到你的生活中，那他终将会回来的。"[42]

上图：泰勒在2016年和2017年的大部分时间里都没有巡演，但在2017年为得克萨斯州休斯敦的游牧俱乐部（Club Nomadic）举办的DIRECTV NOW（美国电话公司AT&T旗下的有线电视服务公司）的"超级周六夜"音乐会上破例演出

藏身之地 (*I Know Places*)

发行日期： 2014年10月27日

创作者： 泰勒·斯威夫特、瑞恩·泰德

制作人： 泰勒·斯威夫特、瑞恩·泰德、诺埃尔·詹卡内拉

其他版本： 泰勒重制版

《藏身之地》是泰勒在与瑞恩·泰德的一次创作会上孕育而生的。泰德是流行乐队共和时代[1]的灵魂人物，也是许多艺术家争相合作的热门词曲创作者。他合作过的作品包括碧昂斯的《光环》（*Halo*）。

一向有条不紊的泰勒在与泰德会面前，提前发了一个音乐小样给他，以便他想要尝试不同的创作方向。"我坐在钢琴前，把手机放在钢琴上，只向他解释了我对这首歌的构想，以及我如何看待旋律的配合。"[43]泰德对这个声音备忘录一见钟情，并即刻在他们的创作会上与泰勒共同完成了《藏身之地》。

这首歌曲探讨了身处公众视野中的恋爱关系，斯威夫特将这对情侣比作被外界力量追捕的狐狸。为了生存，这对恋人只能躲避到两人的藏身之处。《藏身之地》的音乐模仿了在这种关系中努力前行的真实体验——歌曲从紧张的躲避关注开场，以口吃式的歌声和零星的钢琴声营造出一种紧迫感，逐渐过渡到富有节奏感的鼓点和低音节奏，营造出一种动感的旋律。随后，音乐带领听众进入一个安全地带，释然的情绪在冷静、旋律优美的合唱部分得到体现，歌声高亢，传递出一种宁静与安详的氛围。

下图：2016年，在洛杉矶举行的第58届格莱美奖颁奖典礼上，斯威夫特与瑞恩·泰德的合影

对页：斯威夫特在2023年8月9日的"时代"巡回演唱会上，身着蓝色连衣裙，面带淘气的微笑——那是因为她在这场演出中宣布了《1989》（泰勒重制版）的发行

1　共和时代（OneRepublic）：一支来自美国科罗拉多州的流行摇滚乐队，以其流行、独立摇滚的风格而闻名。乐队由主唱兼键盘手瑞恩·泰德（Ryan Tedder）领导，他也是乐队的核心创作人。乐队的音乐风格介于独立摇滚和流行摇滚之间，同时融合了福音摇滚的力量感，以及R&B和嘻哈节奏的元素。

释怀 (*Clean*)

发行日期：2014年10月27日
创作者：伊莫金·希普[1]、泰勒·斯威夫特
制作人：伊莫金·希普、泰勒·斯威夫特
其他版本：泰勒重制版

　　说到泰勒渴望合作的艺术家时，富有创新精神的英国独立流行艺术家伊莫金·希普自然位列其中。希普欣然接受了这次合作机会，因为泰勒在心中已孕育出一首歌的雏形，这首歌最终成就了《释怀》，一首细腻的梦幻流行曲，点缀着充满迷幻风格的玩具店打击乐器。

　　她说："当你经历心碎，或失去生活中某个重要的人——抑或是努力从失恋的状态中恢复——这种挣扎与一个人试图戒除对某种东西上瘾时所经历的斗争颇为相似。""你不是在打破一个习惯，而是在一天中的每一分钟都在打破一个习惯。"[44]

　　泰勒前往伦敦的隐居所工作室（Hideaway Studio）与希普一起制作这首曲目。在英国期间，她还有了一个新的发现——她不再想念住在那里的一位前任。泰勒说："在伦敦的时候，突然有一天，我意识到我和我的前任在同一个地方已经两周了，但你感觉很好。""你希望他也一切安好。我脑海中出现的第一个念头是，'我终于解脱了'。"[45]两位艺术家迅速抓住了这个灵感，仅用了两次就完成了泰勒人声部分的录制；希普也在必要之处加入了颤音琴音、打击乐和姆比拉琴音，以及她标志性的、如瀑布般流淌的人声。

1　伊莫金·希普（Imogen Heap）：享誉国际的电子音乐家、歌手和作曲家，以独特的音乐风格和创新的制作技术而知名，她的作品融合电子、流行和古典等多种风格。

仙境 (*Wonderland*)

{ 附赠曲目 } 《1989》(豪华版)

发行日期： 2014年10月27日
创作者： 马克斯·马丁、老水手、泰勒·斯威夫特
制作人： 马克斯·马丁、老水手
其他版本： 泰勒重制版

在文学世界中，刘易斯·卡罗尔的经典杰作《爱丽丝漫游仙境》带我们进入了一个既迷人又充满变数的奇妙世界——尽管有时是出于各种意外和混乱。在泰勒的世界里，特别是在《1989》豪华版附赠曲目《仙境》中，一段情感纠葛带来了与《爱丽丝漫游仙境》相似的梦幻与迷惑的气息，偶尔还透着迷人的魅力。歌词中的暗示有时十分直白，特别是歌词中提到，叙述者的伴侣用炯炯有神的绿色双眸看着自己（这是泰勒钟爱的描述手法）并露出似柴郡猫般狡

黠的微笑。起初，歌曲中的情侣梦想着能永远沉浸在这个梦幻的仙境，一个远离现实生活喧嚣的宁静避风港。然而，他们逐渐意识到自己成了神秘力量的谈资；更富启示性的是，歌词中对好奇心的警告，不幸地预示了这段关系终将走向一个不圆满的结局。歌曲开头活泼清脆的引入部分，为听众带来了一丝魔幻的气息。而泰勒在副歌部分的演绎则更加现代，特别是巧妙地借鉴了蕾哈娜[1]在《雨伞》（*Umbrella*）中的音节重复技巧，为这首作品增添了一抹当代的韵味。

你坠入爱河 (*You Are in Love*)

{ 附赠曲目 } 《1989》(豪华版)

发行日期： 2014年10月27日
创作者： 杰克·安东诺夫、泰勒·斯威夫特
制作人： 杰克·安东诺夫、泰勒·斯威夫特
其他版本： 泰勒重制版

这首温柔的电子流行乐曲《你坠入爱河》捕捉了找到完美伴侣时的那种心潮澎湃的感受。那个人会在夜深人静时醒来，只为轻声告诉你，你是他最好的朋友。泰勒·斯威夫特将这首歌创作成一首充满憧憬的作品，她坦承自己尚未在爱情中体验到那种自在。实际上，歌词的灵感来自她的朋友，女演员兼导演莉娜·邓纳姆（Lena Dunham）对她当时的伴侣——也就是斯威夫特的合作伙伴杰克·安东诺夫——的描述。"基本上，这些都是她告诉我的，"泰勒说，"我认为这样的关系听起来如此美好，但也可能充满挑战。它有时也可能显得平淡无味。"[46]歌词中确实

提及了那些让爱情变得独特的简单瞬间，比如星期天早晨烤焦的面包片，借穿爱人的衬衫，或是在工作场所珍藏着爱人的照片。这些小事并非理所当然，而是应当珍视的宝贵瞬间。

1　蕾哈娜（Rihanna）：全名罗宾·蕾哈娜·芬蒂（Robyn Rihanna Fenty），巴巴多斯歌手、词曲作家、演员、商人、时尚设计师及外交官，被吉尼斯世界纪录评为21世纪最畅销的女性唱片艺术家之一。

新浪漫主义者 (*New Romantics*)

发布日期：2016年2月23日（单曲）/ 2014年10月27日（专辑）
创作者：马克斯·马丁、老水手、泰勒·斯威夫特
制作人：马克斯·马丁、老水手
其他版本：泰勒重制版

  《新浪漫主义者》最初仅作为《1989》（豪华版）的附赠曲目，但它却以复古合成器流行乐的激昂旋律迅速俘获了歌迷的心，后来甚至被作为单曲发行——这一切只因为它太过出色。

  此曲标题一语双关，既是对泰勒在《1989》音乐作品中汲取的灵感——20世纪80年代初由杜兰杜兰[1]和斯潘道芭蕾[2]等英国乐队引领的短暂而时尚的"新浪漫主义"[3]潮流——的致敬，也暗示了她自己丰富的浪漫过往。《新浪漫主义者》的歌词构想更是别具匠心：歌曲所描述的一群人正在重新诠释心碎带来的痛苦与苦难，将其转化为一种庆祝的方式。他们以幽默的方式比较情感上的创伤，甚至夸口可以用投向他们的砖块建造一座城堡。他们还把在浴室里痛哭——那种会让你的妆容尽毁的哭泣——视为成长的一部分。

到了夜幕降临时，这些"新浪漫主义者"忙于在孤独心灵俱乐部歌唱和舞蹈，不让心碎成为他们的负担。为了彰显这首歌在歌迷心中的独特地位，泰勒在2023年夏天宣布推出《1989》（泰勒重制版）后，特意选择了在一年中的第八个月的第九天，以原声的形式演绎了《新浪漫主义者》。

对页：斯威夫特和她的朋友莉娜·邓纳姆，2013年2月10日她们在格莱美奖颁奖典礼上的照片
下图：斯威夫特神采奕奕地出现在2014年内华达州拉斯维加斯的"我爱电台"音乐节上

<hr />

1 杜兰杜兰（Duran Duran）：一支在20世纪80年代非常受欢迎的英国乐队，他们以新颖的电子浪漫主义风格和前卫的MTV音乐视频而闻名。
2 斯潘道芭蕾（Spandau Ballet）：一支在1979年于伦敦伊斯灵顿成立的英国流行乐队，在20世纪80年代初成为新浪漫主义运动的先驱之一，并在伦敦的舞厅和时尚界中占据了重要地位。
3 新浪漫主义（New Romanticism）：20世纪70年代末到80年代初在英国兴起的音乐和时尚潮流。这一潮流的特点是华丽、夸张的服装和妆造，以及对视觉艺术的重视。乐队和表演者常常以戏剧化的形象示人。新浪漫主义音乐通常包含电子合成器的流行旋律，风格多变，既有适合舞动的节奏，也有更为柔和的旋律。

比小说更甜蜜 (*Sweeter Than Fiction*) {推广单曲}

发行日期：2013年10月21日（推广单曲/电影原声带专辑）
创作者：杰克·安东诺夫、泰勒·斯威夫特
制作人：杰克·安东诺夫、泰勒·斯威夫特
其他版本：泰勒重制版

《比小说更甜蜜》以其沙滩风情的鼓点和冲浪风格的吉他演奏，堪称一首典型的20世纪80年代电子流行乐曲，与贝琳达·卡莱尔（Belinda Carlisle）和手镯乐队（The Bangles）的经典作品相映成趣。这首歌曲是泰勒·斯威夫特与杰克·安东诺夫携手创作的作品——恰逢后者成立了他的复古摇滚乐队"露台"[1]——它是2013年的电影《一次机会》（*One Chance*）的片尾曲，该片改编自《英国达人秀》冠军保罗·波茨（Paul Potts）的真实故事。泰勒从这部电影中获得了深刻的灵感，这深深影响了她的歌词创作。她表示："我深受爱情这一概念的启发。这部电影在很多方面其实是一个爱情故事。你以为会看到一个人实现梦想的故事，但不知不觉中，你听到的其实是他妻子对他的爱。"[47]

上图：在2013年多伦多国际电影节《一次机会》首映礼上，斯威夫特身穿奥斯卡·德拉伦塔礼服，在相机前摆好姿势

对页：让粉丝们无比欣喜的是，斯威夫特在2023年8月9日（粉丝们应该明白为什么在这个日子宣布的）的"时代"巡回演唱会期间宣布了《1989》（泰勒重制版）的发布

"荡妇！" (*"Slut!"*) {曲库存曲} 《1989》(泰勒重制版)

发行日期：2023年10月27日
创作者：杰克·安东诺夫、帕特里克·伯格（Patrik Berger）、泰勒·斯威夫特
制作人：杰克·安东诺夫、帕特里克·伯格、泰勒·斯威夫特
其他版本：原声版本

可以肯定地说，《"荡妇！"》是泰勒·斯威夫特最具有挑衅意味的歌名。然而，选择这样的标题是泰勒有意为之。"在这首歌里，我以一种俏皮的方式回应了当时围绕我个人感情生活的议论。"泰勒分享道，她提到在《空格》中也探讨了相似的主题，但最终选择将后者收录在《1989》专辑中。[48]然而，这并没有减少《"荡妇！"》的价值，这首歌曲直率而巧妙地批评了那些对女性私生活进行公开审判的双重标准。《"荡妇！"》以其梦幻的旋律缓和了这一尖锐的侮辱性词汇带来的冲击，营造出一种夏日午后在泳池边的悠闲氛围。梦幻的键盘音效、轻柔的节奏和朦胧的制作风格共同编织成完整的歌曲。"这首歌真的很梦幻，"泰勒说，"我总认为《1989》是一张纽约风格的专辑，但这首歌在我心中总是代表着加利福尼亚。也许这也正是它当时没有被收录的另一个原因，因为在我心中，对于专辑的主题总有一些奇特的小规矩。"[49]

1　露台乐队（Bleachers）：由杰克·安东诺夫成立的个人音乐项目，他是乐队唯一的成员。

说别走 (Say Don't Go)

发行日期：2023年10月27日
创作者：泰勒·斯威夫特、黛安·沃伦（Diane Warren）
制作人：杰克·安东诺夫、泰勒·斯威夫特

　　在泰勒·斯威夫特的所有作品中，《说别走》无疑是一首极具吸引力的曲库存曲，其以电影化质感和电子音乐风格脱颖而出。这首歌由斯威夫特携手传奇词曲创作人黛安·沃伦共同打造，沃伦曾创作出诸如雪儿（Cher）的《如果我能让时光倒流》（*If I Could Turn Back Time*）和空中铁匠乐队（Aerosmith）的《我不想错过任何事》（*I Don't Want to Miss a Thing*）等脍炙人口的佳作。《说别走》深刻地描绘了当一段关系在风雨飘摇的状态下时伴侣间的挣扎与不舍。

　　泰勒和沃伦在2013年末创作了这首歌曲，并在新年的钟声中完成了小样的录制。"我本身就是个工作狂，这对我来说是常态，"沃伦坦言，并对泰勒的敬业精神和职业道德表示赞赏，"当大家都在享受假期时，她却准时出现。"[50]这位屡获殊荣的词曲创作人还对泰勒在用词上的细致入微表示钦佩。"她对某些表达方式的选择非常讲究，这真是一次难忘的经历。她深知如何打动她的听众。"[51]

　　沃伦透露，直到《说别走》正式发行前的两小时，她才首次听到了这首歌的最终版本；此前她所听到的，仅是那以吉他和人声为基调的小样。她对此并没有感到不快。当谈及与斯威夫特合作中最"愉快"的部分时，沃伦表示："与她合作本身就是一种乐趣——但最令人兴奋的，莫过于在等待了九年之后，这首歌终于与世人见面。"[52]

既然我们已不再交谈 (*Now That We Don't Talk*)

{ 曲库存曲 } 《1989》(泰勒重制版)

发行日期： 2023年10月27日

创作者： 杰克·安东诺夫、泰勒·斯威夫特

制作人： 杰克·安东诺夫、泰勒·斯威夫特

《既然我们已不再交谈》虽然仅有两分半钟的时长，却以其紧凑的结构和非凡的吸引力让人回味无穷——泰勒坦言，这首歌是她"最钟爱的曲库存曲"之一。她回忆道："我们在专辑制作过程的后期创作了这首歌，但当时未能打磨出理想的制作效果。"[53] 然而，经过近十年的沉淀和探索，他们终于找到了那恰到好处的声音：这首歌以强烈的迪斯科流行节奏为支撑，可以与罗宾的任何一首经典曲目相媲美——它讲述了目睹前任在离开自己后继续生活、发生变化的复杂心情。斯威夫特在歌词中反复提醒自己，断绝联系是为了维护自己的心理健康和尊严，甚至在其中找到了一丝安慰：她终于不再需要执着于豪华游艇或忍受酸性摇滚的嘈杂。"这首歌很有冲击力，我认为它能够直击人心，"泰勒评价道，"尽管歌曲时长较短，但它已经充分传达了它想要表达的信息。"[54] 随着《1989》（泰勒重制版）的发行，《既然我们已不再交谈》一经推出便在"《公告牌》百强单曲榜"上取得了第二名的佳绩。

对页：在"时代"巡回演唱会的"1989"部分，斯威夫特穿着不同版本的彩虹色两件式流苏服装

郊区传奇 (*Suburban Legends*)

{ 曲库存曲 } 《1989》(泰勒重制版)

发行日期： 2023年10月27日

创作者： 杰克·安东诺夫、泰勒·斯威夫特

制作人： 杰克·安东诺夫、泰勒·斯威夫特

《郊区传奇》这首曲库存曲，以其短暂却扣人心弦的旋律，在《1989》（泰勒重制版）发行之际，成为那一周"《公告牌》百强单曲榜"前十名的曲目之一。这首歌以其活力四射却夹杂着一丝苦涩的情感，讲述了叙述者无比憧憬与一个传奇的对象开展一场史诗般的恋爱——这也正是歌曲名称的灵感来源。然而，对理想爱情的盲目追求，导致他忽视了对方显而易见的不忠行为，比如那些未知号码打来的神秘电话。歌曲的尾声，主角对于自己忽略的警示信号感到遗憾，因为他意识到自己所经历的所谓"传奇"爱情，其实充满了错误和遗憾。尽管故事的结局不尽如人意，《郊区传奇》却以其精妙的歌词和泰勒·斯威夫特特有的音乐才华，带来了一些令人愉悦的亮点。她以幽默的笔触描绘了一种期冀，即这对情侣能克服星座不合的难题，在同学聚会上赢得众人的祝福。此外，为了与歌曲中富有叙事节奏的质感相呼应，音乐制作中融入了华丽的音效和如万花筒般旋转的节奏，这些都在乐曲的高潮部分汇聚，共同组成了一个宏大的收尾。

现在结束了吗？(*Is It Over Now?*)

〔单曲〕《1989》(泰勒重制版)

发行日期： 2023年10月27日（专辑）/ 2023年10月31日（单曲）
创作者： 杰克·安东诺夫、泰勒·斯威夫特
制作人： 杰克·安东诺夫、泰勒·斯威夫特

当泰勒发行《1989》（泰勒重制版）时，她透露特别希望将这首空灵、如从云端传来的合成器流行歌曲《现在结束了吗？》作为专辑的压轴之作。她说："这是一个巧妙的双关，就像在问：'这张专辑现在结束了吗？'"[55]

这首歌曲含有的深意不止于此：泰勒还称《现在结束了吗？》是《1989》专辑中两首杰作：《脱离险境》和《但愿你会》的"姊妹篇"。（在2023年11月阿根廷布宜诺斯艾利斯的惊喜现场原声吉他演奏环节中，泰勒天衣无缝地将《现在结束了吗？》与《脱离险境》的部分表演融合在一起。）与前两首歌曲相呼应，《现在结束了吗？》同样描绘了一段波折重重的恋情；但这首歌更专注于爱情中的戏剧化和背叛。

斯威夫特对前任的公然不忠感到愤慨，尤其是当对方与一个与她长相极为相似的人交往时。尽管她内心痛苦，却仍幻想着这位前任能在她从高处跳下后，英勇地将她救出险境，同时她也在思索这段关系是否真的已经画上句点。《现在结束了吗？》在"《公告牌》百强单曲榜"上勇夺冠军宝座——这也是2023年泰勒第三首登顶榜首的单曲。

群星云集："1989"巡回演唱会嘉宾篇 (*Star Studded: The 1989 Tour Guests*)

在《1989》这张专辑中，泰勒·斯威夫特自信地在流行音乐的版图上插上了自己的旗帜。随之而来的全球巡演更巩固了她的巨星地位，她邀请了来自各行各界的惊喜嘉宾。"一些你完全意料不到的人物——不限于音乐家，还有演员、运动员、模特，以及来自各行各业的杰出人士。"她这样表述。[56]这一创新之举不仅展现了泰勒对"惊喜元素"的热爱，也映射出她对保持演出新鲜感、不断为粉丝带来新奇体验的执着追求。

"对于我们这一代的观众，我很清楚，当我踏上舞台的那一刻，人群中有相当一部分人已经在YouTube上完整观看了整场演出，并且通过网络直播体验了整个过程，"她如是说，"他们对歌单了如指掌，对服装也一清二楚，他们早已做足了功课。"[57]

尽管有像肯达尔·詹娜、卡莉·克劳斯、吉吉·哈迪德和卡拉·迪瓦伊这样的模特在伦敦海德公园登上

了舞台，但"1989"世界巡演的大部分嘉宾还是音乐家。这让泰勒有机会与原唱歌手一起表演当时的大热歌曲——例如，流行摇滚乐队"回声史密斯"[1]（《酷小孩》）、嘻哈偶像"威肯"[2]（《感觉不到我的脸》）、乡村音乐组合"小大城"（《浮舟》）和鼓舞人心的歌手瑞秋·普拉滕[3]（《战歌》）——同时还有与好友塞琳娜·戈麦斯（Selena Gomez）、艾德·希兰和洛德[4]的合作。

这些惊喜表演的亮点包括与艾拉妮丝·莫莉塞特（Lanis Morissette）合作演唱其20世纪90年代的大热单曲《你应该知道》（*You Oughta Know*），与米克·贾格尔（Mick Jagger）一起演唱滚石乐队的《我无法得到满足》（*I Can't Get No Satisfaction*），以及与约翰·传奇（John Legend）即兴合作的感人版《我的全部》（*All of Me*）。

在圣路易斯，泰勒和海慕乐队[5]为支持饶舌歌手内里（Nelly）的《这里很热》（*Hot in Herre*）编排了一些舞蹈动作，而瑞奇·马丁（Ricky Martin）的出现让她有机会演唱《疯狂人生》（*Livin' La Vida Loca*），并透露自己在十岁时曾买过他的唱片。在巡演的万圣节停靠点佛罗里达州坦帕，泰勒向热门动画电影《冰雪奇缘》（*Frozen*）致敬，穿着电影中雪人奥拉夫的宽大服装表演了《永不过时》。自然而然，她随后邀请了电影中为艾莎配音的伊迪娜·门泽尔（Idina Menzel）上台演唱她的电影主打歌曲《随它吧》（*Let It Go*）。

更具深意的是，这些"1989"世界巡演的嘉宾的亮相也给了泰勒一个机会，公开感谢她的一些偶像和支持者。在2015年8月的洛杉矶音乐会上，泰勒介绍了乡村组合南方小鸡的娜塔莉·梅因斯（Natalie Maines）。"若非这位艺术家的启发，我可能永远不会踏上音乐之路，"斯威夫特动情地说道，"她和她的乐队的存在让我领悟到，作为一名乡村音乐艺术家，你可以保持古怪、幽默、真诚、坦率，以及勇敢地展现真实的自我。"

左图：斯威夫特"1989"世界巡演的嘉宾包括美国国家女子足球队的成员（如图）——她们赢得了世界杯，以及音乐家、演员和模特
对页：斯威夫特在"1989"世界巡演期间在洛杉矶演出

1　回声史密斯（Echosmith）：美国独立流行乐队，以电子合成器流行风格和家庭乐队特色著称。
2　威肯（The Weeknd）：加拿大R&B歌手，以其深邃嗓音和神秘形象而知名。
3　瑞秋·普拉滕（Rachel Platten）：美国创作型歌手，以励志歌曲*Fight Song*而广受欢迎。
4　洛德（Lorde）：新西兰女歌手，以2013年的首张专辑*Pure Heroine*和其中的热门单曲*Royals*成名，以深刻的歌词和独特的音乐风格著称。
5　海慕乐队（HAIM）：美国加州的全女子摇滚乐队。

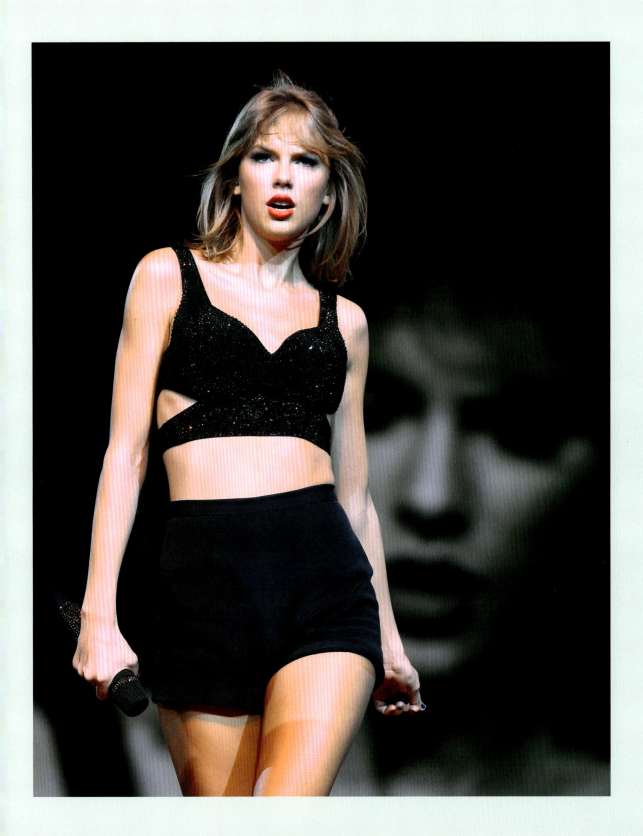

06

"名誉"时期

如果将泰勒·斯威夫特的《1989》看作是她向20世纪80年代流行音乐的致敬之作，那么这张《名誉》（*Reputation*）专辑的定位则是"一场女性在被整个社会结构欺骗后的哥特朋克式的愤怒爆发"。[1]这张专辑以戏剧性的黑色装扮、深沉的电子音乐质感、震撼的节拍和蛇形图案著称——部分灵感来源于《权力的游戏》（确实如此！）——它不仅开启了斯威夫特的首次全体育场巡演，还为她赢得了格莱美最佳流行专辑奖的提名。"这张专辑代表了我经历的一次真正的情感净化之旅，"斯威夫特坦言，"我原以为我早已体验过这个过程，但在制作这张专辑的时候，我才发现我从未真正感受过。"[2]

……准备好了吗?(...*Ready for It?*)

{单曲}

发行日期： 2017年9月3日（数字下载）/ 2017年9月17日（正式单曲）/ 2017年11月10日（专辑）
创作者： 马克斯·马丁、阿里·帕亚米、老水手、泰勒·斯威夫特
制作人： 马克斯·马丁、阿里·帕亚米、老水手
其他版本： 血之流行（BloodPop）混音版

　　泰勒巧妙地选择了在佛罗里达州立大学橄榄球队与阿拉巴马大学橄榄球队这两支劲旅对决之际[3]，公布了这首《……准备好了吗？》的预告，这一举措与歌曲的动感特质完美契合：这首充满雷霆万钧之势的电子音乐歌曲，正是那种能够在关键赛事前激发运动员体内肾上腺素的激昂战歌。歌曲中那具有挑衅意味的节奏、令人心惊的如陷阱一般的鼓点，以及如蝎尾般尖锐的合成器编排，共同铸就了这首热烈且充满攻击性的开场曲目，它不仅震撼了听众的耳膜，也一度冲上了"《公告牌》百强单曲榜"的第四名。

　　歌词中融入了一种阴暗的氛围，泰勒采用了"罪与罚"的隐喻，她说这包含了"强盗、小偷和抢劫"等元素。[4]虽然在整张《名誉》专辑中，她以多种不同的方式探索这一主题，但《……准备好了吗？》这首歌则是关于一种联系——"基本上就是关于寻找你的'共犯'，"她如此解释，"就像在说，'我的天，我们如此相似，我们是一样的！我的天！'"[5]

　　在更深层的意义上，《……准备好了吗？》这首歌亦可视为泰勒对潜在爱情对象的一种轻佻挑衅。（值得注意的是，歌曲的开篇便是她清嗓的声音，这绝非偶然。）她用坚定而自信的语调传达出自己是一个不容小觑的对手——同时，延续着歌曲中与犯罪有关的主题，她若有所思地比喻，如果对方是那个以纠缠前任而声名狼藉的幽灵，那么她就是更为狡猾的幻影，准备以更微妙的胁迫手段在这场情感游戏中占据上风。

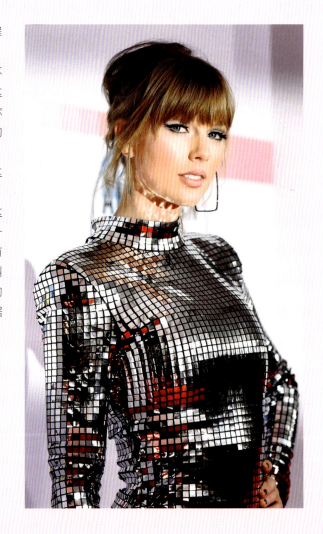

右图：早在她发布歌曲《镜面球》（*mirrorball*）的几年以前，斯威夫特就在2018年全美音乐奖颁奖典礼的红地毯上穿着巴尔曼（Balmain）的迪斯科球裙装大放异彩

对页：希兰和斯威夫特在2017年KIIS FM的"铃儿响叮当"晚会上共同表演《终局》（*End Game*）

终局 (*End Game*)(与未来[1]和艾德·希兰合作) 〔单曲〕

发行日期：2017年11月14日（单曲）/2017年11月10日（专辑）

创作者：未来、马克斯·马丁、老水手、艾德·希兰、泰勒·斯威夫特

制作人：马克斯·马丁、老水手

　　找到你的"终局"，就是找到你唯一的真爱。但在这首洋溢着自信且深受嘻哈文化熏陶的《终局》中，泰勒所描绘的幸福结局，却呈现出一种格林童话般的色彩：她给这个充满幻想的儿童故事增添了一抹淡淡的黑暗色调。

　　她对某个人萌生了深深的倾慕之情，然而，她清楚地意识到自己受损的公众形象可能会成为这段关系的隐患。但幸运的是，她所倾慕的这位男士自诩为一个心怀善意的"坏男孩"，于是，他与斯威夫特在彼此带有"污点"的名声中找到了共鸣。

　　说唱歌手未来在他独唱的小节和副歌中代表了泰勒的对立面，其中融合了鼓与贝斯的动感节奏和福音音乐的深沉底蕴。而参与过《红》专辑制作的艾德·希兰也倾情献上了一段轻快的说唱。他透露这段歌词是在梦中得到的灵感，醒来后不久，他便在早上

8点，在纽约的一家酒店房间中迅速将其记录下来。歌词中，希兰娓娓道来的故事，实际上是对他自己爱情故事的深情回顾。其中，对1989年汤姆·克鲁斯主演的电影《生于七月四日》（*Born on the Fourth of July*）的引用，也巧妙地指涉了斯威夫特家中的独立日派对，正是在那里，希兰与他现在的妻子彻丽（Cherry）点燃了爱情的火花。希兰回忆道："一个我在学校就认识、非常酷的女孩，最终来到了罗德岛。""我问泰勒：'她能来参加派对吗？'然后我们就在一起了。"[6]

1　未来（Future）：本名奈瓦迪乌斯·威尔伯恩（Nayvadius Wilburn），1983年生于亚特兰大，是美国著名嘻哈歌手和词曲创作者，以独特的说唱风格在音乐界占据重要地位。

我做了坏事 (*I Did Something Bad*)

发行日期： 2017年11月10日

创作者： 马克斯·马丁、老水手、泰勒·斯威夫特

制作人： 马克斯·马丁、老水手

如同《1989》中的《空格》一般，在《我做了坏事》这首歌中，泰勒以幽默的态度享受着她的坏名声。在细腻的弦乐伴奏下，她夸张地塑造了一个邪恶的卡通形象：一个狡猾的坏女孩，她喜欢摆布自恋者和风流浪子，并对敌人施以报复。此外，歌曲的过渡段巧妙运用了声码器处理的嗓音，传递出对替罪羊的尖锐批判，这种像是中世纪追捕女巫并将其绑在火刑柱上烧死的无端迫害，泰勒无疑能够深切体会。

《我做了坏事》这首歌曲最初是在钢琴上孕育而生，它以其极具冲击力的副歌部分在《名誉》专辑中脱颖而出。这要归功于其强烈的电子舞曲节拍、陷阱音乐[1]的节奏感，以及一种独特的修饰音。这个修饰音源自泰勒做的一个"奇怪的梦"。她回忆道："当我醒来时，这个声音在我脑海中挥之不去，它如此吸引人、如此朗朗上口，我就知道我必须把它融入一首歌中，因为它如此'恼人'，不断在我脑海中回响。"[7]

泰勒向合作伙伴兼共同创作者马克斯·马丁展示了这段语音备忘录，渴望了解如何重现那持续萦绕的旋律——它仿佛一个人在几个八度音阶的螺旋下降中自由地即兴演唱。马丁告诉泰勒解决方法有点复杂。他解释说："没有乐器能够直接复刻这种效果，但我们可以通过对你的嗓音进行处理，降低音调，从而创造出一种既像女巫又似男性的声音质感。"[8]

别怪我 (*Don't Blame Me*)

发行日期： 2017年11月10日

创作者： 马克斯·马丁、老水手、泰勒·斯威夫特

制作人： 马克斯·马丁、老水手

回顾来看，《名誉》这张专辑中的紧张感往往来自脆弱的内心情感与坚固的外在防备之间的鲜明对比。泰勒说："所有那些铜墙铁壁一般的战歌，诉说的都是外面世界正在上演的激烈场面，那是我从我自己的窗户望出去能够看到的场景。而我的个人世界，一个刚刚变得宁静而舒适的空间，正第一次以我的方式展开。"[9]

这种舒适无疑部分源自于她与演员乔·阿尔文[2]之间的亲密关系，这段情感纽带正是在"名誉"时期悄然萌芽的。然而，《别怪我》则展现了一种更为广义的视角转换：主角摒弃了过往那些陈旧且有害的人际关系模式，转而沉浸在一种令人心醉神迷的浪漫之中，仿佛她的伴侣成了一种令人无法自拔的上瘾物。

当泰勒在钢琴和声部上精心构思《别怪我》这首歌时，泰勒说她希望《别怪我》听起来"……有一种宗教感"。[10]这种愿望在最终的作品中得到了完美的体现，音乐中融入了福音音乐和R&B风格的声乐修饰，以及庄重的键盘伴奏，歌词中也巧妙地引用了"堕落"的主题。在她的"时代"巡回演唱会上，泰勒进一步强化了这种氛围。她以一种类似精神复兴仪式的方式演绎《别怪我》，这得益于一种新颖的编曲手法，它突出了旋律的庄严与神圣感，并在一系列庄严而震撼的电吉他声中平滑地过渡到了《瞧你们让我做了什么》（*Look What You Made Me Do*）。

对页：泰勒·斯威夫特于2018年10月6日在得克萨斯州阿灵顿的AT&T体育场举行的"名誉"体育场巡回演唱会上表演

---

1 陷阱音乐（trap music）：起源于20世纪90年代早期的美国南部，以其简单、有节奏、极简主义的作品而闻名，是一种嘻哈音乐的风格。
2 乔·阿尔文（Joe Alwyn）：英国演员，他与斯威夫特合作创作了她在2020年至2022年期间发行的十首歌曲。

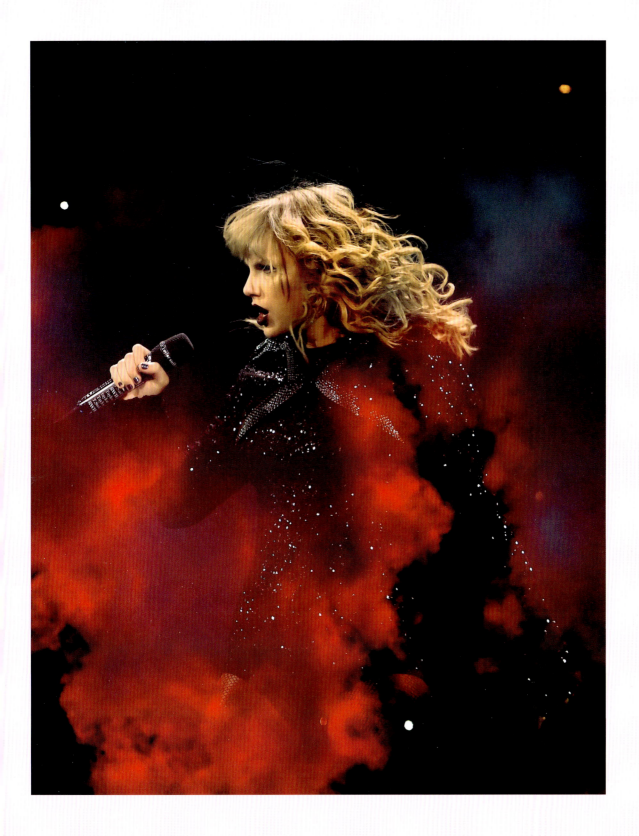

易碎 (*Delicate*)

单曲

发行日期：2018年3月12日（单曲）/ 2017年11月10日（专辑）
创作人：马克斯·马丁、老水手、泰勒·斯威夫特
制作人：马克斯·马丁、老水手
其他版本：希布（Seeb）混音版、索亚（Sawyr）和瑞恩·泰德混音版、纳什维尔录音室录制版

《易碎》是泰勒·斯威夫特在她的《名誉》专辑中，将"我真实经历过的时刻"转化为旋律的代表作之一。[11] 这首歌以其电子人声和流畅的浩室音乐[1]节奏为特色，是一首清新脱俗的合成器流行乐，细腻地描绘了一段新的浪漫关系最初的发展过程。

在那些低调的酒吧邂逅和难忘的深夜约会中，歌曲中的叙述者却体验到了深深的不安全感：她不仅向自己的暗恋对象坦白了内心的真实感受——这本身就是一个需要勇气的行为——她还忧心忡忡，担心对方之前可能听说过关于她的负面消息。

毫不意外，泰勒也将《易碎》描述为"专辑中的第一个脆弱点"，在这里，坏名声的概念变得更加复杂。[12]"专辑的前几首歌更加狂放……更像是，'哦，我不在乎你怎么说，我不在乎你怎么谈论我的名声，这不重要'。"[13]然而，在《易碎》中，她意识到了周围环绕着不真实的负面看法的后果。"这就像是当你遇到一个你真正想让他进入你生活的人，你会担心他们在认识你之前听到了什么，"泰勒继续说，"你开始思考，比如，'像名声这样虚假的东西，会不会有一些真实的影响，比如影响某人真正去了解你？'"[14]

在美国，《易碎》不仅成为电台大热单曲，更在《公告牌》的多个播放排行榜上登顶，并在《公告牌》百强单曲榜"上达到了第12位。这首歌的现场版还融入了一个专属于泰勒粉丝的内部笑话。在歌曲的第一段开唱之前，观众们会齐声高呼："1，2，3，来吧，混蛋！"——这并非对泰勒的侮辱，最初是一位名叫艾米丽·瓦伦西亚的粉丝在兴奋中即兴喊出的一句无伤大雅的口号。这句话已经演变成全球泰勒演唱会上的一个标志性口号，并且得到了泰勒本人的肯定和认可。[15]

上图："1，2，3，来吧，混蛋！"
对页：在"名誉"体育馆巡回演唱会上，一条名为凯琳（Karyn）的巨蛇在《瞧你们让我做了什么》（*Look What You Made Me Do*）演唱期间出现在舞台上

---

1 浩室音乐（House Music）：一种电子音乐类型，出现于美国20世纪80年代初期，特征为由鼓声器组成4/4拍，并伴随厚实的低音声线。

瞧你们让我做了什么 (*Look What You Made Me Do*)

发行日期：2017年8月25日（单曲）/ 2017年11月10日（专辑）

创作者：杰克·安东诺夫、弗雷德·菲尔布拉斯、里查德·菲尔布拉斯、罗伯·曼佐里、泰勒·斯威夫特

制作人：杰克·安东诺夫、泰勒·斯威夫特

其他版本：泰勒重制版

　　在《名誉》专辑发行之前，泰勒·斯威夫特遭遇了两次令她深受打击的公众背叛事件。2016年，有消息称泰勒秘密参与创作了加尔文·哈里斯（Calvin Harris）和蕾哈娜的流行热门单曲《这就是你来的原因》（*This Is What You Came For*），使用的是笔名尼尔斯·舍伯格（Nils Sjöberg），因为当时她和DJ兼制作人哈里斯正在交往。当泰勒的作词身份被揭露后，哈里斯在推特上发表了一些尖锐的言论，表达了他的不满，这引发了社交媒体上对斯威夫特的大量负面评论，其中不乏使用蛇的表情符号的攻击。[16]

　　同年，说唱艺术家坎耶·韦斯特发行了一首名为《大名鼎鼎》（*Famous*）的歌曲，其中含有对泰勒的贬损性称呼。尽管韦斯特声称他在发布前已经向斯威夫特展示了歌词，后来他当时的妻子金·卡戴珊（Kim Kardashian）在网络上公开了韦斯特与泰勒的通话录音。但泰勒反驳说，她并未完全被告知所有歌词内容，尤其是那些直接指向她的部分。[17]在这段通话录音被公开的当天，卡戴珊在推特上戏谑地写道："等等，今天是全国'蛇日'吗？！"这在网络上引发了新一轮的使用蛇表情符号对泰勒进行的攻击。[18]

　　在2018年启动"名誉"体育馆巡回演唱会之际，泰勒回顾了那段艰难的岁月，她向观众坦露心声："因为这些事件，我曾一度感到非常沮丧。有一段时间，我甚至怀疑自己是否还能继续站在舞台上。"[19]然而，幸运的是，她凭借坚强的意志力，携带着《瞧你们让我做了什么》这首歌曲，以一种全新的面貌回归。这首歌曲是一次大胆的突破，它融合了极简的电子撞击节奏、充满力量的键盘音效、坚定的钢琴旋律以及泰勒那冷静而坚定的声线，整首曲子透露出一种令人着迷的反派魅力。值得一提的是，《瞧你们让我做了什么》还巧妙地融入了"弗雷德说对"组合（Right Said Fred）1991年的经典热门单曲《我太性感》（*I'm Too Sexy*）的采样。[20]

　　歌词中，泰勒被描绘成一只从灰烬中振翅高飞的凤凰，经历蜕变，准备向那些曾经伤害她的人发起反击——并向世界宣告她过去的自我已经不复存在。"这首歌最初只是我根据自己的感受写的一首诗，"她解释道，"它本质上是关于你意识到不能信任某些人，同时也认识到你感激那些你可以信任的人。"[21]

　　然而，这首歌的歌词也深受电视剧《权力的游戏》（*Game of Thrones*）的影响。泰勒提到："《瞧你们让我做了什么》实际上就是《权力的游戏》中艾莉亚·史塔克的复仇名单。"她接着补充说："我对叙事的看法完全是由《权力的游戏》塑造的——它教会了我如何预示故事，如何精心编织神秘的故事线索。""因此，我找到了一种更隐晦的方式来分享信息，同时仍然能够与我的粉丝们进行沟通。"[22]

　　泰勒·斯威夫特蒙受的不白之冤最终都得到了昭雪。在她的"名誉"体育馆巡回演唱会上，她巧妙地运用了《瞧你们让我做了什么》的舞台设计，其中包含了一条名为凯琳的巨大蛇形道具，以此重新定义了曾经被负面使用的"蛇"这一绰号。这首充满力量的单曲不仅在情感上为她正名，还在"《公告牌》百强单曲榜"上连续三周稳坐冠军宝座。此外，加尔文·哈里斯对自己当初的激动行为表示了歉意[23]，而所谓的与坎耶·韦斯特的通话的完整录音也证实了泰勒所说的都是事实。[24]

就这样吧 (*So It Goes...*)

专辑收录曲

发行日期：2017年11月10日

创作者：奥斯卡·戈尔斯（Oscar Görres）、马克斯·马丁、老水手、泰勒·斯威夫特

制作人：奥斯卡·戈尔斯、马克斯·马丁、老水手

在《名誉》专辑中，朦胧而迷人的《就这样吧》是一首被低估的作品。这首歌巧妙地将热烈的歌词与陷阱音乐节奏和20世纪90年代末带有哥特风情的电子音乐的制作模式相结合。其中，瑞典制作人兼作曲家奥斯卡·戈尔斯的加盟为歌曲增添了新的音乐元素，他此前曾与布兰妮·斯皮尔斯、亚当·兰伯特（Adam Lambert）、魔力红乐队（Maroon 5）和DNCE等知名艺术家合作。虽然戈尔斯并未参与《就这样吧》的歌词或旋律创作，但他所创作的那段引人入胜的伴奏成为歌曲的灵魂。"老水手在浏览电脑中

的音乐时，听到了那段伴奏，"戈尔斯回忆道，"他立刻被吸引了，说：'哦，这是什么？听起来非常特别。我之前从未尝试过这样的风格。我们能用这段伴奏创作吗？'"[25]老水手在清晨六点半通过视频通话联系了戈尔斯——对于正在照顾新生儿、夜不成眠的戈尔斯来说，这通电话无疑是出乎意料的。随即老水手将泰勒也拉入了通话，她分享了自己的歌词和音乐构想。"这对我而言是一个非同寻常的创作经历，但我深感荣幸，"戈尔斯感慨地说，"我余生都会记得那次视频通话。"[26]

迷人 (*Gorgeous*)

单曲

发行日期：2017年10月20日（宣传单曲）/ 2017年11月10日（专辑）

创作者：马克斯·马丁、老水手、泰勒·斯威夫特

制作人：马克斯·马丁、老水手

《迷人》的开场是一个幼儿稚嫩的声音轻轻说出"迷人"这个词，这位小歌手是泰勒的好友布莱克·莱弗利和瑞安·雷诺兹的女儿詹姆斯·雷诺兹[27]。这首歌曲是一首充满活力、带有梦幻色彩的电子流行乐，由一种仿佛是时钟滴答声的节奏所驱动。歌词讲述了对一个遥不可及的人的渴望，这是一种常见的令人沮丧的体验，但在这里，由于这个人的惊人美貌，这种沮丧感被进一步放大——美到让叙述者几乎无法与对方交流，并且对自己如此迅速地陷入情感感到恼怒。

泰勒向粉丝们透露，《迷人》这首歌是关于她当时的男友乔·阿尔文[28]，这可能解释了副歌中那种

带有挑逗性的语调；叙述者以一种轻松诙谐的方式描述了对暗恋对象的轻微嘲笑或轻视，就像是一个笨拙而又正在热恋中的少女。但《迷人》也展现了泰勒大胆追求自己所渴望的东西时的状态：在歌曲的某个瞬间，她叹息并装作抱怨地说，可能只能独自回家与她的猫咪相伴——当然，她调皮地暗示，除非她的潜在伴侣愿意与她一同回家。

对页：斯威夫特在爱尔兰都柏林的克罗克公园的"名誉"体育馆巡回演唱会上表演

逃离之车 (*Getaway Car*)

发行日期：2018年9月7日（澳大利亚/新西兰单曲）/ 2017年11月10日（专辑）
创作者：杰克·安东诺夫、泰勒·斯威夫特
制作人：杰克·安东诺夫、泰勒·斯威夫特

　　《逃离之车》这首歌曲，以其电影般的合成器流行风格，呈现出丰富和复杂的质感。正如其标题所暗示，它让人联想到了歌曲《……准备好了吗？》。与《……准备好了吗？》相似，在《逃离之车》中，破坏秩序的冲动被泰勒转化为爱情和浪漫的象征。

　　在这首歌中，叙述者身处一辆逃离之车，但这段旅程似乎并未能持续太久，预示着关系即将走到尽头。叙述者在携款潜逃后，突然改变计划并抛弃了司机，这一行为进一步证实了这段关系将要终结的预感。

　　然而，《逃离之车》真正讲述的是什么？它可以被解读为一段因第三者介入而注定失败的新关系，无论这个第三者是你试图逃离的人，还是无法摆脱的前任。负责编曲的劳拉·西斯克回忆说："我在编辑音轨时给杰克·安东诺夫打了电话，我说：'这首歌写的是一段冲动开始的关系，对吧？'"她称赞道：

"每一行歌词都显得非常机智和有趣。"[29]到了歌曲的尾声，逃离之车的乘客在泪水中说出了告别的话语。但歌词的模糊性留给了听众广阔的解释空间：乘客是在向他们的短暂恋情告别吗？还是在向那个第三者告别？抑或是在向两者告别，独自驾车迎接新的开始，驶向日落的方向？

上图：即使在充满挑战与争议的"名誉"时期，斯威夫特的粉丝们仍然对她忠诚不渝

我心脏的主宰 (*King of My Heart*)

发行日期：2017年11月10日

创作者：马克斯·马丁、老水手、泰勒·斯威夫特

制作人：马克斯·马丁、老水手

　　《我心脏的主宰》这首歌曲深受《权力的游戏》的启发，特别是剧中卡奥·德罗戈和丹尼莉丝这对情侣的故事。泰勒透露，"歌曲中甚至融入了战鼓的副歌延续部分——我期望它们能传达出多斯拉克战鼓[1]的韵律"。[30]这一点在"名誉"体育馆巡回演唱会上那激动人心的鼓点部分中得到了体现，并不令人意外。然而，尽管歌曲有着戏剧性和强烈情感的底蕴，《我心脏的主宰》展现出的却是一种出人意料的柔情。"每个人与他人建立联系的故事都是独特的，"泰勒解释道，"我觉得真正有趣的是那些关系中的转变时刻"。[31]在这首歌中，她明确表示这种转变是正面的。"你总是希望这种转变能够推动你向前发展，而不是倒退，因为转变有可能带来不同的结果，"她继续说道，"我一直想要创作一首这样的歌，它的每一个独立部分都能听出关系在向前发展，同时保持旋律的悦耳动听。"[32]泰勒那经过电子人声效果器处理的歌声，纯净而悠扬，宛如教堂中唱诗班吟唱的旋律，而歌词则赞颂了爱情所带来的积极、治愈的力量，并探讨了保持恋情私密的愿望。

戴着镣铐起舞 (*Dancing with Our Hands Tied*)

发行日期：2017年11月10日

创作者：奥斯卡·霍尔特（Oscar Holter）、马克斯·马丁、老水手、泰勒·斯威夫特

制作人：奥斯卡·霍尔特、马克斯·马丁、老水手

　　瑞典音乐家奥斯卡·霍尔特参与创作并制作了2020年威肯的超级热门单曲《致盲的灯》（*Blinding Lights*），这首歌曲以其对20世纪80年代合成器音乐风格的深情致敬和令人心潮澎湃的夜间驾驶氛围而著称。数年前，霍尔特便将这种充满情感的忧郁氛围融入《戴着镣铐起舞》中。在这首歌的副歌部分，孤寂的钢琴和弦伴随着轻快的节奏和仿佛午夜般深沉的键盘旋律，而合唱部分则伴随着浩室音乐那如海洋波涛般起伏的脉冲节奏。歌词中，《戴着镣铐起舞》表达了一段秘密关系在不可避免地面对外界动荡时的痛苦挣扎。斯威夫特将她的伴侣比作在火灾和洪水等灾难中的生命线，并巧妙地运用富有想象力的比喻来描绘这段秘密关系的重要性——如一个内藏爱人面容的隐形吊坠。泰勒的声乐演绎精湛地捕捉了音乐中的神秘感，她在乐观与忧虑之间自如转换；特别是在歌曲的高潮部分，她唱出了充满情感的高音，让人联想到爱莉安娜·格兰德（Ariana Grande）的演唱风格。

1　多斯拉克战鼓（Dothraki Drums）：《权力的游戏》中多斯拉克人（Dothraki）使用的一种鼓。

礼服 (*Dress*) 〔专辑收录曲〕

发行日期：2017年11月10日
创作者：杰克·安东诺夫、泰勒·斯威夫特
制作人：杰克·安东诺夫、泰勒·斯威夫特

　　《礼服》这首歌曲，轻如棉絮，细腻地传达了对一位既支持又包容自己的伴侣的感激之情，同时颂扬了一段健全关系中那份自然而然的亲密无间。歌曲标题所指的礼服，原是为一场浪漫的相遇而购置，但这里的巧妙转折在于，购买这件礼服是为了最终脱去它。"我对这首歌的高潮部分非常满意，它听起来宛若一句搭讪之词，"泰勒如是说，"但它实际上是一首关于深沉与温柔情感的情歌。"[33]在"名誉"体育馆巡回演唱会上，《礼服》不仅是一首歌曲，更是泰勒对自己艺术主权的一次宣示。演出中，一位舞者身着一件仿若鸟翼般飘逸的礼服，带来了一段错综复杂、高雅脱俗的舞蹈表演。这是对洛伊·富勒（Loie Fuller）所创造的蛇形舞蹈的深情致敬。富勒，这位侨居法国的美国艺术家，曾试图（虽未成功）为她那著名的作品申请版权。[34]当歌曲接近尾声，现场的

大屏幕上显现出一条信息，称颂富勒是"艺术、舞蹈和设计领域的先驱，她为艺术家争取作品所有权而斗争"。

上图：在"名誉"体育馆巡回演唱会中，《礼服》的表演对洛伊·富勒创造的蛇形舞蹈进行了华丽的致敬

对页：在"时代"巡回演唱会上，"名誉"部分的演出是对《名誉》专辑音乐和主题的盛大庆祝

这就是我们不能拥有美好事物的原因 (*This Is Why We Can't Have Nice Things*) 〔专辑收录曲〕

发行日期：2017年11月10日
创作者：杰克·安东诺夫、泰勒·斯威夫特
制作人：杰克·安东诺夫、泰勒·斯威夫特

　　如果泰勒·斯威夫特有朝一日涉足百老汇，将她的音乐故事搬上舞台，那么这首《这就是我们不能拥有美好事物的原因》无疑会成为剧中令人难忘的高潮。这首歌曲以其夸张的欢快感和具有挑衅意味的童谣风格演唱及尖锐的歌词，似乎暗指了坎耶·韦斯特对她的背叛——提及了背后捅刀的朋友和充满欺骗的电话——以及她在举办奢华派对后遭遇批评，选择从公众视野中暂时隐退的经历。"这首歌讲述的是当人们对美好事物不再珍惜时的情景，"她阐释道，"比如友谊，信任他人、保持真诚，或是其他。将人们纳

入你的生活，信任他人，尊重——这些都是非常宝贵的东西。"[35]在这首歌中，泰勒向她的朋友、爱人和她的母亲表达了感谢——特别是后者，感谢她耐心聆听这些戏剧化的故事，同时巧妙地运用了诙谐的押韵——并以一种辛辣的语调，向一个她显然未能释怀的人敬酒。在音乐层面，这首歌曲的指弹节奏和说唱式的演唱风格不禁让人联想到泰勒的好友洛德，而热烈的节奏和管弦乐伴奏的副歌部分则分别带来了戏剧性的夸张和梦幻般的奇异感。

如你所愿 (*Call It What You Want*)

{专辑收录曲}

发行日期：2017年11月10日
创作者：杰克·安东诺夫、泰勒·斯威夫特
制作人：杰克·安东诺夫、泰勒·斯威夫特

　　随着时间推移，人们愈发清晰地认识到，《名誉》这张专辑所探讨的主题远超复仇。斯威夫特阐释道："从故事线来看，我认为《名誉》始于释放各种形式的反叛、愤怒、焦虑或其他情绪。"

　　"继而，就像陷入爱河，你开始明确自己的优先事项，生活随之改变，但你欣然接受这些变化，因为它们对你意义重大。而专辑的最后篇章，感觉就像是我已经安顿在了我现在的位置。"[36]

　　显而易见，当《名誉》播放至倒数第二首歌，即那首轻松的电子流行曲《如你所愿》时，泰勒的心境已然变得更加释然。即便她在歌中提及了自己那些备受瞩目的公共创伤和过失，她仍感到能与这些痛苦隔离，因为她的伴侣成为她的避风港：充满理解、爱意和保护。

　　泰勒巧妙地在这首歌中引用了她过往作品的元素，歌词中融入了她偏爱的意象——这一次是燃烧的桥梁，并隐晦地指向了之前的歌曲《城堡崩塌》。共同创作者兼制作人杰克·安东诺夫发现《如你所愿》同样意义深远，他指出这首歌的一个显著特色是"以泰勒的声音样本作为序曲和全曲的点缀。我喜欢将她的声音塑造成一种乐器"。[37]他还为如何更好地欣赏这首歌提出了明智的建议："在夜晚散步时戴上耳机听。"[38]

新年之日 (*New Year's Day*)

单曲

发行日期：2017年11月27日（乡村电台单曲）/ 2017年11月10日（专辑）
创作者：杰克·安东诺夫、泰勒·斯威夫特
制作人：杰克·安东诺夫、泰勒·斯威夫特

　　柔和的钢琴旋律轻轻弹奏，犹如一束温馨的烛火摇曳，《新年之日》作为专辑《名誉》的收尾曲目，以其源自泰勒个人生活的灵感，为听众带来了一抹深情。"人们都在讨论和思考你在午夜时分会亲吻谁，"泰勒如是说，"这似乎成了一个宏大的浪漫构想：'新年钟声敲响时，你会亲吻谁？'我认为这本身就非常富有浪漫色彩。"[39]

　　《新年之日》却将焦点转向了新年后的第一天，泰勒认为，这一天同样具有深刻的意义。"在新年之日，谁愿意与你相伴——谁愿意为你递上一片止痛药，帮你打扫房间，这才是真正的浪漫。我认为这更能体现一种持久的情感。"[40]

　　在歌词中，叙述者描述了一场盛大的派对后的混乱景象，并借此表达了他对伴侣的深情爱意——无论顺境还是逆境，他都不会抛弃自己的伴侣。《新年之日》以感人的笔触提醒听众，在感情的旅途中不要急于翻到最后一页；它暗示我们要珍惜当下的每一刻，并专注于眼前。

　　最终，《新年之日》在音乐和主题上都像是《恋人》（*Lover*）的前作。"《名誉》的巧妙之处在于，它其实是一个爱情故事，"泰勒解释道，"是一段在混沌中绽放的爱情故事。"[41]

我不想永生(*I Don't Wanna Live Forever*)(与泽恩·马利克[1]合作)

{ 单曲 }

发行日期: 2016年12月9日(单曲)/ 2017年2月10日(电影原声带专辑)
创作者: 杰克·安东诺夫、萨姆·德鲁(Sam Dew)、泰勒·斯威夫特
制作人: 杰克·安东诺夫

　　粉丝们在2016年末惊喜地发现了泰勒与原单向组合成员泽恩·马利克的深情二重唱《我不想永生》,预示着泰勒在《名誉》专辑中可能采取的新音乐方向。

　　这首歌曲作为2017年大热电影《五十度黑》(*Fifty Shades Darker*)的原声带之一,是一首融合流行与布鲁斯元素的作品,其黑暗且带有工业风格的节奏和律动,搭配着歌词中对分手不同视角的探讨:泽恩·马利克以一位心碎的前任身份,对逝去的爱情充满渴望,而泰勒则在反思这次分离是否真的带来了积极的一面。

　　《我不想永生》(有时会在括号内附标题"五十度黑")的诞生源于马利克向斯威夫特发起的一次合作邀请。"我给她打了电话,她听了这首歌,因为杰克·安东诺夫放给她听过了,"马利克回忆道,"她非常喜欢,第二天就走进了录音室。"[42](值得一提的是,马利克早已预料到斯威夫特会接受邀请:泰勒与马利克当时的女友、模特吉吉·哈迪德是好友,泰勒也早已向马利克表达过她对这首歌的喜爱。)这首歌曲不仅获得了格莱美最佳视觉媒体创作歌曲奖的提名,还在"《公告牌》百强单曲榜"上攀升至第二名的高位。

对页:斯威夫特的雨中演出总是特别的——2018年6月2日,在芝加哥士兵球场举行的"名誉"体育馆巡回演唱会也不例外(如图所示)

左图:2016年9月,泽恩·马利克、他当时的女友吉吉·哈迪德和斯威夫特在纽约市现身

1　泽恩·马利克(Zayn Malik):英国歌手兼词曲创作家,原单向组合成员。

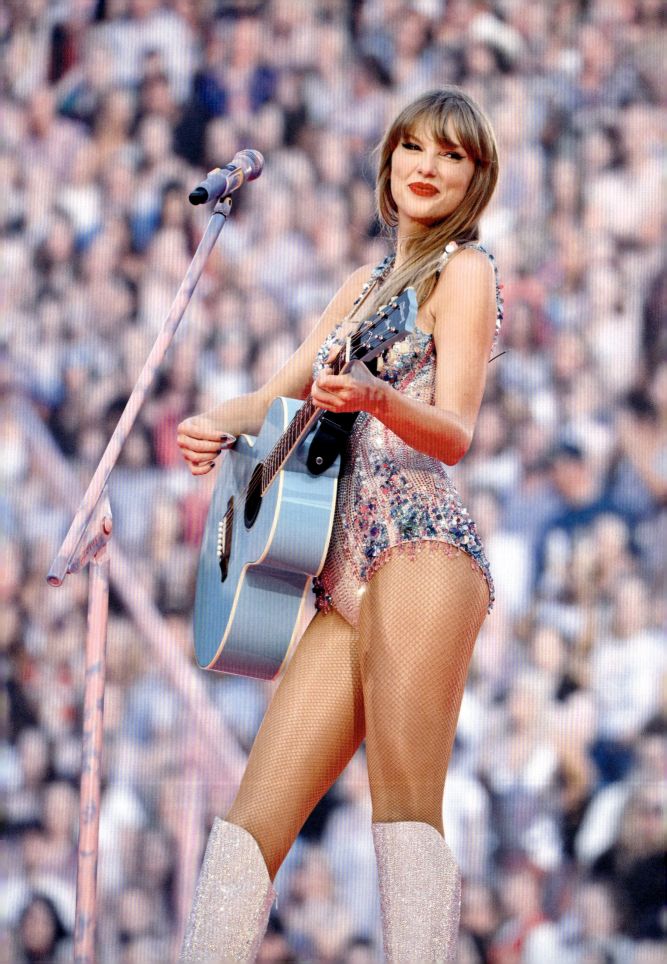

07

"恋人"时期

在《名誉》这张专辑经历了暴风骤雨之后，《恋人》（*Lover*）带来的是温暖的阳光和更加灿烂的晴天。"这张专辑在诸多层面上都标志着一个新的起点，"泰勒如是说，"这张专辑是一封致爱情的情书，它包含了爱情所有令人疯狂的、充满激情的、激动人心的、迷人的、可怕的、悲惨的，以及美好的瞬间。"[1]她自然也曾触及这些主题——《恋人》这张专辑不仅获得了格莱美奖最佳流行歌手专辑的提名，更推动泰勒探索全新的音乐风格和情感体验。"这绝对是一张别具一格的唱片，"泰勒坦言，"在创作这张专辑的过程中，我感觉自己仿佛获得了一种许可，去重新审视那些我曾经写过的主题，或许可以用一种全新的视角来观察它们。"[2]

我忘了你的存在 (*I Forgot That You Existed*)

发行日期： 2019年8月23日

创作者： 路易斯 · 贝尔（Louis Bell）、亚当 · 金 · 费尼（Adam King Feeney）、泰勒 · 斯威夫特

制作人： 路易斯 · 贝尔、弗兰克 · 杜克斯（Frank Dukes）、泰勒 · 斯威夫特

其他版本： 钢琴/声乐版

〔专辑收录曲〕

　　《我忘了你的存在》宛如一场暴风雨过后，云层间绽放的两道绚丽的彩虹。泰勒 · 斯威夫特携手两位新伙伴：路易斯 · 贝尔和亚当 · 金 · 费尼（他也以弗兰克 · 杜克斯之名制作音乐）——她对他们为好友卡米拉 · 卡贝洛（Camila Cabello）所作的音乐赞赏有加——共同创作了这首充满活力的泡泡糖流行与节奏蓝调交融的歌曲。它讲述了一个关于迎接新开始，不再让他人影响自己内心光芒和情绪的故事。

　　"《我忘了你的存在》这首歌是指摆脱那些曾给你带来无尽痛苦的事情，"泰勒解释道，"直到有一天，你醒来，发现自己对那些曾经的痛苦已经漠不关心。"[3]音乐上，这首歌曲以轻快的钢琴旋律、深沉的低音和清脆的拍手节奏包裹着关于自由心灵的轻松歌词。

　　泰勒是如何获得这种乐观的心态，并轻松地甩掉负面经历的呢？这一切要归功于"名誉"体育场巡回演唱会——她称之为"我职业生涯中最具变革性的情感体验"。"那次巡演让我达到了前所未有的健康和平衡状态，"泰勒补充道，"巡演中的某些东西让我从过去依赖的公众认知中解脱出来，我现在明白，那是非常不健康的。"[4]

残夏 (*Cruel Summer*)

单曲

发行日期：2023年6月20日（单曲）/ 2019年8月23日（专辑）
创作者：杰克·安东诺夫、安妮·克拉克（Annie Clark）、泰勒·斯威夫特
制作人：杰克·安东诺夫、泰勒·斯威夫特
其他版本：TS/"时代"巡回演唱会现场版、LP乔比（LP Giobbi）混音版、LP乔比混音版（扩展版）

　　《残夏》这首曲子在2023年成为泰勒·斯威夫特故事中最为耀眼的篇章之一。这首电子流行歌曲在《恋人》专辑发行近四年后作为单曲发布，借助流媒体平台的强劲推动，成了电台的热门曲目，并在"《公告牌》百强单曲榜"上非连续性地累计四周登顶。

　　对泰勒而言，这份迟来的成功格外甘美。她表示，《残夏》在《恋人》专辑中是"我的骄傲和喜悦"，却未能及时获得应有的关注。"我无意责怪我们所经历的全球性疫情，"泰勒继续说道，"但无疑，这场疫情阻止了《残夏》作为单曲的发行。"[5]

　　正如歌曲标题所暗示，这首歌讲述了"夏日恋情常常伴随着种种渴望之情，有时甚至包含秘密"。她阐释道："它探讨了一种关系，其中掺杂着绝望和痛苦，而你向往着那些尚未完全拥有的东西。"[6]同样，这首带有复古风情的乐曲透出一丝忧伤，宛如20世纪80年代青少年电影中的某个关键的令人心碎的场景的配乐。

　　但更令人难以抗拒的是《残夏》的过渡衔接段。"杰克·安东诺夫和我都喜欢创作宣泄式的过渡衔接段，"泰勒说，"就像在《脱离险境》中，过渡衔接段是歌曲最震撼人心的部分——我们再次采用了这一理念。"[7]这个令人起鸡皮疙瘩的、激发群体合唱的现场演绎部分，描述了一个能极大地引起听众共鸣的场景：醉酒后从酒吧回家，与无法抗拒的恋人偷偷相会，即使你明白这并非明智之举，但终究你还是坦白了自己的爱意。

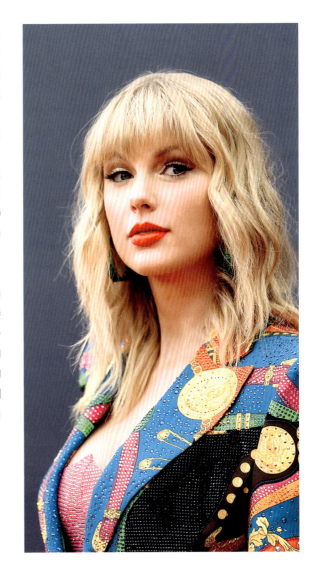

对页和右图：与"名誉"时期的深色服装形成对比的是，"恋人"时期的服装包含了彩虹中的每一种颜色——如2019年在"我爱电台"的"燃烧探戈"表演造型（左图）以及2019年MTV音乐录影带大奖颁奖典礼的现场照（右图）

恋人 (*Lover*)

[单曲]

发行日期：2019年8月16日（单曲）/ 2019年8月23日（专辑）
创作者：泰勒·斯威夫特
制作人：杰克·安东诺夫、泰勒·斯威夫特
其他版本：第一支舞混音版、钢琴/声乐版、《恋人》（巴黎现场版）、与肖恩·门德斯合作的混音版

　　将泰勒称作一位高产的词曲创作者，实在是对她创作力的一种低调表述。与众多充满创意的艺术家一样，她从不深究灵感的来源。"我其实无法完全阐明创作一首歌曲的奥秘，它就像是一片闪耀的小云朵恰好飘到你的面前，而你恰到好处地捕捉住它，"她这样描述道，"随后，你便依靠自己对歌曲结构的理解，去填补那些空白之处。"[8]

　　《恋人》这首作品就是如此诞生的。它是一首华尔兹风格的慢舞曲，曾获格莱美奖年度歌曲提名。在一个夜晚，斯威夫特躺在她在纳什维尔的床上时突然灵感迸发。她起身，"跌跌撞撞地走向钢琴"[9]并录制了一段语音备忘录，以防自己忘记那些歌词和旋律。即便在创作初期，她对歌曲的概念就已经十分清晰。"我期望副歌部分是一些我们在爱情中会问自己的非常简单而深刻的问题，"泰勒阐释道，"'我能随你去你将去的地方吗？'这是一个向某人提出的沉甸甸的问题。"[10]其余的歌词简洁而有力，捕捉了一对情侣共同构筑永恒之家的温馨感觉；这份恒久的爱使他们能够勇敢地提出那些棘手的问题。

　　有趣的是，《恋人》在泰勒的音乐历程中代表了一种挑战。她坦言："对我来说，创作那些不仅限于爱情主题的爱情歌曲总是不易，它们通常涉及渴望、爱情中的秘密，以及爱情与恐惧。"[11]这可能令人感到意外，因为泰勒的代表作之一——充满浪漫色彩的《爱情故事》，似乎与此相悖。然而，她澄清说，那首歌更多是受到"我看过的电影和罗密欧与朱丽叶故事的启发，它只反映了我生活的一部分。但我以前从未真正写出过一首纯粹表达'哦，我的天，我爱你'这样的爱情歌曲"。[12]

　　《恋人》还让泰勒有机会创作出她特别钟爱的过渡衔接段——她幽默地说："我喜欢过渡衔接段（bridge），喜欢得我都能去桥城了（Bridge City）。"[13]她在歌词中编织了几乎可以作为婚礼誓言的迷人细节，比如情侣之间分享的私密笑话和为对方保留的座位。她解释说："你知道人们在撰写自己的婚礼誓言时会加入个性化的元素，对吧？我在过渡衔接段里也想做到这一点。"[14]

　　从音乐角度来看，《恋人》这首歌曲似乎超脱于瞬息万变的流行趋势，而这恰恰是泰勒所追求的。她曾表示："我期望这首歌能够超越时间的限制，让人们无法辨识它是在1980年、1970年的婚礼上播放的曲目，抑或是当下的产物。"[15]通过简洁的吉他、贝斯、钢琴、鼓和键盘的乐器编排，这首歌曲唤起了20世纪60年代早期流行音乐的复古情怀，同时巧妙地融入了女性合唱团的和声技巧，为这首歌增添了一抹迷人的色彩。

对页和下图：泰勒在2019年MTV音乐录影带大奖的颁奖典礼上（左图）和在2019年中国上海阿里巴巴"双十一"全球购物节的现场演出中表演了《恋人》（下图）

男人 (*The Man*)

发行日期： 2020年1月27日（单曲）/ 2019年8月23日（专辑）
创作者： 乔伊·里特尔（Joel Little）、泰勒·斯威夫特
制作人： 乔伊·里特尔、泰勒·斯威夫特
其他版本：《恋人》（巴黎现场版）

　　当泰勒·斯威夫特于2023年开始出现在NFL（美国国家橄榄球联盟）赛事现场，为她的男友特拉维斯·凯尔西[1]加油时，一些橄榄球迷对她在电视转播中频繁出现感到不满。"我在那里只是为了支持特拉维斯，"她对此回应说，"我并未意识到自己是否因为过度曝光而激怒了一些男性观众。" [16]这一反击展现了泰勒对女性所面临的不公与双重标准的深刻批评——这种标准几乎笼罩在她们所做的每一件事上。

　　《男人》这首放克风格的电子流行音乐"探索了与观念或感知相关的概念"，正如她所说——尤其是探讨了如果她身为男性，她的行为将如何被不同地看待和讨论："如果我做出了所有相同的选择、犯了所有相同的错误、取得了所有相同的成就，人们又会如何解读呢？" [17]这个概念在歌词中得到了充分的体现，它们揭露了性别不平等和不公正审查的严酷现实。

　　然而，通过《男人》这首歌，泰勒将自己的个人经历映射为音乐界女性所面临问题的典型代表——这还不包括她们在职场或学校中遭遇的挑战。"我们在这样的歌曲中越多地讨论这些问题，我们就越能在问题出现时敏锐地指出它们，"泰勒解释道，"我有意让这首歌易于上口，这样做是有目的的——我希望它能深深植入人们的脑海，这样一来人们的脑海中就会回响着一首关于性别不平等的歌曲，那么我的目标就达到了。" [18]

下图和对页：在"时代"巡回演唱会的"恋人"部分，斯威夫特穿着闪亮的范思哲紧身衣（对页）——在表演《男人》时，她随意地在外面套了一件同样闪亮的西装外套（下图）

1　特拉维斯·凯尔西（Travis Kelce）：1989年10月5日出生于美国俄亥俄州韦斯特莱克，美国职业美式橄榄球运动员，司职近端锋，效力于美国职业橄榄球大联盟的堪萨斯城酋长队。曾获第54、57、58届超级碗冠军。

弓箭手 (*The Archer*)

推广单曲

发行日期：2019年7月23日（推广单曲）/ 2019年8月23日（专辑）
创作者：杰克·安东诺夫、泰勒·斯威夫特
制作人：杰克·安东诺夫、泰勒·斯威夫特
其他版本：《恋人》（巴黎现场版）

　　泰勒的粉丝们都清楚，她专辑中的第五首歌往往是最"真挚、情感深沉、脆弱而个性化"的作品。[19]《弓箭手》正是这样一首曲目。作为《恋人》专辑中最为直白的歌曲之一——联合创作者兼制作人杰克·安东诺夫甚至提到，这首歌的创作过程仅用了大约两小时——这首简朴却深刻的曲子是"关于你必须忘却过去的一些不好的经历"，特别是在爱情方面，泰勒解释说。[20]

　　她进一步阐释，一段糟糕的恋情往往会让人难以摆脱负面情绪，去信任一段全新的好关系。"有时，你必须直面那些失败经历所留下的心魔，"泰勒说，"你必须学会阻止自己总是预想最糟糕的结果。这首歌触及了焦虑的主题，探讨了如何打破那些不健康的模式和循环。"[21]

　　这绝非易事——正如歌词所揭示，歌曲的叙述者既扮演过弓箭手，也曾沦为猎物。但《弓箭手》同样认可了内心矛盾情感的合理性。在某一时刻，你或许会去寻找伴侣那些不可接受的缺点；而在下一刻，你又在思考自己是否能在这段关系中感到安全。这首歌的副歌部分用童谣中的角色"矮胖子[1]"来形容内心感到破碎的状态，而另一句歌词则表达了对"弓箭手们"孤独而终的担忧。

　　然而，《弓箭手》最终依旧传达了对美好爱情的信仰——这一点从其轻快的旋律中可见一斑，它由如空气般轻盈、棉花糖般甜美的键盘音效和一种听起来像是心跳加速的坚定鼓点组成。

1　矮胖子（Humpty Dumpty）：一首英国童谣中的人物，最初可能是一个谜语，也是英语世界最著名的谜语之一。他通常被描绘成一颗拟人化的蛋。

美国小姐与心碎王子 (*Miss Americana and the Heartbreak Prince*)

专辑收录曲

发行日期： 2019年8月23日

创作者： 乔伊·里特尔、泰勒·斯威夫特

制作人： 乔伊·里特尔、泰勒·斯威夫特

　　随着唐纳德·特朗普成为美国总统，泰勒开始首次公开地就政治问题发声。她表示："直到我接近三十岁，我才感到自己有足够的了解，可以在我的1.14亿粉丝面前谈论这个问题。""我不希望我们的领导人通过隐晦的信息煽动种族主义和恐惧，我意识到我实际上有责任利用我的影响力来反对这种令人厌恶的言论。"[22]她不仅鼓励粉丝参与投票，而且创作了一首内敛却极具政治意味的合成器流行曲《美国小姐与心碎王子》。

　　这首引人深思的歌曲在2018年美国中期选举结束后的几个月内完成。泰勒解释说："我想采用政治的概念，并为它找到一个象征性的存在之地。""所以我设想了一个典型的美国高中，那里有各种社交活动，可能会让一些人感到完全被孤立。"[23]这在歌词中表现为诸如撕裂的礼服和在走廊上受到嘲笑等意象——前者代表了幻灭，后者则象征着政治上的边缘化。

　　第二节歌词还提到了傲慢的不良分子击败了叙述者的队伍，导致美国故事化为灰烬，斯威夫特质疑智者何在——这明显是对美国共和党长期以来对政治规范的颠覆并在选举中打败民主党的隐喻。《美国小姐与心碎王子》在音乐上具有振奋人心的力量——它作为"时代"巡回演唱会的开场曲目不是没有原因的——但歌曲中的黑暗元素依然存在：钢琴的旋律中伴随着无奈，而类似啦啦队加油的欢呼声中则带有一丝不祥的预兆。

我想他知道 (*I Think He Knows*)

专辑收录曲

发行日期： 2019年8月23日

创作者： 杰克·安东诺夫、泰勒·斯威夫特

制作人： 杰克·安东诺夫、泰勒·斯威夫特

　　坦率地说，自信确实具有吸引力——然而，自我肯定则更具魅力。这正是这首充满放克韵味的《我想他知道》所隐含的信息。这首歌曲是对歌手普林斯[1]的致敬之作，拥有充满假声的副歌和关于对暗恋对象感到无比兴奋的撩人歌词。这首歌的灵感来源于泰勒想要描述一种"沉静自信"的人物形象。"他们既不傲慢也不自大——傲慢和自大的态度是令人反感的。但有些人一走进房间，就自然而然散发出一种光芒，这种光芒来自他们的内在，他们可能自己也无法完全控制。"[24]这些人拥有迷人的个性，她补充道——但他们并不一定是外向的。"有些人似乎很清楚自己是谁，他们不需要自我吹嘘，"她说，"我认为这是一种非常有趣的特质，因为我无法完全用言语来解释它。所以我写了一首歌来表达这种感受。"[25]《我想他知道》这首歌无疑是一首充满活力的喜悦之作，它捕捉到一段激动人心的关系中那种令人心动的感觉。在一段流畅的前奏中，泰勒巧妙地将自己比作一位建筑师，正在为她的伴侣——或者说他们共同的幸福未来——绘制蓝图，并赞美那种吸引力所带来的喜悦。

对页：每晚，"时代"巡回演唱会都以斯威夫特——身着范思哲紧身衣，上面点缀着不同颜色的宝石——开场，图中的她正倾情演唱《美国小姐与心碎王子》

1　普林斯（Prince）：美国歌手、词曲创作者、音乐制作人、演员，是音乐史上最具天赋和影响力的艺术家之一。他的音乐风格跨越了流行、放克、灵魂、摇滚和电子等多种类型，以独特的声音和舞台表演而备受赞誉。

纸戒指 *(Paper Rings)*

专辑收录曲

发行日期：2019年8月23日
创作者：杰克·安东诺夫、泰勒·斯威夫特
制作人：杰克·安东诺夫、泰勒·斯威夫特

泰勒·斯威夫特对她的创作总是怀有清晰而具体的构想。以《纸戒指》为例，这首歌轻快而充满乐趣，描绘了一段友谊如何自然而然地发展成为更深的情感。她解释说："我为《恋人》专辑中的一些歌曲设定了一个模板，那就是想象自己是一个婚礼乐队，在1978年左右的婚宴上演奏新娘和新郎想要听到的情歌。" [26]

《纸戒指》的音乐因此充满了适合舞会派对的强烈节奏和充满活力的原始人声，以及一个由戏剧性的关键变化所驱动的激昂桥段。斯威夫特透露，这部分是受到朋克女子团体的启发，她们唱歌的方式是"一种真正不管不顾的大声喊叫"。 [27] 整体而言，这首歌曲捕捉了彻底坠入爱河时的激动心情，无论对方有何缺点——这意味着今后无论是忧郁还是冒险的日子，他们都愿意共同度过。她进一步阐述了这首歌的概念，即随着成长，人们可能会幻想自己未来婚戒的样子，但在最坚固的关系中，人们并不真正需要一颗巨大的、闪亮的宝石。她表示："如果你真的爱一个人，你会说：'我不在乎。'" [28] 换句话说，即使是纸戒指，也能成为完美的选择。

上图：在《恋人》专辑发行后，斯威夫特举办的唯一的一场完整音乐会是2019年9月9日在巴黎奥林匹亚音乐厅举行的"恋人之城"（City of Lover）演唱会

对页：2019年4月23日斯威夫特于爵士乐林肯中心举行的2019年"《时代》周刊年度百大影响人物派对"上演出——她那一年是荣誉嘉宾之一

科妮莉亚街 (*Cornelia Street*)

专辑收录曲

发行日期：2019年8月23日

创作者：泰勒·斯威夫特

制作人：杰克·安东诺夫、泰勒·斯威夫特

其他版本：《恋人》（巴黎现场版）

　　与她其他的歌曲相比，《科妮莉亚街》无疑是泰勒根据个人生活经历创作的，这一点她坦率地承认过——歌词的灵感正是来自她在纽约西村科妮莉亚街上租住的那座拥有四间卧室、七个浴室的豪华联排别墅里所发生的一切。[29]

　　她说："有时在我们的生活中，我们会将记忆与那些记忆发生的地方紧密相连。""这或许是我们对生活的一种浪漫化，而我恰好倾向于这样做。"[30]

　　《科妮莉亚街》以其闪耀的氛围和令人心动的节奏，记录了一段充满希望的关系的发展过程。歌曲开篇描述了两个人彼此试探的情景——斯威夫特巧妙地形容这种感觉，好像沉醉于美酒之外的某种迷醉——然后回溯了他们共度的美妙时光。但最终，这对情侣之间发生了严重的争执，导致叙述者离开了公寓——尽管最终她仍怀着一丝希望，相信这次争吵只是个小插曲，她的伴侣仍然是值得信赖的。

　　当然，这种信任并不是一开始就有保证的，因为歌曲的副歌部分透露了叙述者的恐惧：如果这段关系最终无法继续，他们将无法再次踏足科妮莉亚街。斯威夫特在这里特意采用了一种轻柔而充满情感的嗓音，细致地描绘了这段恋情中的不安全感和不确定性，这反映出她对这段情感投入极高，情感风险也随之增大。

千刀万剐 (*Death By a Thousand Cuts*)

发行日期： 2019年8月23日
创作者： 杰克·安东诺夫、泰勒·斯威夫特
制作人： 杰克·安东诺夫、泰勒·斯威夫特
其他版本：《恋人》（巴黎现场版）

　　在《恋人》专辑中，泰勒·斯威夫特展现了她对爱情的积极看法，尽管这并不代表她的天空没有一丝云翳。《千刀万剐》这首初听之下轻快的歌曲，实则深刻地刻画了分手后的苦楚——它描述了一段关系终结时，那些微小却持续的伤害是如何逐渐消耗你的。

　　"我感觉到，这首歌向我证明了，我无须停止创作关于心碎和痛苦的歌曲，"泰勒说道，"这对我来说，是个令人难以置信的好消息。"[31]但她是如何沉浸在分手的情感之中的呢？起初，她的一些朋友经历了与伴侣的分离，斯威夫特成了他们倾诉的对象。"就是那些你需要不断地和朋友们讨论分手的情况，因为他们需要无时无刻不谈论这件事，日复一日，"她坦言："所以我参与了许多关于分手的对话。"[32]此外，她偶然观看了2019年的电影《伟大的人》（*Someone Great*），该片的灵感部分源自泰勒的《1989》专辑，影片中的主角经历了一次生命中的重大分手。[33]（令人惊叹的是，电影《伟大的人》的导演兼编剧詹妮弗·凯廷·罗宾逊实际上是从斯威夫特的《1989》中汲取灵感的；在她自己经历真实的分手时，这张专辑"就像一个带着一瓶龙舌兰酒和大大的拥抱来找你的最好的朋友"。[34]）这一切最终又反过来激发了泰勒的创作灵感。"所有这些都汇聚在一天早晨，我醒来时脑海中充满了这些心碎的歌词，"她说，"我就感觉：'我全都还记得！太好了！'"[35]

左图：2019年12月13日，斯威夫特在Z100"铃儿响叮当"晚会上庆祝了她30岁的生日
对页：斯威夫特和当时的男友乔·阿尔文在一起

伦敦男孩 (*London Boy*)

专辑收录曲

发行日期：2019年8月23日
创作者：杰克·安东诺夫、谨慎黏土（Cautious Clay）、声波（Sounwave）、泰勒·斯威夫特
制作人：杰克·安东诺夫、泰勒·斯威夫特

　　对许多美国人而言，英国口音具有一种无法抗拒的魅力。如果再配上一张英俊且带有酒窝的面孔，那么陷入爱河就变得轻而易举。《伦敦男孩》正是这样一首歌。这首歌以其轻松愉快的雷鬼流行风格，讲述了一段主人公搬到英格兰并和一个典型的英国人坠入爱河的浪漫故事。

　　歌词中，这段关系被描绘成典型的异性相吸——这位伦敦男孩与一个热爱斯普林斯汀[1]、威士忌和牛仔裤的女孩形成鲜明对比。歌曲中也细数了他们一起在伦敦体验的一系列趣味活动：在卡姆登市场和苏豪区漫步，享受下午茶，或是在酒吧里观看橄榄球比赛。泰勒在谈及创作这首歌时表示："我写下这首歌，就像是在说：'再见了，伙计们！我将在这儿待上很长时间。'"她透露，因为她的男友乔·阿尔文，她在大西洋的另一边度过了许多时光。[36]（她后来还阐明，《伦敦男孩》所描述的并非一天之内的密集活动，而是她"三年来的生活点滴。当有人告诉我，'他们认为你在讲述一天之内的事'，我回答：'哦不，那是不可能的。'"[37]）这首歌还巧妙地融入了多乐器演奏家谨慎黏土的《冷战》（Cold War）一曲的旋律，以及伊德瑞斯·艾尔巴朗读的开场白，为整首歌曲增添了更多层次和趣味。

1　斯普林斯汀（Springsteen）：全名布鲁斯·弗雷德里克·约瑟夫·斯普林斯汀（Bruce Frederick Joseph Springsteen），美国摇滚歌手、词曲创作者和吉他手。

很快你就会好起来(*Soon You'll Get Better*)(与南方小鸡乐队合作)

〔专辑收录曲〕

发行日期：2019年8月23日
创作者：杰克·安东诺夫、泰勒·斯威夫特
制作人：杰克·安东诺夫、泰勒·斯威夫特

泰勒对于自己的家庭生活向来守口如瓶，但2019年初，她公开了自己母亲安德烈娅癌症复发的消息。[38]泰勒说："每个人都深爱自己的母亲，每位母亲都极其重要。"她进一步解释道："然而对我来说，她不仅是母亲，更是我生命中的引路人。我几乎做每一个决定前都会先与她商量。所以，公开讨论她的病情对我来说意义重大。"[39]

在安德烈娅接受治疗期间，医生还发现了她患有脑瘤。泰勒坦言："脑瘤带来的症状与我们之前经历的癌症完全不同。""这对我们全家来说无疑是一段极其艰难的时光。"[40]

面对这样的现实，泰勒选择了她最擅长的方式来应对——创作音乐。她写下了《很快你就会好起来》这首歌。这首简洁的乡村民谣，以其深沉的情感，成为泰勒最令人动容的作品之一。歌词宛如一篇虔诚的

祈祷文，泰勒将她的悲伤、恐惧、焦虑和爱全部倾注其中，歌曲充满了对母亲康复的期望。

为了给这首歌增添更多的情感深度，泰勒邀请了她童年时期喜爱的乐队——南方小鸡乐队参与演唱。她们的和声如同一个温暖的拥抱，而班卓琴和小提琴的加入，则为这首歌带来了恰到好处的疗愈效果和优雅感。

假神 (*False God*)

专辑收录曲

发行日期：2019年8月23日
创作者：杰克·安东诺夫、泰勒·斯威夫特
制作人：杰克·安东诺夫、泰勒·斯威夫特

　　爱情的蜜月期终会过去，这对于那些习惯了甜蜜的人来说可能是个打击。《假神》便是这样一首层次丰富的歌曲，它借助宗教隐喻来探讨情感的起伏。（这在歌词中表现得极为巧妙：在第二段中，泰勒比喻说，爱意如同天堂，争执仿佛地狱，而和解过程则需要忏悔和寻求宽恕。）

　　一方面，这首歌曲是一个警示故事，它讲述了一种思维陷阱——将爱情视为信仰。美是神圣的，但不一定是你唯一应该崇拜的东西。此外，如果你对一切事物都不加以质疑，那么拥有信仰也会使关系变得更加复杂。然而，《假神》这首歌指出，尽管爱情可能并未达到偶像崇拜的地步，但这实际上是积极的，这样的爱情仍然值得去追寻。音乐风格与深刻的主题相得益彰，呈现出一种沉着且自省的氛围，这是一首融合了冥想般的爵士萨克斯风的R&B慢歌，由伊万·史密斯（Evan Smith）演奏，他也曾与圣文森特（即安妮·克拉克，《残夏》的共同创作者）有过合作。

对页：斯威夫特和她的母亲安德烈娅在2015年ACM颁奖典礼上领取里程碑奖

上图：2023年11月19日，在巴西里约热内卢的"时代"巡回演唱会上，斯威夫特又一次在雨中演出

你需要冷静下来 (*You Need to Calm Down*)

〔单曲〕

发行日期： 2019年6月14日（单曲）/ 2019年8月23日（专辑）
创作者： 乔伊·里特尔、泰勒·斯威夫特
制作人： 乔伊·里特尔、泰勒·斯威夫特
其他版本： 清洁盗贼乐队（Clean Bandit）混音版、《恋人》（巴黎现场版）

像许多名人一样，泰勒也引来了不少批评和抗议。除了对性别歧视和蛇的隐喻表达不满外，她还必须面对那些散布荒谬谣言的人。比如2013年，知名的反同性恋组织威斯特布路浸信会曾抨击她是"注定失败的美国的放荡面孔"，并威胁要在她的堪萨斯城演唱会场外抗议。[41]

随着《恋人》专辑的推出，泰勒显然已对这些无休止的非议感到厌倦，这一点在她的歌曲《你需要冷静下来》中得到了体现。这首歌以一种弹性十足、仿佛橡胶球在硬地上弹跳的节奏，直指那些无知之人和令人讨厌的仇恨者们，并毫不含糊地告诉他们——坐下、闭嘴、冷静一下。"第一段歌词是关于网络上的仇恨者和取消文化[1]的，"她解释说，"第二段是关于恐同者和那些在我们演唱会外抗议的人。第三段是关于成功女性被煽动而相互对立的情况。"[42]

这些尖锐的讽刺有时非常幽默：她将网络攻击比作一杯杯龙舌兰酒，并对一个早上七点开始就在互联网上嘲笑她的陌生人投以白眼。副歌部分同样令人愉悦，它将轻蔑隐藏在层层叠叠的彩虹般的和声之中——这是用甜蜜和善良"杀死"某人的经典手法。但她的歌词也传达了一个明确有力的信息：她提到了致力于支持和提升LGBTQ社区接受度的非营利组织"GLAAD"，并呼吁人们不要再对酷儿群体[2]抱有陈旧的观念。

在《你需要冷静下来》的音乐视频结尾，泰勒进一步强化了她的立场，分享了一份请愿书，呼吁美国参议院支持美国平等法案，这是一项旨在扩大民权法案，禁止基于性别认同和性取向的歧视的联邦立法。在一次采访中，当被问及为何她开始更加积极地倡导维护LGBTQ权利时，泰勒回答说："普遍上来说，权利正从每个人身上被剥夺，除了那些白人顺性别男性。我直到最近才意识到我可以为一个我不属于的群体发声。要克服害怕犯错的恐惧并不容易。"[43]正如《名誉》专辑中所展示的，她继续说："我的错误会被放大。当我犯错时，它在世界的峡谷中回响。它成为吸引大众点击的诱饵，是我生活故事的一部分，也是我职业生涯的一部分。"[44]幸运的是，《你需要冷静下来》已成为她职业生涯中的一个亮点：这首歌在"《公告牌》百强单曲榜"上排名第二，并让泰勒获得格莱美最佳流行独唱表演奖的提名。

对页：泰勒·斯威夫特在2019年MTV音乐录影带大奖上演唱了《你需要冷静下来》。这首歌曲的音乐录影带后来赢得了年度音乐录影带奖

下图：2019年7月10日，斯威夫特在亚马逊音乐主办的超级会员日音乐会上进行了表演

1　取消文化（Cancel Culture）：一种社会现象，指公众对某人或某实体的不当行为进行集体抵制或呼吁撤回对其的支持。
2　酷儿群体（Queer Community）：是一个包含不同性取向和性别认同的广泛社群，强调性别和性取向的多样性与流动性，反对传统性别二元论。

余晖 (*Afterglow*)

专辑收录曲

发行日期： 2019年8月23日

创作者： 路易斯·贝尔、亚当·金·费尼、泰勒·斯威夫特

制作人： 路易斯·贝尔、弗兰克·杜克斯、泰勒·斯威夫特

泰勒·斯威夫特的《回到十二月》或许是她最为人熟知的致歉之作，这多半是因为这是她在与演员泰勒·洛特纳分道扬镳后，才写出的歌。此歌为《爱的告白》专辑所作，如今备受听众喜爱。而本张专辑中的这首具有深沉的R&B/pop风格的曲目《余晖》，则展示了在一段长期稳定的关系中，道歉可能会变得非常复杂。歌曲伊始，叙述者便流露出悔意：由一场误会引发的激烈争吵让他们严重伤害了对方，随即他们进行了深切的道歉。然而，这场争执同样触发了深层次的自省；他们并不想结束这段关系，同时也在努力思索为何自己会破坏一段美好的关系。如同斯威夫特的许多歌曲一样，接下来的过渡衔接段为歌曲增添了更多层次：叙述者的不安全感涌现，他们请求伴侣给予保证，即使自己表现得不那么完美，这段关系仍能得以维系。歌中未被言说却显而易见的问题是，这段恋情能否在这些争执中幸存。我们无从得知确切的答案，但在歌曲的尾声，叙述者表达了一个愿望，希望他们能够在"余晖"中重逢——这是一个充满隐喻意味的幸福之地，与专辑中关于光明与重生的主题相呼应。

我！(*ME!*)（与布伦登·尤里合作）

单曲

发行日期： 2019年4月26日（单曲）/ 2019年8月23日（专辑）

创作者： 乔伊·里特尔、泰勒·斯威夫特、布伦登·尤里（Brendon Urie）

制作人： 乔伊·里特尔、泰勒·斯威夫特

其他版本： 《恋人》（巴黎现场版）

泰勒在《我！》这首歌的音乐视频拍摄现场领养了她的第三只猫——本杰明·巴顿·斯威夫特，也就是在她被《时代》杂志评为2023年度人物的照片中，被她扛在肩上的小猫。[45]这个小插曲为这首充满活力的歌曲带来了好运，它不仅在"《公告牌》百强单曲榜"上攀升至第二位，更作为《恋人》专辑的首发单曲，引领了一波热潮。"这首歌的主题是拥抱你的个性，并真正地热爱它，为它创作歌曲，"泰勒解释说，"我相信，通过流行音乐，我们有能力让人们心中回响某种旋律，我希望这旋律能让他们有更良好的自我感觉。"[46]然而，泰勒强调了一个重要的区别："显然，有很多歌曲都在说'我很特别'，但我近年来没有听到一首是在说'我很特别，因为我是我'。"[47]与"恐慌！在迪斯科舞厅"乐队的主唱布伦登·尤里的合作，为这首歌曲增添了更多戏剧性和魅力。尤里以其独特的舞台表现力，为《我！》带来了他独有的光彩。"我对布伦登的赞美之词溢于言表，"斯威夫特说道，"我希望他能成为我们共同生活的美丽新世界的领袖。他真是一个了不起的人。"[48]

对页：在2019年《公告牌》音乐奖颁奖典礼上，布伦登·尤里（左）与泰勒·斯威夫特共同演绎了《我！》

有个朋友真好 (*It's Nice to Have a Friend*) 专辑收录曲

发行日期：2019年8月23日
创作者：路易斯·贝尔、亚当·金·费尼、泰勒·斯威夫特
制作人：路易斯·贝尔、弗兰克·杜克斯、泰勒·斯威夫特

　　回过头来看，《有个朋友真好》让人感觉斯威夫特预示了她在《民间故事》（folklore）和《永恒故事》（evermore）中所走的那种唤起情感的方向。这首歌曲采样自弗兰克·杜克斯与多伦多丽晶公园音乐学院的学生们共同录制的《南国之夏》（*Summer in the South*）[49]，其特色是萦绕人心的和声、细腻脆弱的竖琴旋律，以及如轻风拂过的钢鼓声。一段孤独的小号独奏在曲中响起，为这首作品增添了一抹超凡脱俗的氛围。

　　《有个朋友真好》的另一亮点在于它缺少了泰勒标志性的副歌或过渡衔接段。"创作一首只有诗节的歌曲是一种乐趣，"她坦承道，"因为每当我坐下来写歌，我全身的每一个细胞都在渴望创作副歌——'好的，是时候创作副歌了，我们来创作副歌吧。'"[50]这种安排恰到好处，因为这首歌讲述的是找到一个可以分享一切的浪漫伴侣的甜蜜故事。"我喜欢那些具有多重含义的隐喻，"泰勒说，"我认为我喜欢的想法是，在一张名为《恋人》的专辑中，能体现出我们都渴望爱情，我们都希望找到一个能与我们共同欣赏风景、聆听声音、体验生活的伴侣。"[51]她将这种伴侣比作亲密的童年朋友——那种你能够轻松交流、在他人身上找不到的特别联系。"我们只是在寻找这样的关系，"她补充说，"作为成年人，我们仍然渴望无尽的火花。"[52]

曙光 (*Daylight*) 专辑收录曲

发行日期：2019年8月23日
创作者：泰勒·斯威夫特
制作人：杰克·安东诺夫、泰勒·斯威夫特
其他版本：《恋人》（巴黎现场版）

　　泰勒以一曲温馨宁静的《曙光》为《恋人》这张专辑画上句号，这首歌曲柔和而充满希望，宛如天空渐渐放亮，迎接灿烂的日出，这得益于稳定的节奏和渐强的波光粼粼的键盘旋律。歌词中，斯威夫特反思了新的起点和更加灿烂的日子，以及她在这几年里对自己的深刻认识。她巧妙地在《曙光》中运用了一些自我参照的歌词来展现这种成长。比如，她引用了自己早期的歌曲《红》，指出她现在意识到爱情的本质是金色而非红色。泰勒还回顾了自己从《名誉》专辑以来的旅程。"我写《曙光》是想表达，对我来说，《名誉》在美学和主题上就像是一个漫长得难以置信的夜晚，充满了暴风雨、火山爆发、洪水、飓风、冰雹、龙卷风、无尽的火焰，甚至小行星的撞击。"她解释道。[53]然而，她从这段艰难经历中得出的结论是："提醒自己顺其自然，即使目前还做不到放手，也是一种有益的尝试。"[54]换言之，你永远不知道转角处会有什么惊喜——即使在最黑暗的日子里，也能找到希望的光芒。"即使在你生命中最糟糕的时刻，你也能找到爱，"她说道，"在最艰难的时刻，你也能找到友情。在那些真正糟糕的时刻，你能找到生命中最美好的事物，而这些时刻终将成为过去。"[55]

对页：在巴黎奥林匹亚举行的"恋人之城"音乐会上，斯威夫特的演出曲目覆盖了她整个音乐生涯

圣诞树农场 (*Christmas Tree Farm*)

单曲

发行日期：2019年12月6日

创作者：泰勒·斯威夫特

制作人：吉米·纳普斯、泰勒·斯威夫特

其他版本：复古版、2019现场版

　　泰勒在12月出生，她对圣诞节的喜爱不言而喻。她对这个季节的热爱还有着另一层特殊的原因：童年时，她生活在宾夕法尼亚州乡村的一个圣诞树农场，那里由她的父亲斯科特照料。"打理农场是他的兴趣，"她回忆道，"他会提前四个小时起床，驾驶拖拉机去田野里割草。"[56]而斯威夫特则忙于从树上摘除螳螂的卵荚，防止它们孵化。这些温馨的儿时记忆，最终汇聚成了《圣诞树农场》这首歌——一首带有爵士风情、如雪花球般动人的歌曲，捕捉了在节日里陷入爱河的那份感觉。歌曲伊始，弦乐跳跃着，宛如飘舞的雪花，随后引入了冬日特有的元素，如雪橇铃铛和雄壮的合唱团。斯威夫特以满腔的热情演绎这首歌曲，她的声音中洋溢着节日的喜悦："这是关于你在城市中感到焦虑，生活似乎陷入低谷，但你内心却有一片圣诞树农场的歌曲。"[57]这首歌不仅是对过往美好时光的追忆，也是对节日精神的一次温暖致敬。

美丽幽灵 (*Beautiful Ghosts*)

推广单曲

发行日期：2019年11月15日（推广单曲）/ 2019年12月20日（电影原声带）

创作者：泰勒·斯威夫特、安德鲁·洛伊德·韦伯[1]

制作人：汤姆·霍伯、安德鲁·洛伊德·韦伯、格雷格·威尔斯

　　泰勒·斯威夫特在2019年电影《猫》（*Cats*）的翻拍版中担任演员，这并不出人意料——毕竟，她对猫科动物的喜爱众所周知。尽管这部电影本身并未获得广泛好评，但斯威夫特为电影创作的原声带歌曲《美丽幽灵》却荣获金球奖（最佳原创歌曲）和格莱美奖（最佳视觉媒体创作歌曲）的提名。这首歌曲气势磅礴，由完整的管弦乐队伴奏，歌词从一位年轻人的角度出发，她好奇自己是否也会迎来辉煌的日子，斯威夫特描述说："当看到其他人找到归属感，她也心生渴望。"[58]

　　泰勒与音乐剧大师安德鲁·洛伊德·韦伯共同创作了这些歌词，韦伯不仅为1981年原版《猫》的百老汇音乐剧创作了音乐，也为这首歌谱曲。"这是电影中为数不多令人愉快的经历，"他回忆道，"这可能是最愉快的一段经历。"[59]韦伯称赞斯威夫特是"真正的专业人士"，并对她深入的研究表示钦佩：她钻研了T.S.艾略特[2]的诗集《实用猫书》（*Old Possum's Book of Practical Cats*），这本书是《猫》的灵感来源。"她抓住了T.S.艾略特作品的精髓，"韦伯评价道，"这绝不是随意拼凑的歌词。"[60]

1　安德鲁·洛伊德·韦伯（Andrew Lloyd Webber）：英国作曲家和音乐剧经理。他的几部音乐剧在伦敦西区和百老汇上演了十多年。迄今为止，他创作了21部音乐剧、一部声乐套曲、一组变奏曲、一首拉丁安魂曲，并为两部电影配乐。

2　T.S.艾略特（Thomas Stearns Eliot，1888—1965）：出生于美国密苏里州圣路易斯，后加入英籍。诗人、剧作家和文学批评家，是现代主义文学的重要代表，以作品《荒原》和《老人河》著称，1948年获得诺贝尔文学奖。

年轻无极限 (*Only the Young*)

推广单曲

发行日期：2020年1月31日
创作者：乔伊·里特尔、泰勒·斯威夫特
制作人：乔伊·里特尔、泰勒·斯威夫特

与《美国小姐与心碎王子》一样，泰勒在2018年美国中期选举后创作了这首合成器流行歌曲《年轻无极限》。

首先，她对马莎·布莱克本在田纳西州当选为美国参议员感到不满；泰勒实际上支持的是布莱克本的竞选对手——民主党人菲尔·布雷德森。但她也因为"有那么多年轻人为他们支持的候选人——无论是参议员、国会议员还是众议员——而聚集起来"，但他们的努力并没有得到应有的回报而感到沮丧，泰勒说："看到这么多人，感到他们已经做了宣传，做了一切，并且非常努力，可结果却令人感到失望，这很让人难过。我看到许多年轻人的希望破灭了。"[61]她补充说，这尤其令人感到悲伤，因为这个群体"是受来自枪支暴力、学生贷款、生活迷茫、账单压力、气候变化，以及我们是否要开战——所有这些我们目前正面临的可怕情况的困扰最严重的人"。[62]歌词直面这种失望、绝望和幻灭感，同时鼓励年轻人动起来，开始做出改变。恰到好处的是，伴唱来自共同创作者、共同制作人乔伊·里特尔的年轻女儿们——这是为了鼓励年轻人而加入的一点青春乐观主义。

对页：斯威夫特在2019年百老汇音乐剧《猫》的电影翻拍版中扮演了一只猫

上图：斯威夫特的2020年纪录片《美国小姐》（*Miss Americana*）记录了她舞台生活背后脆弱的一面

08

"民间故事"时期

　　泰勒·斯威夫特总是习惯用隐秘的线索和谜题让粉丝们充满期待——然而在2020年中期，她却毫无预兆地通过惊喜发布她的第八张录音室专辑《民间故事》（folklore）而超越了自我。"若在往年，我可能会深思熟虑，寻找一个'完美'的时机来发布这些音乐，但我们所经历的时代不断提醒我，没有什么是确定不变的，"泰勒在专辑发布后表达了自己的想法，"我的直觉告诉我，如果你创造了你所爱的东西，就应该毫不犹豫地将它分享给世界。"[1]这张带有独立音乐倾向的专辑，是泰勒与杰克·安东诺夫、国家乐队的亚伦·德斯纳以及她当时的伴侣乔·阿尔文共同打造的，本张专辑最终荣获了格莱美奖的年度专辑大奖。

第一 (*the 1*¹)

[单曲]

发行日期： 2020年10月9日（德国单曲）/ 2020年7月24日（专辑）
创作者： 亚伦·德斯纳、泰勒·斯威夫特
制作人： 亚伦·德斯纳
其他版本：《民间故事：长池录音室》现场版

在2020年4月，泰勒向才华横溢的多乐器演奏家亚伦·德斯纳发出了一个令人心动的邀请。"我收到了一条短信，上面写着：'嗨，我是泰勒。你是否愿意和我一起创作歌曲？'"德斯纳回忆道，"我回答说：'哇，当然愿意。'"[2]

这对搭档早已在2014年初的《周六夜现场》相遇，并深深欣赏彼此的作品。斯威夫特欣赏德斯纳所在的国家乐队，而德斯纳则对斯威夫特的专辑《1989》赞不绝口。"我记得我感觉到泰勒是那种极为罕见的、天赋异禀的歌手和创作者。"他说道。[3]

在与斯威夫特的合作中，德斯纳对她的才华更是印象深刻。他们两人最终联手为《民间故事》专辑创作了九首歌曲，包括充满怀旧色彩的开篇之作《第一》。这首歌曲是专辑中最后创作和录制的曲目之一，它有着一种超凡脱俗的气息，这得益于德斯纳的兄弟——国家乐队的成员布莱斯所创作的庄重的钢琴音和细腻的管弦乐编排。

《第一》以第一人称的视角向前任描述自己的生活状态——勇于冒险，尝试新事物，同时回忆了那些未曾实现的可能性。泰勒确认了对这首歌的解读，并指出《第一》对她个人而言还具有恰当的"双重含义"："这也代表着我目前在创作上的态度，就像是在说：'我愿意尝试一切新事物。'"[4]

上图和对页：《民间故事》在新型冠状病毒性肺炎大流行期间发布，终于在"时代"巡回演唱会上得到了应有的展现。斯威夫特穿着不同颜色的透明阿尔伯塔·费雷蒂礼服，为观众带来《民间故事》中的七首歌曲。有时，她会在（舞台上放置的）一个仿造的乡村小屋中演唱，这座小屋在2021年格莱美奖颁奖典礼上也出现过

---

1 在《民间故事》与《永恒故事》这两张专辑中，歌名全部采用英文字母的小写形式，本书遵循原歌名的书写格式，不做改动，后同。——编者注

羊毛衫（*cardigan*）

单曲

发行日期： 2020年7月27日（单曲）/ 2020年7月24日（专辑）
创作者： 亚伦·德斯纳、泰勒·斯威夫特
制作人： 亚伦·德斯纳
其他版本： 烛光中的小屋版、《民间故事：长池录音室》现场版

泰勒·斯威夫特与亚伦·德斯纳的合作迅速擦出了创意火花，他们通过网络交换着各种音乐素材。德斯纳拥有一个装满各种音乐创意的文件夹，而泰勒则渴望探索"所有在一刹那吸引我的有趣事物，包括那些奇异的、实验性的声音"，德斯纳回忆说，他最初发送给斯威夫特的素材中包含了"一些相当前卫的草稿"。[5]

仅仅用了五个小时，泰勒便完成了《羊毛衫》的样带，这首歌不仅在首周便登顶"《公告牌》百强单曲榜"，更获得了格莱美奖年度歌曲和最佳流行独唱表演的提名。"这首歌最初叫'枫树'，"德斯纳后来透露，"基本上就是现在唱片上的样子，只是我们后来加上了我弟弟创作的管弦乐部分。"[6]

《羊毛衫》是一首充满幽灵般氛围的曲子，宛如一部闪烁的用"超级8"摄影机自制的老电影，为整张专辑《民间故事》奠定了音乐的基调。深沉的钢琴声和绵延的"神游嘻哈（trip-hop）"节奏，为合成器、大提琴、小提琴和长号编织出的紧密音乐背景增添了一抹忧郁。泰勒在这首歌中化身为一个富有同情心的叙述者，讲述的并非她个人的回忆，而是一个充满情感起伏的虚构故事。"这首歌是关于一段早已逝去的爱情，"她透露，"以及回望时它带给你的所有特别感受，那些美好的、痛苦的瞬间。"[7]

《羊毛衫》恰到好处地融入了《民间故事》更广泛的主题和典型元素中。"在这张专辑中，我特意在歌词中埋藏了彩蛋，而不仅仅是在视频中，"泰勒说，"我创造了角色的发展和重复出现的主题，这些都描绘了谁在唱关于谁的故事。"[8] 她补充说，其中最引人入胜的一个情节出现在她所说的"青少年三角恋"的三首歌中，这三部曲"从三个不同人物在他们生命中不同时期的视角探索了一个三角恋的故事"。[9]

粉丝们很快锁定了《羊毛衫》是"三部曲"的其中之一，而其余两首是《贝蒂》（*betty*）和《八月》（*august*）。泰勒后来证实了这一猜测，解释说《羊毛衫》是从一个叫贝蒂的人的视角叙述的："我脑海中的情景是，《羊毛衫》是以贝蒂在20到30年后回顾这段动荡爱情时的视角展开的。"[10] 泰勒虽然轻描淡写，一笔带过，但此曲的内涵绝不仅如此。《羊毛衫》细致地描述了那些善意的举动——比如，歌词中将自尊心的提升比作从卧室地板上拾起旧毛衣——同时也记录了当伴侣离开时留下的伤痕。然而，到了歌曲的结尾，这个人的归来为这段错综复杂的爱情故事埋下了伏笔，并预示了专辑后续部分将展开的更多情节。

最后一个辉煌的美国王朝 (*the last great american dynasty*)

〔专辑收录曲〕

发行日期： 2020年7月24日
创作者： 亚伦·德斯纳、泰勒·斯威夫特
制作人： 亚伦·德斯纳
其他版本：《民间故事：长池录音室》现场版

在21世纪10年代初期，泰勒曾考虑购置位于罗德岛的宏伟豪宅——高望山庄（High Watch）。当她游览这处面朝大海的房产时，房产经纪人向她讲述了前业主——丽贝卡·韦斯特·哈克尼斯（Rebekah West Harkness），一位打破传统的女富豪和慈善家的故事。

丽贝卡来自圣路易斯，20世纪40年代末与丈夫威廉·"比尔"·哈尔·哈克尼斯（William "Bill" Hale Harkness）一同搬至此地。比尔的家族在标准石油公司拥有股份，1954年比尔去世后，丽贝卡保留了这座当时被称为"假日之屋"的豪宅。据众多报道，她在这里过着一种狂野而迷人的生活。[11]

受到启发，泰勒在2013年买下高望山庄后开始研究丽贝卡的生平。随着对丽贝卡一生的探索，泰勒现在甚至能够自信地在带领朋友参观山庄时分享"关于每个房间的不同逸事"。[12]随后几年，泰勒也继承了丽贝卡的传统，开始在山庄内举办高端派对，引起媒体极大的兴趣。"随着我们两个生活之间更多的相似之处开始显现——我们都是'住在山上的那所房子里，每个人都可以八卦的女士'——我总是在寻找把她写进歌里的机会，"泰勒说，"我终于找到了。"[13]

在音乐上，《最后一个辉煌的美国王朝》有着令人愉悦的组合，融合了错落有致的节奏和繁复的器乐演奏。"这是一次尝试写一些吸引人的、更快节奏并且有点推动性的东西，"德斯纳说，并补充说电台司令乐队（Radiohead）对他产生了影响，"我也对这种几乎类似于《彩虹之中》（*In Rainbows*）专辑的电吉他元素很感兴趣。"[14]从歌词上看，《最后一个辉煌的美国王朝》也是泰勒最好的歌曲之一，因为它讲述了丽贝卡的故事，称颂了一位敢于挑战社会期望的女性。

尽管歌词在事实上略有出入——据说丽贝卡是把一只猫染成了绿色，而不是如歌中描述的狗[15]——但她奢华生活的一些细节是真实的。例如，丽贝卡确实最终成为芭蕾舞团的赞助人，她的丈夫比尔死于心脏病，她的朋友们被称为"一群混蛋"，她与画家萨尔瓦多·达利有交情。

"当一个女人拥有自己的欲望和野性时，这可能是社会真正感到不安的时刻，"泰勒说，"我喜欢这样的想法，即这位女士沉溺在自己的自由中太快乐了，以至于她甚至不在乎自己是否引起了轰动、引起了关注，或成了镇上的话题。她认为有美好的时光要享受，这更重要。"[16]

在歌曲的结尾，泰勒打破了第三人称叙述，宣布她买了这座声名狼藉的房子。这种巧妙的视角转变增加了一种有趣的转折，特别是因为泰勒随后用第一人称重复了一些关于丽贝卡的歌词，强调"她非常享受把事情搞得一团糟"。当然，这并不是两位女性之间唯一的相似之处。到1955年，丽贝卡已经开始每天练习六小时钢琴并作曲；在那一年，卡内基音乐厅首演了她的一部名为《漫游》（*Safari*）的音诗。

丽贝卡（也被人们称为"贝蒂"）为此感到非常自豪。"我认为我在音乐上的工作和职业女性在工作上的努力一样，"她说，后来又补充说，"自从我五年前开始认真学习音乐以来，我就有一个抱负。我想写一些能够延续的东西，一些将被记住的东西。"[17]

对页：斯威夫特在2021年摇滚名人堂入会仪式上与卡洛尔·金共同演唱了他们一起创作的歌曲《明天你还会爱我吗》（*Will You Love Me Tomorrow*）

上图：丽贝卡·韦斯特·哈克尼斯的照片，摄于1966年

流亡 (*exile*)(与美好冬季乐队¹合作)

发行日期： 2020年8月3日（单曲）/ 2020年7月24日（专辑）
创作者： 威廉·鲍威瑞（乔·阿尔文的笔名）、泰勒·斯威夫特、贾斯汀·弗农（Justin Vernon）
制作人： 乔·阿尔文、亚伦·德斯纳
其他版本：《民间故事：长池录音室》现场版

　　鉴于在疫情期间，许多情侣不得不在家共度时光，泰勒与当时的男友乔·阿尔文在《民间故事》中合作也就不足为奇了。（他选择了"威廉·鲍威瑞"作为他的创作笔名。）

　　他们共同创作的作品中，有一首特别引人注目的歌曲——《流亡》。这是一首由美好冬季乐队的主唱贾斯汀·弗农参与的二重唱，后获得格莱美奖提名，以其深沉、钢琴主导的旋律和感人至深的歌词著称。在歌曲的第一段中，弗农以一位男性的视角，唱出了他在公共场合目睹前女友拥抱另一个男人后所感受到的伤害和产生的嫉妒。泰勒解释说，《流亡》这首歌是关于"关系中的误解，以及这些误解如何导致关系的终结"。她补充道："即使在他们的关系结束，即使在他们分手后，他们仍然无法真正听到对方的声音。"[18]这首歌曲在情感上达到了高潮，弦乐部分充满了痛苦和哀伤。泰勒和弗农的声音在歌曲中相互交织，虽然重叠，却从未完全同步，恰如其分地表达了处于这段失败关系中的情侣的复杂情感。

1　美好冬季乐队（Bon Iver）：美国独立民谣乐队，由创作歌手贾斯汀·弗农于2006年创立。"Bon Iver"这个名字源于法语短语"bon hiver"，意思是"美好的冬天"。

泪水滴落 (*my tears ricochet*)

发行日期：2020年7月24日

创作者：泰勒·斯威夫特

制作人：乔伊·里特尔、杰克·安东诺夫、泰勒·斯威夫特

其他版本：《民间故事：长池录音室》现场版

〔专辑收录曲〕

在《民间故事》专辑中，泰勒精心挑选了自己生活中的片段进行创作。《泪水滴落》这首歌的部分歌词虽受2019年深刻描绘婚姻破裂的故事的电影《婚姻故事》（*Marriage Story*）的启发，但歌曲的基调和主题同样深受泰勒个人经历的影响——她的前唱片公司大机器唱片的创始人斯科特·博切塔（Scott Borchetta）将她前六张专辑的版权出售给了音乐经理斯库特·布劳恩。

这首歌是泰勒为《民间故事》专辑创作的第一首歌曲，它表达了被背叛后情感上的挣扎，歌词在愤怒、迷茫、复仇和悲伤之间转换。"我对任何关于离婚的故事、电影或叙述都变得异常敏感，这让我感到诧异，因为我没有直接经历过离婚，"泰勒说，"它本不应给我带来如此多的痛苦，但突然之间，这感觉就像是我自己经历过一样。"[19]《泪水滴落》听起来像是一首庄严的葬礼挽歌：丰富的风琴声和教堂合唱团的和谐声音逐渐升级为令人悲痛的乐段，由痛苦的声线和跳跃的节奏驱动。

对页：在"民间故事"和"永恒故事"的时期，斯威夫特与美丽冬季乐队的贾斯汀·弗农合作，后者在2019年伦敦"全部向东"音乐节（All Points East Festival）的维多利亚公园北舞台上担任压轴表演者

右图：2021年，斯威夫特以一篇深情的演讲，将她的偶像卡洛尔·金引入摇滚名人堂

镜面球 (*mirrorball*)

发行日期：2020年7月24日
创作者：杰克·安东诺夫、泰勒·斯威夫特
制作人：杰克·安东诺夫、泰勒·斯威夫特
其他版本：《民间故事：长池录音室》现场版

在疫情迫使巡演活动戛然而止之前，泰勒·斯威夫特原本计划开启一场名为"情人狂欢"（Lover Fest）的短期全球巡演，这包括了一系列音乐节的演出和体育馆的演唱会。然而，当2020年的音乐会因疫情被迫取消时，她迅速转变方向，投身于创作之中，并写下了作品《镜面球》。

歌词中间接提及了封锁——在桥段中，斯威夫特描绘了马戏团表演取消后，马和小丑归家的情景——尽管这首歌的内涵远不止于此。她巧妙地利用反射镜球在光线下产生的迷人图案作为比喻，探讨了公众与私人自我的不断变化，以及我们在不被照亮时的真实行为。泰勒解释说："这是一种对名人的隐喻，但它也适用于许多人，他们感觉自己必须为某些人而存在，感觉必须为不同的人展现不同的自我。"[20]

当泰勒首次听到《镜面球》的伴奏带时，她脑海中立即浮现出一个生动的场景——孤独的迪斯科球在闪烁，霓虹灯标志下，人们在酒吧旁畅饮啤酒，舞池中零星的舞者随着音乐起舞，仿佛在一个你从未踏足的小镇上，于月光下体验着一种孤独的悲伤。这首歌曲的音乐同样传递出一种孤独的氛围，灰暗的吉他线条和孤独的风琴声为这首歌创造了一个引人深思的基调。

七 (*seven*)

发行日期：2020年7月24日
创作者：亚伦·德斯纳、泰勒·斯威夫特
制作人：亚伦·德斯纳
其他版本：《民间故事：长池录音室》现场版

泰勒·斯威夫特将《民间故事》专辑描述为"满怀渴望与逃避现实之作"，她说道："它既悲伤又美丽，带着一丝悲剧色彩，宛如一本满载着意象与故事的照片簿。"[21]在这张专辑中，几乎没有哪首歌曲能比《七》更贴切地反映出这样的情感，它是亚伦·德斯纳在《民间故事》专辑中与斯威夫特合作的第二首作品。

《七》是一首旋律优美的曲子，其尖锐的弦乐与沉静的钢琴音让人联想到托里·阿莫斯在21世纪初期的音乐风格，它温柔地触及了童年时光的边缘——那个孩子们依旧纯真无邪，尚未被生活磨平棱角的时期。斯威夫特在歌曲中偶尔以一种细腻的、高音区的嗓音演唱，这种声音带着孩童般的纯真，仿佛她的歌声穿越了时空，回到了那个无忧无虑的年代。

尽管歌曲中提到了如夏日里的甜茶等美好的记忆，但《七》讲述的却并不完全是一个快乐的故事。在过渡衔接桥段中，泰勒以一个孩子的视角，描述了自己试图拯救一个总是哭泣或因家庭困境而躲藏的朋友。这个孩子天真地以为她的朋友住在一个鬼屋中——这就是她父亲如此愤怒的原因——并提议她们可以一起生活，成为海盗，远离现实的痛苦。

更令人动容的是，泰勒在歌词中反复强调爱情的永恒，仿佛这些歌曲能够像民谣一样代代相传。"这张专辑的目的，就是传递和纪念爱情、童年和记忆，"德斯纳说，"这是一种'民间故事'式的处理方式。"[22]

对页：在"时代"巡演的"民间故事"部分，斯威夫特以一段朗诵开场，这段朗诵融合了《1989》专辑中的《狂野之梦》和《民间故事》专辑中《七》的歌词，为观众带来了一场沉浸式的音乐体验

八月 (*august*)

发行日期： 2020年7月24日

创作者： 杰克·安东诺夫、泰勒·斯威夫特

制作人： 乔·阿尔文、杰克·安东诺夫、泰勒·斯威夫特

其他版本：《民间故事：长池录音室》现场版

在泰勒·斯威夫特的《民间故事》专辑中，《八月》作为三部曲中的第二篇章，细腻地描绘了《羊毛衫》中已暗示过的故事细节。在前曲中提及的神秘人物——我们得知他的名字是詹姆斯，这个名字来源于泰勒好友瑞安·雷诺兹和布莱克·莱弗利的女儿——与名为奥古斯丁或奥古斯塔的人经历了一段发生在夏日的短暂恋情。[23]尽管深陷爱河，但她清楚这段关系是短暂的；事实上，詹姆斯最终回到了贝蒂身边，为三部曲的最后一曲（《贝蒂》）和整个故事的完结奠定了基础。

《八月》是三部曲中泰勒最先创作的一首歌，她说："杰克给我发送一首歌的伴奏带，我几乎就当场就完成了歌词，这是一种由直觉引导的创作。"[24]这首歌曲以其错综复杂的梦幻流行风格，有一种类似极地双子星乐队（Cocteau Twins）演唱风格的朦胧氛围，从奥古斯丁的视角出发，表达了对这段复杂情感的深刻同情。"她看起来像个坏女孩，但实际上并非如此，"泰勒说，"她是一个敏感的人，因他坠入爱河，她试图表现得不在乎，这是一种女孩们常有的伪装。"[25]

任何曾在关系中感到不确定的人在听这首歌时都能产生共鸣——奥古斯丁承认她为了这段短暂的恋情牺牲了自己的需求和愿望，并带着一丝犹豫询问是否能与詹姆斯保持联系。泰勒补充道："那种认为是坏人或情敌夺走了你的男人的想法，实际上是一种彻底的误解，因为情况通常并非如此。每个人都有感情，每个人都渴望被看见和被爱，奥古斯丁所追求的也只是爱。"[26]

我已经在努力了 (*this is me trying*)

发行日期： 2020年7月24日

创作者： 杰克·安东诺夫、泰勒·斯威夫特

制作人： 乔·阿尔文、杰克·安东诺夫、泰勒·斯威夫特

其他版本：《民间故事：长池录音室》现场版

《我已经在努力了》是一首充满同情心且柔和的摇滚乐曲，它延续了"名誉"时期的某种情感，其诗句中塑造的角色在面对严峻挑战时寻求着宽恕。首段歌词描绘了一个深陷于"生活危机"的人物，他们感到自己"一直在让每个人失望"，泰勒如此描述道。[27]这类人曾严肃地考虑过结束自己的生命，但最终放弃了这个念头，转而向他们信任的人寻求帮助。第二段歌词讲述了一个与瘾症斗争的人，他正竭尽全力保持清醒，并努力纠正过去的行为。"每天每分每秒，你都试图不重蹈覆辙，"泰勒说，"但你周围的人看不到你的努力，也没有人因此而赞扬你。"[28]过渡衔接段中，一个人物试图克服被前任困扰的阴影，勇敢地走进公众视野。泰勒回忆创作时的思考："我当时在想：'国家乐队会怎么做？''马特·伯宁格（Matt Berninger）会写出什么样的歌词？国家乐队会演奏什么样的和弦？'"[29]即使在表达更为严肃的主题时，她内在的独特个性依旧清晰可见。泰勒分享了与合作者亚伦·德斯纳的交流："我后来把这首歌放给亚伦听，他说：'我们不会那样做的。'""他还说：'我喜欢那首歌，但它和我们乐队处理音乐的方式完全不同。'"[30]

对页：斯威夫特在"时代"巡演的"民间故事"部分深情演唱

不法之恋 (*illicit affairs*)

专辑收录曲

发行日期： 2020年7月24日

创作者： 杰克·安东诺夫、泰勒·斯威夫特

制作人： 杰克·安东诺夫、泰勒·斯威夫特

其他版本： 《民间故事：长池录音室》现场版

　　泰勒在谈及《民间故事》时坦言："这是我首次放手，不再追求歌曲100%的自传性质。"她对专辑能够"凭借其自身的价值而存在"，而不仅仅是因为"哦，人们听它是因为能从中得知小报上的八卦"感到欣慰。[31]这番感慨在她演唱《不法之恋》之前发表，这首歌描写了经由不忠引发的复杂情感，更像是一篇引人入胜的短篇小说。歌词从一个出轨者的视角出发，揭示了禁忌恋情的激情已逐渐消逝；然而，叙述者承认，他们发现自己对秘密伴侣（及其情感）依旧无法抗拒，这引发了种种令人沮丧和困惑的情感。"这似乎是专辑中真正具有民谣特质的歌曲之一，一首充满智慧的叙事民谣，"德斯纳评价道，"它展现了泰勒的多才多艺和她作为创作者的功力，以及她犀利的笔触。"[32]

隐形的线 (*invisible string*)

专辑收录曲

发行日期： 2020年7月24日

创作者： 杰克·安东诺夫、泰勒·斯威夫特

制作人： 杰克·安东诺夫、泰勒·斯威夫特

其他版本： 《民间故事：长池录音室》现场版

　　《隐形的线》这首精致情歌，宛如一张珍贵的古董唱片，在手摇留声机上缓缓旋转。这份复古之感，得益于其简约而深情的音乐编排：以拨弦弹奏为主，搭配泰勒那仿佛耳语般的嗓音。"仅用一把吉他演奏，它便拥有了情感的流动，一种我极为倾慕的冥想式拨弦模式，"德斯纳如是说，"它在吉他上安装了橡胶桥[1]，这种装置可以减弱琴弦的振动，让声音听上去更为古老。它的核心，宛如一首民谣。"[33]在歌词创作上，泰勒巧妙地运用了"隐形的线"这一反复出现的意象，讲述了两个人在未知世界中相互绕圈，最终因这条线而相遇，生活轨迹得以交会的故事。这首歌因此成了"对一段关系唯美起源的直接而深情的叙述"，德斯纳这样描述道。[34]泰勒在歌曲中对个人成长的深刻认识尤为感人，如她在第三节中所表达的，她已经从过去对前任怀有冷漠怨恨，转变为向他们的孩子们赠送礼物，展现了她对过往关系的宽容以及她的成熟。

1　橡胶桥（rubber bridge）：一种安装在吉他上的橡胶装置，橡胶材料会接触琴弦以干扰振动的传递。

疯女人 (*mad woman*)

专辑收录曲

发行日期：2020年7月24日
创作者：亚伦·德斯纳、泰勒·斯威夫特
制作人：亚伦·德斯纳
其他版本：《民间故事：长池录音室》现场版

　　《疯女人》这首歌，正如其名，充满了对个人受到冒犯的愤怒，并揭示了在试图反击和自我辩护时所面临的两难境地。泰勒说："作为一个女性，最令人愤怒的是，几个世纪以来，我们一直被期望默默忍受男性的行为，这种情感控制真的让人难以忍受。"[35]她补充道："往往当我们以一种开明和勇敢的态度，回应某些男性恶劣的行为，或者是某些人完全越界的事情时，我们的回应本身却被视为一种冒犯的行为。"[36]这首歌还因泰勒首次在歌词中使用粗口而引人注目。她说："我感觉到这时用这个词是很恰如其分的，随着故事情节发展自然而然地发生。如果故事情节和语言相匹配，你最终说出了那句脏话，那就大胆说出来。"[37]与尖锐的歌词形成鲜明对比的是，这首歌的旋律部分却显得温和而凄凉，就像从上了发条的音乐盒中流淌出的忧郁钢琴声，给人以深刻的情感体验。

顿悟 (*epiphany*)

专辑收录曲

发布日期：2020年7月24日
创作者：亚伦·德斯纳、泰勒·斯威夫特
制作人：亚伦·德斯纳
其他版本：《民间故事：长池录音室》现场版

　　《顿悟》一曲最初是泰勒为她的祖父迪恩所作。他是一位"二战"老兵，曾在战场上目睹了无数次激烈的交火和惨重的伤亡，这些经历对他的人生产生了深远的影响。泰勒回忆道："我父亲经常讲述这样一个故事，每当有人询问他的父亲，'您为何总是对生活抱有如此积极的态度？'时，我的祖父总是回答：'因为我本不应在此。我本不该活着。'"[38]在《顿悟》这首歌中，泰勒将祖父的"二战"经历与在新型冠状病毒疫情期间冒着生命危险的医护人员的体验进行了深刻的对比。她表示："如果他们能够从这场灾难中幸存下来，如果他们能够看到另一面，他们将带着许多创伤。""他们将目睹一些永远无法从心里抹去的场景。"[39]恰如其分地，《顿悟》以其荒凉如冻原的氛围，孤独的号角和弦乐声，表达了一种庄重而深沉的情感。

贝蒂 (*betty*)

发行日期：2020年8月17日（乡村音乐单曲）/ 2020年7月24日（专辑）

创作者：威廉·鲍威瑞、泰勒·斯威夫特

制作人：乔·阿尔文、杰克·安东诺夫、亚伦·德斯纳、泰勒·斯威夫特

其他版本：第55届乡村音乐学院奖现场演出、《民间故事：长池录音室》现场版

　　民谣三部曲的终章《贝蒂》以17岁的詹姆斯的视角展开，他刚结束了夏日的短暂恋情，回到学校，处于一种防御状态——因为贝蒂发现了他的不忠，并因此感到非常不快。

　　《贝蒂》这首歌主要讲述了詹姆斯试图通过一些不明智的告白举动来赢回贝蒂的芳心——他声称尽管整个夏天都与别人保持暧昧的关系，但他一直在想念贝蒂，并且经常以无知为由为自己的行为辩护，并在公共场合进行一些声势浩大的告白——他出现在一个派对上，询问她是否愿意重新接纳他。最终，他们达成了和解。

　　泰勒与乔·阿尔文意外地共同创作了这首歌。她说："我听到乔在另一个房间唱出了完整的《贝蒂》副歌。"[40]她对所听到的非常喜欢，特别是因为这首歌是从"一个男性视角"出发的。她解释说："我已经写了很多从女性视角出发，并期待男性道歉的歌曲，所以我们决定从一位男孩的视角出发，写他因为愚蠢而失去一生所爱之后追悔莫及并极力挽回的故事。"[41]

　　在音乐上，《贝蒂》试图向泰勒的乡村音乐风格时期致敬，有着甜美的原声吉他音效和充满美国乡村风情的旋律。这并非偶然：德斯纳说泰勒想要模仿早期鲍勃·迪伦的唱片，并特别提到了1963年的专辑《自由放任的鲍勃·迪伦》（*The Freewheelin' Bob Dylan*）。虽然《贝蒂》最终确实接近那种风格——有着口琴和简约的民谣音色——但德斯纳认为"我们用了一些标志性的鼓点，让它听起来更像迪伦1967年的唱片《约翰·卫斯理·哈汀》（*John Wesley Harding*）"。[42]

平静（*peace*）

专辑收录曲

发行日期： 2020年7月24日
创作者： 亚伦·德斯纳、泰勒·斯威夫特
制作人： 亚伦·德斯纳
其他版本： 《民间故事：长池录音室》现场版

　　在与泰勒·斯威夫特合作创作《平静》这首歌时，亚伦·德斯纳对她的才华给予了极高的评价。他将这首歌描述为一首简约至极的作品，仅有"一条和声贝斯线，伴随着节奏和持续的嗡嗡声"。[43]泰勒在此基础上"创作了一首乔尼·米切尔式的爱情歌曲"，德斯纳说，并且她在录音时仅用了一次机会就完美地完成了演唱。[44]（该版本最终被收录在《民间故事》专辑中。）

　　泰勒坦承，《平静》这首歌"更多地植根于我的个人生活"，尤其是她与乔·阿尔文保持低调、远离公众视线的恋爱关系。"在我目前的关系中，我肯定做出了一些决定，让我的生活感觉更像是真实的生活，而不仅仅是小报上供人评头论足的故事情节，"她说，"无论是选择住在哪里，和谁一起度过时光，还是什么时候可以不拍照——隐私的概念感觉很难解释，但它实际上只是试图寻找一些常态。"[45]

　　《平静》在表面上描述了构成成功关系的一些平凡要素。然而，当你深入挖掘歌词时，就会发现它并不像听起来那样平静。"这首歌有着非常矛盾、非常戏剧性的歌词，与这首歌中非常、非常平静的器乐演奏声音形成鲜明对比。"泰勒说。[46]这首歌的叙述者意识到了一个令人恐惧的事实：她无法给予伴侣平静的生活；在歌词的隐喻上表现为——总有风雨跟随着她。因此，她担心这可能是这段关系中的一个致命障碍。

对页：斯威夫特在2020年回归乡村音乐的初心，在纳什维尔的大奥普里举行的乡村音乐学院奖颁奖礼上演唱了《贝蒂》

右图：斯威夫特的"时代"巡演服装有多种颜色和款式——包括这件为"民间故事"时期准备的苔绿色阿尔伯塔·费雷蒂礼服

幻觉 (*hoax*)

发行日期： 2020年7月24日
创作者： 亚伦·德斯纳、泰勒·斯威夫特
制作人： 亚伦·德斯纳
其他版本：《民间故事：长池录音室》现场版

《幻觉》作为《民间故事》专辑中最后创作的两首歌曲之一，标志着一次显著的转变。德斯纳回忆道："泰勒告诉我，'不要试图考虑其他可能性，只按照你觉得自然的方式去创作'。如果你让我独自待在一个有钢琴的房间里，我可能会创作出这样的曲子。"[47]这首歌最终呈现出一种脆弱而空旷的质感，以清脆的钢琴声和细腻的弦乐为特色。

尽管《幻觉》拥有独特的音响效果，泰勒却视其为一首"囊括了《民间故事》所有主题元素"的作品，包括但不限于"自白，同时融入自然、情感的波动以及同时存在的不确定性"。[48]歌词带有印象派色彩，描绘了因他人行为而止步不前，以及被有目的的欺骗所深深伤害的情感体验。

泰勒也指出，《幻觉》中的描述并非局限于某一特定情境。她说："我思考过，'如果这些情感并不都是关于同一个人呢？如果我是在描述几种不同的、非常分裂的情况呢？比如一个是关于爱情的，一个是关于真正伤害到我的、工作上的事情，还有一个是关于我曾视为家人但实际上给我带来许多痛苦的那种关系'。"[49]然而，德斯纳在这种痛苦中看到了一丝光明。"虽然有悲伤，但这是那种带有希望的悲伤。你承担了你的伴侣、你爱的人的重担，以及他们生活中的起起落落，而这是对你的认可。"[50]

对页：一张斯威夫特2020年的电影《民间故事：长池录音室》的宣传海报

湖泊 (*the lakes*)

发行日期： 2020年7月24日
创作者： 杰克·安东诺夫、泰勒·斯威夫特
制作人： 杰克·安东诺夫、泰勒·斯威夫特
其他版本： 原版、《民间故事：长池录音室》现场版

泰勒在悄无声息地推出《民间故事》之后，又为她的粉丝们准备了一份额外的惊喜。这张专辑原本包含十六首歌曲，以《幻觉》作为收尾。然而，几周后，当《民间故事》的实体专辑问世时，它带来了泰勒所说的"唱片真正的最后一首歌"[51]：那就是华丽并以弦乐为伴奏的《湖泊》。

泰勒在英国湖区的一次旅行中获得灵感，并创作了这首歌的歌词。湖区是一个风景如画的地方，曾是诸如威廉·华兹华斯和约翰·济慈等诗人的居住地。

"（他们）因此受到了嘲笑，被视为一些古怪的艺术家，尽管他们只是决定生活在那里。"泰勒说。[52]当然，她完全理解他们为何想要搬到一个有许多志同道合的创意人士的偏远社区；毕竟，这与泰勒自己的梦想不谋而合——那就是有朝一日隐居在一个静谧的小屋。

《湖泊》是她对这些勇敢之举的致敬。"我去了威廉·华兹华斯的墓地，只是坐在那里，我心想：'哇，你真的去做了，你就这样做了。你离开了，你继续写作，但你没有向那些正在消耗你的事物屈服。'"泰勒说。在创作《民间故事》的过程中，她被这样的想法所鼓舞，也许这也能成为她的生活。

"我现在可能无法去湖区，或者去其他任何地方，"她说，"但在我心中，我正在那里，这个逃避现实的计划正在发挥作用。"[53]

09

"永恒故事"时期

谁说小概率事件不能多次发生？2020年，继夏季惊喜发行《民间故事》之后，泰勒在12月又发行了第二张惊喜专辑《永恒故事》（evermore）。这两张专辑不仅双双获得格莱美奖年度专辑提名，更会聚了亚伦·德斯纳和乔·阿尔文等杰出合作者。然而，德斯纳认为两者之间还是存在显著差异。他评价说："在美学上，《永恒故事》给我的感觉更为狂野，某些时候更能呈现出乐队的协同感。你可以明显感受到斯威夫特在歌曲创作上的精进，无论是在叙事技巧上，还是在创作自由度上。"[1]

柳树 (*willow*)

发行日期： 2020年12月11日（单曲）/ 2020年12月11日（专辑）
创作者： 亚伦·德斯纳、泰勒·斯威夫特
制作人： 亚伦·德斯纳
其他版本： 20世纪90年代潮流混音版、舞动女巫版（艾尔维拉混音版）、孤独女巫版、月光下的女巫版、纯音乐版、歌曲创作演示版

  《永恒故事》的诞生与《民间故事》有着异曲同工之妙，泰勒再次与她的创作伙伴亚伦·德斯纳合作，共同打磨歌曲。两人擦出绚烂的创意火花。德斯纳曾向泰勒发送了一个音乐小样，最初命名为《西边》（*Westerly*），斯威夫特迅速将其转化为歌曲。德斯纳回忆道："她从头到尾写完整首歌只用了不到十分钟，然后立刻回传给我。感觉就像经历了一场地震。接着泰勒对我说：'我猜我们又要制作一张新专辑了。'"[2]

  以田园诗般的民谣氛围和乐器编配，《柳树》听起来确实可以收录在《民间故事》这张专辑中。然而，这首歌曲中紧密缠绕的吉他旋律和精致的管弦乐点缀，又赋予了它一种幽幽的超自然气息——这与歌词的情绪相得益彰，它用诗意的意象描绘了建立浪漫的联结时发生的不可言喻的魔力。

  泰勒显然被这种音乐的神秘感所吸引，她认为这首歌"听起来就像是在施法让人坠入爱河"[3]，并在另一次采访中将其形容为"巫术般的"。她说："这感觉就像是某人站在魔药上方，制作着爱情魔药，梦想着他们想要的人，他们渴望的人，并试图弄清楚如何将那个人带入自己的生活。"[4]作为对其魅力的认可，《柳树》一度荣登"《公告牌》百强单曲榜"的榜首并持续了一周。

下图：在2021年美国音乐奖颁奖礼上，斯威夫特远程接受了《永恒故事》所获得的最受欢迎流行专辑奖
对页：在2021年全英音乐奖颁奖典礼上，斯威夫特获得了全球偶像奖

香槟问题 (*champagne problems*)

{专辑收录曲}

发行日期： 2020年12月11日
创作者： 威廉·鲍威瑞（乔·阿尔文的笔名）、泰勒·斯威夫特
制作人： 亚伦·德斯纳、泰勒·斯威夫特

　　情侣往往能成为创作上的黄金搭档。泰勒·斯威夫特与当时的男友乔·阿尔文（以威廉·鲍威瑞为笔名）便是最佳例证，他们在《民间故事》与《永恒故事》中联袂创作。斯威夫特回忆道："我们开始共同创作，说起来让人惊讶，却又在情理之中。我们总是因音乐而紧密相连，品位相投，他总是向我推荐新歌曲，那些歌曲很快就会成为我的最爱。"[5]

　　《香槟问题》是她在《永恒故事》中与阿尔文共同创作的三首歌曲之一。这是一首节奏沉稳、氛围忧郁的钢琴抒情曲，并不轻快，泰勒这样形容。[6]相反，这首令人心碎的歌曲讲述了一个女子拒绝了男友的求婚，这令他震惊、孤独、心烦意乱。这首歌曲以细腻的笔触，从他乘火车远去的背影开始，逐渐以倒叙的方式展开，泰勒用她那充满哀伤与同情的歌声，娓娓道来。

　　男友满怀期待，对于求婚信心满满。他向家人提前预告了求婚，家人为此不惜重金购买香槟，他甚至准备了一番演讲。尽管歌词中稍后暗示他忽视了警示信号，女友却无法给出拒绝的具体理由。过渡衔接段像一个故事中的小故事，揭示了更多细节：我们得知他的朋友们并不喜欢这位前女友，认为她需要自我反省。然而前女友本人内心悔恨，坦承自己直到被求婚那一刻才意识到自己想要拒绝。最终，她祝福他能找到更适合他的人。

　　字里行间，我们可以揣测这对情侣之间可能存在阶级差异——他出身富裕，而她不是——这可能是女友感到不安的原因；或者，他们之间只是缺乏了解，误解了彼此的认真程度。无论是哪种解读，具体的歌词细节都让"香槟问题"显得尤为令人痛心：那不是一枚普通的戒指，而是他母亲的戒指，而且他姐姐还为了庆祝买了唐培里侬香槟酒（Dom Pérignon）。

　　《香槟问题》同样凸显了《永恒故事》的整体主题。泰勒说："《民间故事》中一个贯穿始终的主题是解决冲突，试图弄清楚如何与他人共渡难关，

或是忏悔，或是尝试向他们传达些什么，努力与他们沟通。而《永恒故事》则更多地探讨了各种形式的终结——我们结束一段关系、友谊的各种方式，以及随之而来的痛苦和各个阶段。"[7]尽管如此，泰勒强调，人们不应将《香槟问题》中的绝望和悲伤与她与阿尔文的关系联系起来。"我们只是真的很喜欢悲伤的歌曲，"她简单地解释道，"仅此而已。"[8]

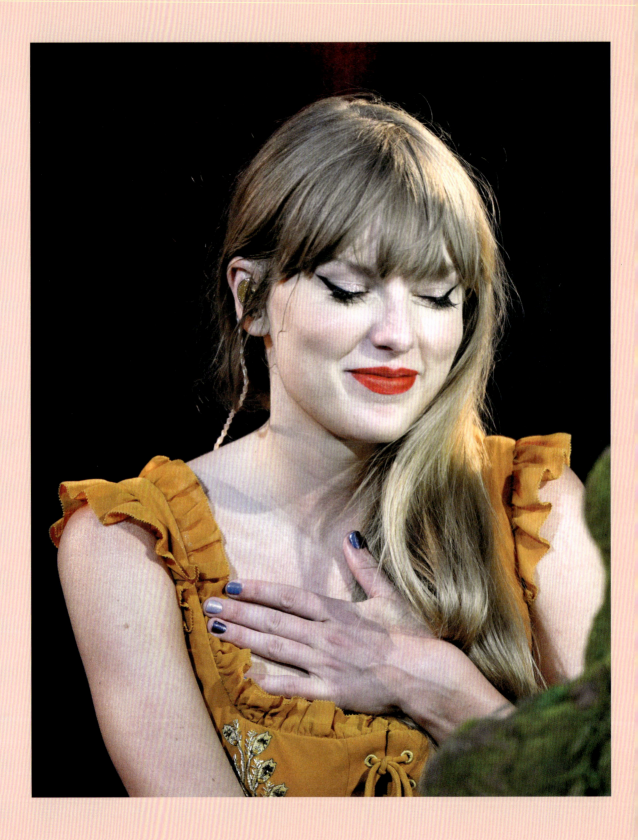

淘金热 (*gold rush*)

〔专辑收录曲〕

发行日期： 2020年12月11日
创作者： 杰克·安东诺夫、泰勒·斯威夫特
制作人： 杰克·安东诺夫、泰勒·斯威夫特

　　泰勒·斯威夫特将《淘金热》描述为"让你仿佛置身于一场白日梦中，沉思片刻，然后突然回过神来"。[9] 这首歌曲以缥缈的弦乐和天籁般的合唱开场，营造出一种梦幻般的氛围，随后转入一段轻快的节奏和璀璨的打击乐，带来一种俏皮的音乐体验。泰勒在演绎时，她那充满力度的唱腔和清晰的发音，特别是在副歌部分的表现，让人不禁联想到多莉·艾莫丝的演唱风格。

　　这首歌的白日梦主题围绕着一个极具魅力的人物展开；实际上，歌曲标题暗指了他那种备受追捧的万人迷地位。泰勒在歌词中轻松地幻想着——比如想象她的老鹰队T恤随意搭在门上，暗示着一段亲密关系——但她同时表达出对更为低调之人的偏好。换言之，她所渴望的并非名人恋情中的物质财富。

　　《淘金热》的故事突然迎来转折，就在泰勒在内心将这位金色偶像的生活视为"民间故事"时——这无疑是她对之前专辑的一个巧妙引用，同时也表明了她对这个人过于理想化的认知。这一认识让她从幻想

中惊醒，意识到盲目崇拜并非她所追求的。（这也许是对《恋人》专辑中《假神》一曲的呼应？）尽管她渴望将这白日梦变为现实，但她最终明白，这并非最佳选择。

上图与对页：在"时代"巡回演唱会的"永恒故事"部分，斯威夫特经常身着一件金色的艾特罗长裙，上身配以紧身胸衣和精致的贴花，展现了她对音乐和时尚的独到理解

这该死的时节（'tis the damn season）

{ 专辑收录曲 }

发行日期： 2020年12月11日
创作者： 亚伦·德斯纳、泰勒·斯威夫特
制作人： 亚伦·德斯纳

　　离开熟悉的家，节日归乡之旅往往伴随着别样的感触。与父母共处或许显得有些不寻常，而偶遇昔日的恋人更可能激起层层复杂的心绪。《这该死的时节》正是这样一首歌曲，叙述者——斯威夫特似乎透露了此人也是《多萝西娅》（dorothea）中的主角[10]——正在思考是否要重燃旧情。

　　这对曾经的情侣因为一方远行追梦而渐行渐远。叙述者在内心挣扎，质疑自己放弃那段家乡恋情是否正确；毕竟，那时一切都显得稳定而美好。她请求再共度一个周末，既是为了重温往昔，也是为了探寻两人之间是否还有爱火在燃烧。

　　在音乐上，《这该死的时节》以其扣人心弦的旋律令人动容，这得益于那揪心的吉他演奏、零星的节奏和令人战栗的弦乐编排。亚伦·德斯纳回忆道："我记得我曾想，即便这是一幅极其简单的音乐草稿，它也是我制作过的所有音乐中最喜爱的歌曲之一。""它在极简的鼓点编排变化中，蕴含着深邃的情感发展变化。"[11]他还特别钟爱他吉他中流露出的忧郁、丝绒般的音色，同时承认这听起来非常接近他的主要灵感来源——国家乐队。"如果你递给我一把吉他，那我即兴弹奏出来的声音就是这样。"[12]

　　泰勒在《永恒故事》制作过程的早期就写好了《这该死的时节》，在深夜写下了歌词。她最终在德斯纳的厨房里向他展示了自己的成果，德斯纳将这次经历称为他们合作期间"最精彩的时刻"之一。"那首歌曲本身就有一种我始终热爱的感觉，它本可以仅仅作为一段音乐存在，"他说，"然而，一个拥有她那样卓越叙事能力和音乐才华的人接手了它，并将其转化为更加伟大的作品。这正是我们所有人都能产生共鸣的东西。"[13]

右图：2023年5月，在马萨诸塞州福克斯伯勒的吉列体育场举行的"时代"巡回演唱会的第二晚是一个潮湿的夜晚

对页：亚伦·德斯纳、泰勒·斯威夫特和杰克·安东诺夫（从左到右）于2021年3月14日在格莱美奖的新闻发布会上合影

忍受 (*tolerate it*)

发行日期：2020年12月11日
创作者：亚伦·德斯纳、泰勒·斯威夫特
制作人：亚伦·德斯纳

在泰勒·斯威夫特的《永恒故事》专辑中，第五首曲目《忍受》以其深情而直击心灵的歌词，再次展现了泰勒特有的情感表达力——这首歌讲述了"尝试去爱一个态度暧昧的人"的心路历程，泰勒如是说[14]。音乐上，它以轻快跳跃的鼓点、布莱斯·德斯纳（Bryce Dessner）精心雕琢的弦乐编排，以及深沉的钢琴旋律，营造出一种不安和紧张的氛围。

当布莱斯的兄弟亚伦·德斯纳创作出严肃的钢琴旋律部分时，他犹豫了一下，然后才将其交给泰勒。"我当时想，这首歌太强烈了，"德斯纳说，"它采用的是10/8拍，这是一个不太常见的节拍。我曾短暂怀疑，'或许我不该把它发给她，她可能不会喜欢'。"但泰勒几乎立刻就在脑中为这首歌构思出了完整的画面，并以一首"令人心碎的美丽歌曲"回馈给德斯纳，他说："我第一次听到这首歌时，感动得几乎落泪。"

那时，斯威夫特正巧在阅读达夫妮·杜·莫里埃（Daphne Du Maurier）的《丽贝卡》（*Rebecca*）并深受启发。这是一部1938年的小说，描绘了一位20多岁的女性嫁给了一位名叫马克西姆·德·温特的鳏夫，却发现自己永远无法超越丈夫心中那位已故前妻丽贝卡的影子。"我读到的是：'哇，她的丈夫只是在忍受她。她竭尽全力，试图给他留下深刻印象，而他始终只是在忍受她。'"泰勒说，"我内心有一部分与这种感受产生共鸣，因为在我生命中的某个时刻，我也曾有这样的感觉。"[15]

无惧无罪[1] (*no body, no crime*) (与海慕乐队合作)

发行日期：2021年1月11日（单曲）/ 2020年12月11日（专辑）
创作者：泰勒·斯威夫特
制作人：亚伦·德斯纳、泰勒·斯威夫特

　　继《永恒故事》专辑前五首主题深沉的歌曲之后，歌曲的氛围变得稍显轻松，泰勒引入了一首经典的复仇式谋杀民谣[2]——《无惧无罪》。斯威夫特对这一音乐形式向来偏爱有加，举例来说，2015年她与娜塔莉·梅因斯（Natalie Maines）共演的辣妹合唱团的《再见厄尔》（*Goodbye Earl*）现场版便是明证。然而，这首《无惧无罪》是直接"受我对真实犯罪播客/纪录片的痴迷所启发"，泰勒如是说。[16]她特邀了她的多年好友、摇滚三人组海慕乐队加盟，为歌曲增添了不祥的声线。

　　主角艾斯特（名字取自海慕乐队的贝斯手兼主唱艾斯特·海慕）在联名账户中意外发现珠宝购买记录，并在丈夫的呼吸中嗅到酒味。出轨似乎是最明显的解释，但在确认这些猜疑之前，艾斯特神秘消失了，而她的丈夫的新欢——情妇，迅速取而代之。斯威夫特和艾斯特的姐姐无法忍受这等不公，于是策划了一场谋杀。然而，由于这位情妇也为这位不忠的丈夫购买了巨额人寿保险，于是真正的凶手成了一个悬而未决的谜。

　　《无惧无罪》不仅在谋杀民谣领域占有一席之地，更是对泰勒早期乡村音乐风格的一次致敬，歌中那充满愤怒的钢舌琴营造出一种特别的不祥气氛。当海慕乐队在"时代"巡回演唱会中担任开场嘉宾时，泰勒欣然将这首歌纳入"永恒故事"部分的演出曲目，使得她们得以共同演绎这首歌曲，现场版中那充满威胁感的和声与丹妮尔·海慕那锋利的电吉他独奏，为歌曲增添了一种令人不寒而栗的魅力。

1　此歌曲译名由粉丝NikoLiu征集意见后提供。
2　谋杀民谣（Murder Balled）：美国传统民谣的一种重要形式，歌词常通过重述过去发生的真实犯罪事件以描述女性当时的社会生存状况。

幸福 (*happiness*)

发行日期：2020年12月11日
创作者：亚伦·德斯纳、泰勒·斯威夫特
制作人：亚伦·德斯纳

　　泰勒常常赶在最后一分钟为专辑创作一些歌曲。在《永恒故事》这张专辑中，这一首如赞美诗般的挽歌《幸福》，是在"我们计划进行母带处理的前几天才加入的"，德斯纳透露说。[17]这并非夸大其词：在2020年12月11日《柳树》音乐视频的首播式上，泰勒透露，她创作了这首拥有"极具欺骗性的标题"的歌曲——"就在上周"。[18]

　　公平地讲，泰勒在深入挖掘这首歌的旋律时，已经拥有了一些优势：德斯纳自2019年起便开始创作这首曲子，并最初打算将其用于他的个人项目"大红机器"。"但后来她爱上了这首器乐的基调，并最终为它填写了歌词。"德斯纳说。他后来又补充道："这有点像她的工作方式——她会创作很多歌曲，然后在最后时刻，她有时会再创作一两首，而这些歌曲往往都是至关重要的。"[19]

　　在《幸福》中，泰勒细腻地描绘了一个人意识到一段长期关系终结时的动荡心情。歌曲的叙述者对情感中的一系列问题非常敏感：他们对于自己在关系之外的身份感到迷茫（以及她自己在分手这件事尘埃落定后将成为何人感到困惑），并试图弄清楚关系何时以及为何变质。在歌曲中，叙述者愤怒地指控前伴侣不忠，尽管这似乎并非事实；实际上，在一段类似托里·阿莫斯风格的桥段中，叙述者表达了与一个善良之人分手的复杂心情。

对页：在"时代"巡回演唱会中，泰勒偶尔会扩展"永恒故事"部分的曲目，包括与她的老朋友们海姆乐队一起表演《无惧无罪》
下图：为了呼应《永恒故事》的朴实氛围，斯威夫特在一些歌曲的表演中使用了覆盖着苔藓的钢琴

多萝西娅 (dorothea)

发行日期：2020年12月11日

创作者：亚伦·德斯纳、泰勒·斯威夫特

制作人：亚伦·德斯纳

　　《民间故事》发行之后，斯威夫特与德斯纳的合作步伐并未停歇。事实上，她创作了两首歌曲：《了结》（closure）和《多萝西娅》，德斯纳最初认为它们适合用在他的另一音乐项目"大红机器"上。"我反复聆听这些作品，"德斯纳坦言，"并不是说它们不能成为'大红机器'的歌曲，但它们更像是独特、令人振奋的泰勒式的歌曲。"[20]他的直觉被证明是准确的。这首以轻松的钢琴旋律引领的民谣《多萝西娅》，呈现了泰勒标志性的叙事手法——一位满怀壮志的主角离开家乡去追求名利和财富——并加入了一个巧妙的转折：歌曲是以那些与多萝西娅一同长大，且仍居住在她的故乡，远远观望她成就的人的视角来叙述的。

　　《多萝西娅》无疑呼应了泰勒在《民间故事》中写的贝蒂—奥古斯汀—詹姆斯的爱情三角关系。泰勒也毫不掩饰两者之间的联系——"在我看来，多萝西娅与贝蒂、詹姆斯和伊内兹是同一所学校的同学"，斯威夫特透露[21]——她将《多萝西娅》视为另一种尝试编织叙事线的方式。她后来解释说，多萝西娅是一个"离开她的小镇去追逐好莱坞梦想的女孩"，然后在假期回家时"重新点燃了一个旧情人的火花"——明显指向了《永恒故事》专辑中的另一首歌，《这该死的时节》。《多萝西娅》中的主人公是否就是那位旧情人？解开这个谜题本身就充满了乐趣。

对页：斯威夫特和她的前男友，演员乔·阿尔文（2019年在纽约市被目击），他们在《民间故事》和《永恒故事》时期共同创作了几首歌曲

康尼岛 (coney Island)（与国家乐队合作）

发行日期：2021年1月18日（单曲）/ 2020年12月11日（专辑）

创作者：威廉·鲍威瑞、亚伦·德斯纳、布莱斯·德斯纳、泰勒·斯威夫特

制作人：亚伦·德斯纳和布莱斯·德斯纳

　　在《民间故事》中，泰勒与亚伦·德斯纳紧密合作。这种合作自然而然地扩展到了国家乐队的其他成员，包括才华横溢的多乐器演奏家布莱斯·德斯纳和鼓手布莱恩·德沃尔登（Bryan Devendorf），他们为专辑贡献了各自独特的音乐元素。而整个乐队与斯威夫特的合作，这一众望所归的结合，在怀旧与悔恨交织的《康尼岛》中得以实现，这首歌源于斯威夫特和乔·阿尔文与亚伦和布莱斯·德斯纳合作的一首如风一般的独立摇滚乐曲。

　　"这首歌拥有一个非常美丽的故事线，我认为它在歌词和音乐上都是最强有力的作品之一，"亚伦·德斯纳评价道，"但当我们聆听这些歌词时，我们都有一个共同的认识，那就是它与国家乐队的感觉非常契合——它几乎就像是乐队主唱马特（马特·伯宁格）可能会讲述的故事，或者我能想象的布莱恩（布莱恩·德沃尔登）演奏的鼓点。"[22]

　　幸运的是，当邀请国家乐队的其他成员参与《康尼岛》的制作时，他们都非常积极地加入，布莱恩·德沃尔登增添了细腻的鼓点，斯科特·德沃尔登（Scott Devendorf）则带来了贝斯和口袋钢琴的旋律。与此同时，主唱马特·伯宁格以其标志性的昏暗、深夜忏悔式嗓音，与斯威夫特甜美而脆弱的声线形成了完美的对比。"这很奇怪，因为它显然真的很有泰勒的风格，毕竟她和威廉·鲍威瑞创作了所有的歌词，但同时它的呈现效果非常好，让人感觉像是国家乐队的一首歌，"亚伦·德斯纳说，"我喜欢马特和泰勒的声音在一起的感觉。"[23]

常春藤 (*ivy*)

发行日期：2020年12月11日

创作者：杰克·安东诺夫、亚伦·德斯纳、泰勒·斯威夫特

制作人：亚伦·德斯纳

听众们几乎能够依靠直觉感受到《永恒故事》散发出比《民间故事》更加寒冷的氛围。"这张专辑中的许多音乐都蕴含着冬日的怀旧之情，这是我有意为之的。"德斯纳坦承。"我倾向于认为这张专辑代表着秋冬两季——泰勒也这么说过，她觉得《民间故事》给她的感觉是春天和夏天，而《永恒故事》则是秋冬。"[24]他补充说。这解释了《常春藤》中轻微的雪橇铃声。这首歌曲带有复古民谣的风格和轻柔飘逸的吉他旋律，讲述了一个已婚人士与一个不是自己配偶的人坠入爱河的故事。歌词巧妙地描绘了禁忌关系的发展和深化。从冬季到春季的季节更迭，以及生机勃勃的绿色意象贯穿其中；歌中描述的情人被比作常春藤，正缠绕着、包围着出轨的一方，象征着他们的生活越来越紧密地交织在一起。然而，到了歌曲的尾声，这段婚姻因为这段外遇而陷入了激烈的冲突——这也许呼应了泰勒在《伟大战役》（*The Great War*）中所描述的那种动荡不安的关系。

像我一样的牛仔 (*cowboy like me*)

发行日期：2020年12月11日

创作者：亚伦·德斯纳、泰勒·斯威夫特

制作人：亚伦·德斯纳

当发行《永恒故事》时，泰勒伴随专辑发布了一篇散文，对专辑中的每一首歌曲进行了预告。其中，那首自由奔放的美国乡村风格情歌《像我一样的牛仔》，由马库斯·马姆弗德（Marcus Mumford）献声，增添了一抹神秘色彩。泰勒将这首歌描绘成关于"两个年轻的'诈骗高手'，在豪华度假村寻找富有的爱情受害者时坠入爱河"的故事。[25]这两个人以一种双方都未曾预料的深度相互理解；他们同样没有预料到，会遇见一个愿意接受他们所有过往的人。尽管这段关系可能不会持久——至少，其中一位"诈骗者"在开始这段关系时就清楚地意识到它可能会结束——但在那一刻，两颗流浪的心找到了彼此的归宿。

长话短说 (*long story short*)

发行日期：2020年12月11日

创作者：亚伦·德斯纳、泰勒·斯威夫特

制作人：亚伦·德斯纳

听众们可以把《长话短说》想象成一首经《永恒故事》那魔法森林般的电子民谣气息过滤后，带有《名誉》专辑色彩的歌曲。在错落的节拍和强烈的节奏推动下，斯威夫特回顾了那段黑暗的往昔——那是她感到四面楚歌、自尊心受挫，从而导致了一系列错误爱情抉择的时期。随后，她将歌曲带回到现在，宣布自己已经步入一段健康的恋爱关系之中。她的歌声在整首歌曲中几乎是轻快的，好像她终于能够翻过生命中的那张旧页，坦然地向前进发。

玛乔丽 (*marjorie*)

发行日期：2020年12月11日

创作者：亚伦·德斯纳、泰勒·斯威夫特

制作人：亚伦·德斯纳

继在《民间故事》中为她父亲的祖父谱写歌曲之后，泰勒选择在《永恒故事》里缅怀她的外祖母玛乔丽·芬莱（Marjorie Finlay）。她是一位才华横溢的歌手，在泰勒13岁时离世。《玛乔丽》无疑是一首动人心弦的作品，其卓越的旋律节奏和光彩夺目的钢琴伴奏，与那些满溢着对逝去亲人的怀念的歌词相得益彰。泰勒说："当你年轻时失去一个人，而你还没有足够的视角去学习和完全理解他们，这种遗憾是最难释怀的。"她还补充道："我妈妈经常看着我说：'天哪，你太像她了！'（当我展现出）一些我自己觉得很自然的举止时。"[26]

玛乔丽·芬莱在这首歌中甚至被赋予了伴唱的位置——泰勒的母亲找到了玛乔丽演唱歌剧的老式录音，德斯纳巧妙地将其融入歌曲中——这增添了歌曲的哀愁与深情。泰勒谈及创作这首歌时说："写这首歌的经历真的很超现实，因为写的时候我有时会很脆弱。"她继续说道："有时候我几乎会崩溃。实际上，在录音棚唱这首歌时，我很难不让自己的声音听起来断断续续的，因为我在整个录音过程中真的很情绪化。"[27]

了结 (*closure*)

发行日期：2020年12月11日

创作者：亚伦·德斯纳、泰勒·斯威夫特

制作人：詹姆斯·麦卡利斯特、BJ 伯顿（BJ Burton）、亚伦·德斯纳

以"美好冬季"为名录制音乐的贾斯汀·弗农，在《永恒故事》中的参与程度甚至超过了上一张专辑《民间故事》，德斯纳如是说。[28]这种深度的参与显著地塑造了《永恒故事》的听感；实际上，只需聆听一下前卫的《了结》，便可发现这是泰勒作品中最富有冒险精神的曲目之一。

这首歌曲不仅拥有复杂的5/4节拍和金属感、工业风格的鼓点——营造出一种类似于乘坐令人眩晕的游乐园设施时的杂乱无章的感觉——在这首歌中，德斯纳和弗农还运用了独特的音效处理（"我们通过他的梅西纳人声处理链路［Messina chain］一起处理了泰勒的声音。"德斯纳说[29]），同时还有美好冬季乐队的合作伙伴BJ伯顿的精心制作。对德斯纳而言，在《永恒故事》中探索新领域"感觉就像是最自然的事情"。

他说道："在这个过程中没有界限。我们在实验性声音或不寻常的节拍上不断推进，这就像是工作的一部分。"[30]在歌词方面，《了结》的叙述者对于前任的联系感到愤慨，因为这种行为似乎带有居高临下的态度。尽管叙述者内心充满愤怒和悲伤，但仍保持着自尊——不再需要前任通过解释分手的原因来安抚自己的情绪。

永恒故事 (*evermore*) （与美好冬季乐队合作）

发行日期：2020年12月11日
创作者：威廉·鲍威瑞、泰勒·斯威夫特、贾斯汀·弗农
制作人：亚伦·德斯纳、泰勒·斯威夫特

　　亚伦·德斯纳在斯威夫特和乔·阿尔文创作了专辑中庄重的钢琴主题曲后，意识到《永恒故事》是《民间故事》的"姊妹篇"[31]。他们随后邀请了贾斯汀·弗农为这首歌增添一个过渡衔接段，这一创作流程与《民间故事》中的《流亡》如出一辙。而歌曲《永恒故事》作为专辑《永恒故事》的收尾曲目，意味深长：它讲述了在阴郁的11月和12月挣扎的心路历程——无论是字面上还是比喻意义上——并最终领悟到所有的痛苦和沮丧都不会是永恒的，更明朗的日子即将到来。

　　泰勒描述这首歌："就像是在寒冬中赤脚穿越森林，或站在阳台上任由刺骨的寒风吹拂，使自己几乎要生病。然后，在最后的副歌中，那个人走进了室内，终于感到温暖和安全。这是一个重新寻回希望的过程。"[32]泰勒在歌词中发现了"月份及其所表达情感的双重含义"。一方面，她回忆起了2016年的艰难时光："所有那些时刻，我只是一天天地熬过。"[33]另一方面，她也提到了围绕2020年美国总统选举的不确定性。"我几乎在为最坏的情况做准备，"她说，"并试图在隧道尽头寻找一线光明。"[34]

对页：杰克·安东诺夫、泰勒·斯威夫特和亚伦·德斯纳在2021年3月14日的格莱美奖颁奖典礼上共同演绎了《柳树》

上图：斯威夫特在"时代"巡回演唱会上表演了《永恒故事》专辑中的《这该死的时节》《柳树》《玛乔丽》《香槟问题》和《忍受》等曲目

在你离开我的地方 (*right where you left me*)　{附赠曲目}《永恒故事》(豪华版)

发行日期：2020年12月18日

创作者：亚伦·德斯纳、泰勒·斯威夫特

制作人：亚伦·德斯纳

　　与《幸福》类似，充满乡村音乐色彩的《在你离开我的地方》也是在《永恒故事》专辑录制的尾声诞生的。"这是我在去拜访贾斯汀·弗农之前创作的，因为我当时想，或许我们在一起时能创作出一些作品，"德斯纳回忆道，"泰勒听到了这个旋律，并在此基础上写下了这首美妙的歌曲。"[35]她的灵感来源于"一个永远停留在心碎之地的女孩的故事，时间仿佛在她周围凝固"。[36]泰勒在歌词中将这个想法表达得非常直接：《在你离开我的地方》这首歌中，23岁的女主角仍然坐在同一个餐厅的同一张桌子旁，也就是在这里，她的伴侣承认自己爱上了另一个女孩。（歌曲中一个最迷人的细节是，他们精心打理过的发型上甚至积满了灰尘。）然而，这种字面上的停滞也富含深刻的象征意义：因为这个人无法对过去释怀，所以他无法继续前行，无法在生活中寻找新的爱情。

是时候离开 (*it's time to go*)　{附赠曲目}《永恒故事》(豪华版)

发行日期：2020年12月18日

创作者：亚伦·德斯纳、泰勒·斯威夫特

制作人：亚伦·德斯纳

　　《是时候离开》这首歌，正如其名，是关于"倾听你内心的声音，当它告诉你是时候离开了"，泰勒如此诠释道。[37]这可能关乎一段婚姻——开篇描述了一位配偶在否认不忠后他的谎言被揭穿的情景——或是你因年轻后辈而错失晋升机会。歌曲的第三段也似乎是对泰勒无法掌握自己前六张专辑母带版权的隐喻：她描绘了一个不具名的贪婪之人，将她的过往锁闭——尽管她满怀信心，因为她知道可以依靠自己。

　　音乐上，《是时候离开》起初是一首带有旋转风车般的钢琴音和弦乐的冥想式独立流行曲——在泰勒宣布"有时通过勇敢地走出或逃离一个徒劳无益的情境，你可以发现更好的东西"之后，歌曲以充满自信的滑音吉他和鼓点在结尾处变得激昂起来。"这首歌的整体发展趋势……对我而言，感觉就像是《民间故事》和《永恒故事》美丽而宣泄性的终章。"德斯纳评价道。[38]

三个可怜的处男 (*Three Sad Virgins*)(《周六夜现场》恶搞)

{ 周六夜现场 }

发行日期： 2021年11月14日

泰勒·斯威夫特对于《周六夜现场》的舞台并不陌生：她曾担任节目主持，作为音乐嘉宾亮相，甚至介绍过像埃丝·史佩斯这样的朋友。然而在2021年11月，她以一种全新且出人意料的身份回归：在一个嘻哈音乐喜剧视频《三个可怜的处女》中客串。这部作品戏谑地针对喜剧团队"请不要破坏"（由《周六夜现场》的编剧本·马歇尔、约翰·希金斯和马丁·赫利希组成）以及喜剧演员皮特·戴维森。"我们原以为她不会答应，"希金斯回忆道，"我们向她提出这个点子，说：'这个小品叫《三个可怜的处男》，内容是你和皮特在视频里取笑我们。'结果她立刻就答应了。"[39]斯威夫特不仅乐于参与，还在视频中巧妙

地讽刺"请不要破坏"的成员，比如形容其中一个成员像无毛的大鸟，另一个成员堪比稻草人，缺乏吸引力。她巧妙地将这些尖锐的讽刺包裹在甜美的流行旋律之中——这种鲜明对比增强了幽默感，让整个小品更加风趣。

对页：2023年初，有斯威夫特亲笔签名的一把易普丰原声吉他，上面有定制的《永恒故事》图案，在音乐关怀年度风云人物大奖慈善救济拍卖会上以25000美元的价格售出

上图：2023年3月31日，在得克萨斯州阿灵顿的AT&T体育场，斯威夫特在演唱会的"永恒故事"部分的表演中容光焕发

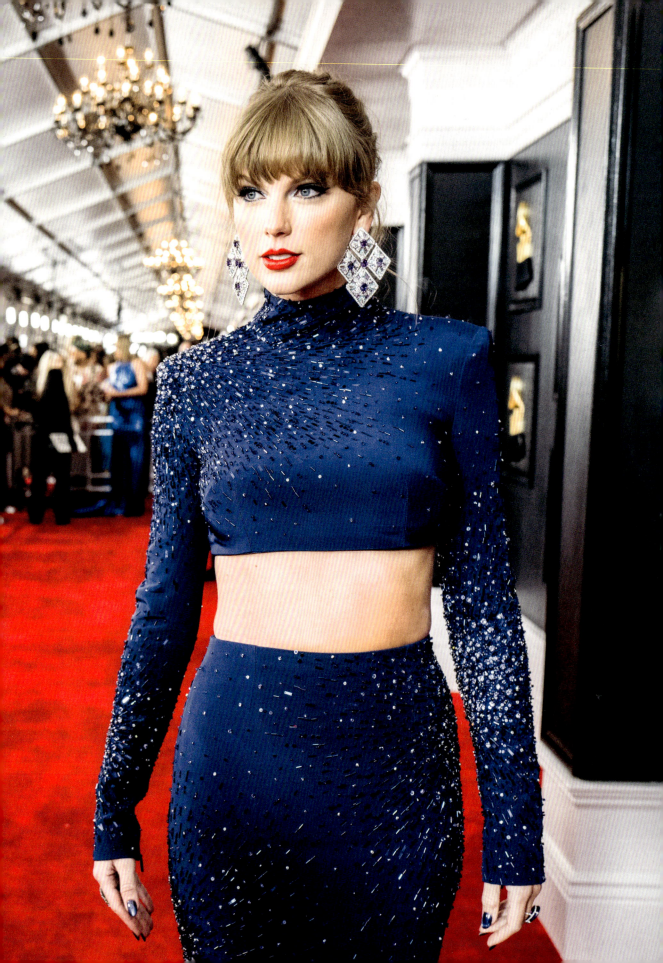

10

"午夜"时期

　　"午夜"是一个宽泛的专辑概念,泰勒·斯威夫特将其形容为"包含了我一生中十三个不眠之夜的故事"。[1]这些夜晚的沉思如同万花筒,折射出人生的种种情感:从遗憾到欲望、从满足到怀旧,再到自我厌恶,各种情绪交织其中。在创作《午夜》(*Midnights*)的过程中,泰勒与长期合作伙伴杰克·安东诺夫紧密协作,她提到:"这是第一次仅有我们两个人作为主要合作伙伴来完成的专辑。""我们曾尝试过一些想法,写下了几首我们喜欢的作品,但当我们俩的伴侣(都是演员)一起在巴拿马拍摄电影时,《午夜》才真正地凝聚成形,自然而然地流淌出来。"[2]该专辑一经推出便在全球范围内的各大音乐平台荣登榜首,获得了多项格莱美奖提名,并最终荣获格莱美最佳流行声乐专辑和年度专辑两项大奖。

薰衣草迷雾 (*Lavender Haze*)

发行日期： 2022年11月29日（单曲）/ 2022年10月21日（专辑）

创作者： 杰克·安东诺夫、萨姆·德鲁、佐伊·克拉维茨（Zoë Kravitz）、声波、贾汗·斯威特（Jahaan Sweet）、泰勒·斯威夫特

制作人： 杰克·安东诺夫、布拉克斯顿·库克、声波、贾汗·斯威特、泰勒·斯威夫特

其他版本： 原声版本、天蛇（Tensnake）混音版、蛇果（Snakehips）混音版、丛林（Jungle）混音版、菲利克斯·贾恩（Fee Jähn）混音版

《薰衣草迷雾》这首歌的标题源自斯威夫特在《广告狂人》（*Mad Men*）中听到的一个短语。同时，受到她与乔·阿尔文关系的启发，这是一首浪漫的迪斯科流行曲。泰勒说：" '薰衣草迷雾' 是20世纪50年代常用的一个短语，用来描述沉浸在爱河中的感觉。" "如果你处在薰衣草的迷雾中，那意味着你正在被那种包容一切的爱的光芒所包围。"[3]

泰勒在现代生活中找到了许多与沉浸在薰衣草迷雾中的感觉类似的地方。首先，这首歌探讨了保护这种爱情所面临的压力，包括要克服刻板印象是多么困难。泰勒巧妙地表达了她对人们试图将20世纪50年代的观念强加于她个人爱情生活的不满；同时，她也拒绝了将女性角色局限于妻子或一段露水姻缘的狭隘看法。

公众的审视构成了另一个障碍。泰勒说："理论上，当你沉浸在薰衣草的迷雾中时，你会想不惜一切代价待在那里，不让外界的声音将你从云端拉下来。" "我认为现在很多人都必须面对这个问题，不仅仅是公众人物，因为我们生活在社交媒体的时代。如果外界发现你爱上了某人，人们就会对此评头论足。"[4]

共同创作者马克·安东尼·斯皮尔斯（以声波的名字参与制作）指出，《薰衣草迷雾》的音乐并非专门为泰勒创作："那时，我用了15分钟浏览不同的音效，偶然按下了一个按钮。"[5]杰克·安东诺夫当时也在场，他非常喜欢这个意外的声音。随后，华盛顿特区的萨克斯手布拉克斯顿·库克给他的茱莉亚学院室友，也是制作人贾汗·斯威特，发送了一个语音备忘录，其中他反复弹奏这几个和弦，重复哼唱着这首流行曲调。库克说，"我只是伴着几个和弦哼唱"，而贾汗·斯威特"将其重新解读并制作成了一个加工过的样本"。[6]

以这个无歌词的哼唱为基础，斯皮尔斯与安东诺夫还有萨姆·德鲁合作——萨姆·德鲁也共同创作了斯威夫特与泽恩·马利克的合作歌曲《我不想永生》（*I Don't Wanna Live Forever*）——再加上女演员佐伊·克拉维茨。这个四人组一起创作了一首带有流畅R&B节奏、强烈节拍以及丝滑键盘音效的音乐曲目。"萨姆负责旋律，"斯皮尔斯说，"（而克拉维茨）实际上是一个创意天才。她不仅是一位出色的演员，在创造不同的声音和发现不同旋律方面的能力也是无与伦比的。"[7]

安东诺夫最终将曲目呈现给泰勒，她深受启发，并且她的演唱技巧成熟、引人入胜。"当杰克第一次带我们来听成曲时，我们都惊讶得目瞪口呆，"斯皮尔斯说，"她的演绎让这首曲子焕然一新，同时赋予了它自己的特色。她创造了一种我们从未听到过的类型。"[8]后来，《薰衣草迷雾》成了"时代"巡回演唱会的标志性曲目，并在"《公告牌》百强单曲榜"上攀升到了第二名。

对页：在"时代"巡回演唱会上，斯威夫特每晚都以一身闪亮的连体衣和一件流苏夹克与观众告别，看起来光彩夺目

酒红色 (*Maroon*)

发行日期：2022年10月21日
创作者：杰克·安东诺夫、泰勒·斯威夫特
制作人：杰克·安东诺夫、泰勒·斯威夫特

早在2012年，泰勒·斯威夫特就发行了一首名为《红》的歌曲，她将爱一个人的感觉比作——一种鲜艳夺目的红色。然而，随着时间的流逝，她对爱情的理解也在逐渐深入；比如，在她的《恋人》专辑中的那首《曙光》里，她认为爱情更像是金色的。不过，这首低调的《酒红色》，以其延长的陷阱音乐节拍和开阔的编曲，进一步利用蜡笔盒中的红色系色彩，描绘出一幅更为细腻的爱情图景。

副歌中提到了洒在T恤上的酒红色葡萄酒——无论是意外还是争执中弄洒的——以及一系列从鲜红变为酒红的事物：例如某人的脸颊泛红，一个吻痕，一对嘴唇。然而，同样引人注目的还有一条生锈的电话线：这个酒红色的意象，暗示着沟通的缺失。

在这首歌的主歌部分，红色主题被巧妙地编织进歌词，传达了爱情中复杂而微妙的情感。第一节主歌描绘了一幅温馨的画面：两个人沉浸在浪漫的夜晚，享受着平价玫瑰红酒带来的温暖和亲密。然而，第二节主歌则转向了描述一段关系的裂痕，通过一场激烈的争吵，揭示了这对情侣的关系其实更像康乃馨而非玫瑰——一种外表相似却缺乏深度和不真实的爱。

情侣中的一方哀叹于自己"牺牲了红宝石"——这表明，为了这段关系，他们放弃了一些非常珍贵的东西，然而，这些牺牲并没有得到应有的回报。前者巧妙地表达了这段关系并非真爱，因为外表的红色不能掩盖关系中的真实问题；后者为了这段关系失去了自己珍贵的东西，也暗示了一段关系的终结。

上图：斯威夫特在2022年NSAI纳什维尔歌曲创作奖颁奖典礼上表演，地点是莱曼礼堂，她被授予"NSAI十年歌曲创作艺术家"的奖项
对页：斯威夫特在2022年MTV欧洲音乐奖颁奖典礼的舞台上领奖

反英雄 (*Anti-Hero*)

{ 单曲 }

发行日期： 2022年10月21日（单曲/专辑）
创作者： 杰克·安东诺夫、泰勒·斯威夫特
制作人： 杰克·安东诺夫、泰勒·斯威夫特
其他版本： 不插电版、凤凰（ILLENIUM）混音版、罗斯福混音版、孔斯（Kungs）混音版、捷达G混音版、与露台乐队（Bleachers）合作版

　　《反英雄》这首充满电子合成器气息的流行摇滚曲目，不仅深受粉丝喜爱，斯威夫特本人也将其视为自己创作生涯中的佳作。她坦言"这是我写过的最喜欢的歌曲之一"，并强调其"非常诚实"。[9]

　　但这首歌不仅如此——这首歌曲的开篇，泰勒以隐喻的方式表达了抑郁情绪如何让她夜不能寐，和她被过往错误的念头缠绕的状态。在副歌部分，她以自嘲的方式介绍自己，认为自己是个问题人物，她宁愿选择逃避，通过凝视太阳来进行自我破坏。泰勒坦承："我以前从未如此深入地挖掘过我的不安全感，我经常与生活变得难以掌控的感觉做斗争，而且……虽然我不想听起来太悲观，但我确实在与自己是否还是一个'人'的感觉作斗争。"[10] 在第二节中，她将自己比作一个庞大而笨拙的恐怖电影怪物。她补充道："这首歌就像一次深度导览，带领大家游览我通常对自己感到不满的所有方面。我们都有自己不喜欢的部分。我们要与自己不喜欢和喜欢的这些方面达成和解，才能成为真正的自己。"[11] 泰勒的这种坦率直白，无疑触动了许多人的心弦，使得《反英雄》这首歌在"《公告牌》百强单曲榜"上连续八周稳居榜首。

雪落海滩 *(Snow on the Beach)*（与拉娜·德蕾[1]合作）

{ 专辑收录曲 }

发行日期： 2022年10月21日
创作者： 杰克·安东诺夫、拉娜·德蕾（Lana Del Rey）、泰勒·斯威夫特
制作人： 杰克·安东诺夫、泰勒·斯威夫特
其他版本： 更多拉娜·德蕾的版本

　　爱情往往与时机有关。有时，当你单身时，你心中的那个他或她却不是；有时，你恰好在理想的另一半结束前一段关系之际坠入情网。然而，最理想的场景莫过于你和你的心动之人同时萌生情愫，并且都处于可被追求的状态。

　　这首闪烁、梦幻的《雪落海滩》捕捉到了一种奇迹般的瞬间。它讲述了"你和某人同时坠入爱河时那种火花四溅的时刻，这种命中注定的瞬间让你意识到对方和你有着相同的感受"。泰勒说："你会环顾四周，疑惑地想：'等等，这是真的吗？这是梦吗？这真的在发生吗？'就像你在海滩上看到雪花飘落一样不可思议。"[12]

　　《雪落海滩》还因歌手拉娜·德蕾的加盟而备受瞩目，她是一位标志性的流行歌星，泰勒对她赞不绝口，称她为"有史以来最好的音乐艺术家之一"。[13]在这首歌中，德蕾以她那梦幻般的嗓音，对这意外的浪漫好运表达了赞叹，与泰勒那具有感染力的嗓音完美融合。然而，这首歌中还有其他惊喜：曾在泰勒的短片《回忆太清晰：微电影》中出演的演员迪伦·奥布莱恩在这首歌中担任鼓手，这全因他当时恰好在录音室。正如泰勒所说："有时事情就是这样自然而然地发生了。"[14]

右图：拉娜·德蕾和斯威夫特在《午夜》中合作——但她们之前也曾有交集，尤其是在2012年MTV欧洲音乐奖的舞台上

对页：在斯威夫特的演唱会上交换友谊手链是一种仪式——包括在演出中，就像她在演唱《22岁》时将帽子送给一位幸运粉丝一样

1　拉娜·德蕾（Lana Del Rey）：美国歌手，词曲作家。2023年《滚石》杂志将她列入"史上最伟大的200位歌手"名单。

你只能靠自己了,孩子 (*You're On Your Own, Kid*)

〔专辑收录曲〕

发行日期:2022年10月21日
创作者:杰克·安东诺夫、泰勒·斯威夫特
制作人:杰克·安东诺夫、泰勒·斯威夫特
其他版本:弦乐混音版

这首充满合成器音效的独立流行音乐杰作《你只能靠自己了,孩子》是泰勒深入挖掘个人过往痛苦片段,并反思这些经历如何塑造她坚韧性格的一首歌。歌曲的前几节歌词回望了她的青春岁月,那时她怀揣着离开家乡、成为音乐家的梦想,却在学校中难以融入同龄人的生活;实际上,开头的几行歌词隐晦地提及了她在首支单曲《蒂姆·麦格劳》中描述的短暂夏日恋情。

《你只能靠自己了,孩子》这首歌的衔接过渡段尤为引人入胜。随着音乐逐渐增强,情感的强度也随之累积,她那原本悲伤的故事开始转向积极的一面。斯威夫特巧妙地将自己与斯蒂芬·金的小说《嘉莉》(*Carrie*)中的主人公——那位在舞会上浴血复仇的少女相比较。然而,这种比较促使泰勒找到了一条更明智的道路:通过放下过往的痛苦——摆脱那些有害的关系或环境——她能够勇敢地向前迈进。独自一人不再是孤独的象征,而是力量和独立的标志。

衔接过渡段的尾声,泰勒鼓舞人心地号召人们珍惜当下,动手制作友谊手链,这一温馨画面也提醒我们,要始终保持心灵的开放。泰勒的粉丝们深受这一理念的启发,并将其发扬光大,这在"时代"巡回演唱会中形成了一种传统——粉丝们交换着一串串友谊手链,这不仅是对斯威夫特的支持,也是对她不再孤单的有力证明。

午夜雨 (*Midnight Rain*)

专辑收录曲

发行日期： 2022年10月21日

创作者： 杰克·安东诺夫、泰勒·斯威夫特

制作人： 杰克·安东诺夫、泰勒·斯威夫特

　　如果你曾在凌晨两点的不眠之夜，浏览过前任社交媒体上的照片，那么《午夜雨》这首歌就是为你而作。在充满节奏感的陷阱电子鼓点和深邃的暗潮[1]合成器旋律之上，泰勒细腻地叙述了深夜的沉思：关于一段因彼此迥异而未能维系的旧日恋情。他渴望婚姻和平静的生活，而她则将心力投入事业中，愿意接受挑战以追求成功。引发这番沉思的，似乎是她收到了一张节日卡片，上面印有前任和他幸福家庭的照片；这让她开始反思自己未曾选择的生活路径，遐想那些未曾实现的可能性。歌曲的尾声，她以一种释然的态度得出结论：他们各自都找到了属于自己的最佳状态，如今，他只在电视上瞥见她的身影时才会想起她——而她，也只有在夜深人静的时刻偶尔将他忆起。

对页：斯威夫特参加了2022年MTV音乐录影带大奖颁奖典礼，并凭借《回忆太清晰：微电影》获得了包括年度音乐录影带在内的几个奖项

提问？(*Question...?*)

专辑收录曲

发行日期： 2022年10月21日

创作者： 杰克·安东诺夫、泰勒·斯威夫特

制作人： 杰克·安东诺夫、泰勒·斯威夫特

其他版本： 器乐版

　　《提问？》与《午夜雨》堪称音乐上的表亲——两首歌曲都采用了极简的电子流行风格，搭配清晰有力的节奏——这首歌深刻地触动了人们内心深处对于情感了断的渴望，特别是当他们的前任已经开始了新生活，而他们自己还在寻求情感上的终结和解脱时。歌曲的叙述者回望着一段深刻的恋情，这段关系（很可能）以痛苦的分手告终，歌词中隐含的愤怒情绪显而易见。副歌部分是一连串尖锐的提问，揭露了一些令人质疑的行为，比如没有一整个晚上都陪着某人，或在关系中没有奋力争取，以及更为直截了当的疑问：你对这个人还有感觉吗？随着《提问？》推向高潮，歌曲在音量和情感强度上都在逐渐增强，通过更加响亮的节拍、更加突出的合成器音效和更具个性与经过数字处理的歌声体现出来。这种转变传递出一种对答案的迫切需求，这种需求源自嫉妒和对前任是否真的在新关系中感到幸福的好奇。

1　暗潮（Dark wave）：20世纪70年代后期新浪潮和后朋克运动中出现的一种音乐流派。暗潮作品主要基于小调调性和内省的歌词，被认为是黑暗、浪漫和凄凉的，带有悲伤的色彩。

私刑正义 (*Vigilante Shit*)

{ 专辑收录曲 }

发行日期：2022年10月21日
创作者：泰勒·斯威夫特
制作人：杰克·安东诺夫、泰勒·斯威夫特

在这首带有比莉·艾利什（Bellie Eilish）风格的《私刑正义》中，复仇被描绘成一道最好冷静享用的美餐。在背景中，墨色的节拍如闪电般穿梭，斯威夫特塑造了一位决心要让一个罪有应得的男人付出代价的女性形象。（他错在药物上瘾，还是涉及白领犯罪？听众可以自行理解。）她与这位男人即将离婚的妻子结盟，巧妙地传递了一份致命的文件，确保在即将到来的离婚中，前妻能够获得孩子的抚养权和房产。更有神秘人物向联邦调查局揭露了这位男士的欺诈行径。但在《私刑正义》中，最大的转折在于，当主角和男人的前妻穿上那些适合复仇的装束时，她们的目的是提升自己的自信，实现个人的复仇目的——而不是为了取悦他人。这首歌曲在"时代"巡回演唱会中通过一场热辣的舞蹈表演被赋予了更深的内涵。泰勒和她的舞者们利用颠倒的椅子和充满戏剧性的性感舞步，完美诠释了百老汇音乐剧《芝加哥》（*Chicago*）中的"狱中探戈"（Cell Block Tango）。歌曲的编舞曼迪·摩尔回忆道："她告诉我：'我只是想让这个表演变得火辣，它需要具有戏剧性。我们将使用这些椅子。'我回应说：'让我来发挥一下，我们动手吧。'"[15]

211

璀璨 (*Bejeweled*)

发行日期：2022年10月21日

创作者：杰克·安东诺夫、泰勒·斯威夫特

制作人：杰克·安东诺夫、泰勒·斯威夫特

其他版本：器乐版

　　当你感到不自信或觉得自己不够时尚时，传统智慧鼓励我们遵循"坚持装下去，直到你真的做到"的信条。这也正是光彩夺目的流行乐曲《璀璨》所传达的核心理念。斯威夫特表示，这首歌关于"在自信被夺走时找回它，无论是出于何种原因""你感到不安全，你觉得被视若无睹"。[16]随着20世纪80年代新浪潮风格的合成器旋律在背景中旋转，画面如同绚丽的万花筒，歌曲讲述了一个人如何重拾自己的光芒——在关系中勇敢地维护自己，为夜晚的约会装扮得光彩夺目，以及在舞池中成为焦点。全曲中，叙述者反复念诵着一句口头禅，强调他们能够看起来既华丽又完美无瑕。斯威夫特在《璀璨》中看到了自己音乐事业的进程。她说道："我深信这首歌巧妙地传达了我激励自己的心声，以及我准备在那些灿烂岁月之后重返流行乐坛的决心。在那些年里，我一直沉浸在民谣创作中，仿佛置身于我亲手打造的隐喻森林。"[17]她满怀深情地表达了对那段时光的"热爱"，同时坦诚地承认："这有点像是在给自己打气，激励自己重拾信心，告诉自己'你做得到，你依然璀璨夺目！'"[18]

迷宫 (*Labyrinth*)

发行日期：2022年10月21日

创作者：杰克·安东诺夫、泰勒·斯威夫特

制作人：杰克·安东诺夫、泰勒·斯威夫特

　　《迷宫》是一首探索对比之美的歌曲。音乐本身轻盈而空灵，伴随着如云朵般柔软的合成器氛围，微弱的节拍、蜿蜒流转的键盘旋律，以及细腻的假声演唱。然而，歌词却以一个震撼人心的场景开启——一段痛苦的分手经历，进而将深陷爱河的情感比作一系列令人不安的意象，例如拯救一次飞机失事或是警惕地注意到电梯超速。然而，不久，《迷宫》逐渐步入一个更加平和的旋律之中，叙述者开始接受这样的观念：一个人能够扭转自己的生活轨迹，并再次发现爱的可能性。斯威夫特的歌声也随之回归，变得更加沉稳，不再带有恐慌；她的声音得到了另一个抚慰人心的声线的陪伴，这不仅是一种情感上的支撑，也表明她在这段旅程中并不孤单。

对页："时代"巡回演唱会在高潮中落幕，斯威夫特倾情演绎了《午夜》专辑中的多首歌曲

善恶有报 *(Karma)*

发行日期：2023年5月1日（单曲）/ 2022年10月21日（专辑）

创作者：杰克·安东诺夫、基努·比茨、马克·安东尼·斯皮尔斯、贾汗·斯威特、泰勒·斯威夫特

制作人：杰克·安东诺夫、基努·比茨、声波、贾汗·斯威特、泰勒·斯威夫特

其他版本：埃丝·史佩斯[1]混音版

《午夜》这张专辑中最抓耳、最具流行风格的单曲就是《善恶有报》。这首歌曲以其梦幻般的合成器音色、温暖如阳光的制作质感和轻松愉悦的节奏，成为一首令人愉悦的合唱佳作。在合作完成《薰衣草迷雾》后，安东诺夫问斯皮尔斯是否有其他适合《午夜》这张专辑的歌曲。

"《善恶有报》只是一个临时抱佛脚的作品，"斯皮尔斯说，"我记得我和基努（基努·比茨）一起工作时，我们做出了一些堪称完美的作品，必须要发给泰勒听。"[19]安东诺夫非常中意这首曲子。"杰克·安东诺夫立刻就说：'就是它了，现在就放给泰勒听。我们要马上全力以赴地去制作这首歌！'"斯皮尔斯说，"第二天，我就听到了泰勒演唱的最终成曲。"[20]

可能会有批评者讽刺地说，斯威夫特当然会写一首关于"报应"的歌，因为根据老生常谈的刻板印象，许多人认为她只会写关于复仇的歌曲，尤其是针对前男友的。而且，她以前在其他歌曲中也提到"报应"，最出名的就是《瞧你们让我做了什么》。但在《善恶有报》中，斯威夫特实际上是在庆祝生活中一切顺遂如意，就仿佛整个宇宙都在向她释放善意。

"这首歌是从一种非常快乐、对自己的生活感到自豪、认为自己做对某事而得到了奖励的角度创作的，"她说，"这是我非常喜欢的一首歌，因为我认为我们都需要这样的时刻。我们不能总是自我批评。总得有一些时刻让你觉得，'你猜怎么着？善报是我男朋友'。"[21]

为了展现这种正面的转变，斯威夫特将自己的经历与那些不太正直的人相对比。歌词讲述了那些即将承受自己不良行为后果的人，而副歌则描绘了当善恶报应最终到来时的景象，报应像一个猎人紧追不舍地追捕猎物一样，对那些行为不端的人进行惩罚。然而，在歌曲中这一节的结尾，斯威夫特写道，因为她选择了高尚的道路，"善恶有报"正为她带来好运。这种自豪的情感顺畅地引出了朗朗上口的副歌部分，其中善报被巧妙地比作几个生动的形象——温顺地发出呼噜声的可爱猫咪；寒冷天气中吹过发丝的一阵凉爽微风；忠诚的男朋友，以及守护神。

作为对歌曲中那份从容淡定情绪的完美致敬，《善恶有报》通常作为斯威夫特马拉松式的"时代"巡回演唱会的压轴曲目。斯威夫特还与说唱歌手埃丝·史佩斯合作发布了该曲的混音版本（该版本曾达到《公告牌》百强单曲榜"第二名），并对歌词进行了适当的调整。在2023年11月阿根廷的一场演出中，斯威夫特改变了一句歌词，提及她的男友特拉维斯·凯尔西，他本人当时就在观众席上。在那个夜晚，"善报"化身为酋长队的橄榄球球员，他正像完成一次触地得分后那样，毫不犹豫地直奔她而去。

对页：在2024年1月28日，堪萨斯城酋长队赢得AFC（美国橄榄球联合会）冠军赛后，斯威夫特拥抱了她的男友特拉维斯·凯尔西——她在演唱《善恶有报》时提到了他

下图：2023年5月26日，斯威夫特与说唱歌手埃丝·史佩斯在新泽西州东卢瑟福的大都会人寿体育场首次共同演唱了《善恶有报》的新混音版

1　埃丝·史佩斯（Ice Spice）：2001年1月1日出生于美国纽约，美国说唱歌手、词曲创作者、演员。

甜言蜜语 (*Sweet Nothing*)

专辑收录曲

发行日期： 2022年10月21日

创作者： 威廉·鲍威瑞、泰勒·斯威夫特

制作人： 杰克·安东诺夫、泰勒·斯威夫特

其他版本： 钢琴混音版

斯威夫特与当时的男友乔·阿尔文合作创作了《午夜》中20世纪70年代软摇滚风格的宝藏歌曲《甜言蜜语》。（这很可能是他们最后一次共同署名，因为斯威夫特和阿尔文在2023年初和平分手，因为"这段关系已经走到了尽头"[22]。）这首歌被温暖的风琴声所包围，并点缀着爵士小号的声音，营造出一种回归"永恒故事"和"民间故事"时期从容心态的感觉。在《甜言蜜语》中，这段关系成了抵御世俗风浪的避风港：抵御那些油腔滑调的商人、外界的喧嚣以及内心批判的声音。歌中的情侣在有意义的回忆中找

到了慰藉，比如作为纪念品拾起的一颗小石头和他们一起布置的温暖的家。全曲中，叙述者对于被接纳和能够展现自身的脆弱表示感激之情——也感谢那些维系着浪漫关系的"甜言蜜语"。

对页：斯威夫特乘坐飞机飞越大西洋，到2023年11月在伦敦举行的《复兴：碧昂丝电影》（*Renaissance: A Film by Beyonce*）首映式上支持她的朋友碧昂丝

主谋 (*Mastermind*)

专辑收录曲

发行日期： 2022年10月21日

创作者： 杰克·安东诺夫、泰勒·斯威夫特

制作人： 杰克·安东诺夫、泰勒·斯威夫特

当斯威夫特发行《名誉》专辑时，她曾透露自己有着远大的叙事抱负。她曾表示："我渴望成为像《权力的游戏》制作团队那样的暗示高手，哪怕只是他们的百万分之一。"[23]在随后的岁月里，斯威夫特无疑达成了这一目标，她成了在专辑宣传等方面布置复活节彩蛋和隐晦线索的高手。

《主谋》这首歌是在观看了保罗·托马斯·安德森的电影《魅影缝匠》（*Phantom Thread*）后创作的，赞颂了泰勒的战略思维，尤其是在爱情领域。泰勒说："我在想，写一首关于精于算计的歌不是很有趣吗？""说我'精于算计'曾像匕首一样刺痛了我，但现在我把它当作一种赞美。"[24]实际上，歌曲的桥段强调了这种策划并非负面——泰勒的计划是出

于善意——并揭示了她为何需要如此"精于算计"：这一切都源于她孤独的童年以及她天生对被接纳和被爱的渴望。

《主谋》的音乐在规划上也经过了深思熟虑。尽管整首歌有一种急速的合成器流行音乐基调，但副歌非常巧妙地注入了一些与主歌不同的戏剧性管弦乐。"我们希望主歌听起来是浪漫主义的，像是英雄类型的电影配乐，然后我们希望副歌听起来像是反派刚刚进入房间，你正在倒转这个叙事，你一直在密谋，让事件的发生看起来像是意外，"泰勒说，"这是我和粉丝之间的一个内部玩笑，我一直都喜欢这么做。所以，这首歌是我们之间这种默契的浪漫呈现。"[25]

感觉不同 (*Hits Different*)

{附赠曲目} 午夜薰衣草版本

发行日期： 2022年10月21日

创作者： 杰克·安东诺夫、亚伦·德斯纳、泰勒·斯威夫特

制作人： 亚伦·德斯纳、泰勒·斯威夫特

　　真爱在根本上能够重塑一个人的内在。确实，当你与深爱的人分离，你的行为或许会变得不再像自己，正如歌曲标题所揭示的，那种分手的打击，它就是"感觉不同"。《感觉不同》是一首充满活力的流行摇滚曲目，它听起来像是以一种更为精致的形式对《爱的告白》或《无畏》的致敬，这首歌描绘了一个人在感情结束后的彻底崩溃。叙述者在想到前任与他人相伴时感到极度不适和悲伤，无法忍受在公共场合偶然听到有关"他们的歌"。然而，在歌曲的结尾，这位心碎的叙述者意识到自己已经向更好的方向转变。他变得更加柔和、更敏感——哪怕这意味着在酒吧里容易落泪——并且不再对爱情抱有冷漠的态度。

比整个天空还要宽广 (*Bigger Than the Whole Sky*)

{附赠曲目} 午夜凌晨三点版本

发行日期： 2022年10月21日

创作者： 泰勒·斯威夫特

制作人： 杰克·安东诺夫、泰勒·斯威夫特

　　《比整个天空还要宽广》是一首充满哀愁的歌曲，适合在追思仪式上播放。这首歌讲述了与某人或某物的告别——他们在这个尘世上的存在是如此短暂。它以键盘演奏音传达出的丰富效果和庄重氛围为根基，随后以悠扬的节拍和如同高翔天际的鹰隼般的原声吉他旋律，为乐曲注入了一种悲壮而悠扬的韵味。而且，《比整个天空还要宽广》的副歌部分直接呼应了《本能够，本可以，本应该》(*Would've, Could've, Should've*) 这首歌的标题和情感，尤其是无法回到过去的那种无力感。然而，这首歌的标题在这段艰难时刻提供了深刻的慰藉——我们深切思念的那个人（或那个存在）是如此宏大和重要，我们认为那超越了宇宙的界限。

对页：泰勒在"时代"巡回演唱会的首夜演出中

伟大的战争 *(The Great War)*

{附赠曲目} 午夜凌晨三点版本

发行日期： 2022年10月21日
创作者： 亚伦·德斯纳、泰勒·斯威夫特
制作人： 亚伦·德斯纳、泰勒·斯威夫特

　　《伟大的战争》以点缀着电子元素的基调和朴素的编曲，延续了《永恒故事》的音乐风格。在歌词上，它与《永恒故事》中的《幸福》一曲有着主题上的共鸣，在那首歌中，叙述者在愤怒之下指控伴侣的背叛，因其播下了不信任的种子，几乎导致分手。为了描述这个关键时期，《伟大的战争》的副歌巧妙地引用了汤米·詹姆斯和尚德尔在1968年创作的经典之作《深红色三叶草》（*Crimson and Clover*）中的歌词。整首歌曲通过一系列扩展的隐喻，将情感的动荡比作战场。其中最为亮眼的是过渡衔接段：被指控行

为不端的伴侣被比作一个困兽犹斗的士兵，面临被俘或更糟的命运——直到叙述者窥见了他们灵魂深处的诚实，并决定"撤回军队"，或是收回自己的愤怒。这个关键场景之后，《伟大的战争》渐渐缓和，叙述这对情侣正在策划建立一个记忆花园，象征着他们不会重返那段动荡的时光。目前尚不明确这是否意味着他们的关系已经结束，还是仅仅表明他们已经厌倦了争斗；毕竟，副歌的歌词也持续提醒我们，即使在争吵中，这对情侣的手依然紧紧相握。

巴黎 (*Paris*)

发行日期： 2022年10月21日
创作者： 杰克·安东诺夫、泰勒·斯威夫特
制作人： 杰克·安东诺夫、泰勒·斯威夫特

《巴黎》这首轻快的合成器流行曲，以霓虹灯般的节奏，讲述了忽略那些八卦绯闻（一位以前的朋友的妹妹轻吻了一个穿着品位堪忧的超差前任！）并选择将爱情保留在私密空间的故事，因为这样更有助于爱情的健康成长。这首歌的目标是保护爱情的纯真，并抵御外界压力的侵扰。实际上，尽管这对情侣实际上只是在家中享用着价格亲民的葡萄酒，却幻想着它们是香槟，而且在他们的想象中，他们正奔跑在巴黎的街头，在这个国际大都市，一切皆有可能！

高度不忠 (*High Infidelity*)

发行日期： 2022年10月21日
创作者： 亚伦·德斯纳、泰勒·斯威夫特
制作人： 亚伦·德斯纳、泰勒·斯威夫特

《高度不忠》看起来像是1980年快速马车乐队（REO Speedwagon）的专辑标题。这首充满动感的电子流行曲，以一位涉足外遇、与已婚人士有染的个体的视角进行叙述（从歌曲中提到的锋利如刀的白色尖桩栅栏便可窥见一斑），叙述者以指责对方过于计较和缺乏爱意的方式来为自己的行为进行辩护。这首歌曲同样因其歌词中提到的4月29日而闻名，这一日期已成为泰勒粉丝心中的一个标志性符号。

小故障 (*Glitch*)

发行日期： 2022年10月21日
创作者： 杰克·安东诺夫、萨姆·德鲁、马克·安东尼·斯皮尔斯、泰勒·斯威夫特
制作人： 杰克·安东诺夫、声波、泰勒·斯威夫特

《小故障》这首歌曲，其风格与收音机头乐队（Radiohead）的作品相仿，是在创作《薰衣草迷雾》的同一录音室中诞生的，这或许解释了为何两首歌曲都具有令人沉醉的、迷人的制作风格和充满活力的节拍。恰如其分地，《小故障》的歌词与这种令人迷失的氛围相得益彰：歌曲标题中的"小故障"（或者说错误）指的是主角原本意图与某人保持朋友关系——但最终却意外陷入了一段稳定而健康的感情的故事，这种情形通常并不被认为是常态。

本能够, 本可以, 本应该 *(Would've, Could've, Should've)*

〔附赠曲目〕午夜凌晨三点版本

发行日期：2022年10月21日
创作者：亚伦·德斯纳、泰勒·斯威夫特
制作人：亚伦·德斯纳、泰勒·斯威夫特

《本能够，本可以，本应该》自发布之日起便深受粉丝喜爱，这首歌曲没有副歌，斯威夫特在其中回顾了一段塑造她个性的重要感情。与《回忆太清晰》相似，这首歌试图解读一段错综复杂的情感纠葛，它以满载痛苦细节的诗句作为核心；因此，《本能够，本可以，本应该》借助了激烈的电吉他演奏、有力的鼓点和充满张力的律动来释放情感力量。继《恋人》专辑中的《假神》之后，泰勒再次运用宗教象征作为她的经历的隐喻。比如，她暗示如果未曾与这个人陷入关系（与恶魔共舞），她本可以保持纯洁（持续跪地祈祷）。

她将自己的痛苦比作天堂，但也意识到这让她对幽灵产生了恐惧，或是害怕重蹈覆辙。过渡衔接段部分则表达了对失去一切的遗憾：她没有得到和解，也无法回到她年轻时的心态（一座可能是耶稣的坟墓，象征着复活与永生，正让神圣的彩色玻璃窗开启，象征着希望、光明和精神上的启示）。

为了彰显《本能够，本可以，本应该》对泰勒的特殊意义，德斯纳在2023年5月于纳什维尔的现场首演中与她同台，在一场雨中的惊喜演出中增添了原声吉他的伴奏。

下图：斯威夫特出席了2022年多伦多国际电影节的"与泰勒·斯威夫特深度对话"活动，其中包括长达50分钟的对话环节以及《回忆太清晰：微电影》的观影

亲爱的读者 (*Dear Reader*)

发行日期：2022年10月21日
创作者：杰克·安东诺夫、泰勒·斯威夫特
制作人：杰克·安东诺夫、泰勒·斯威夫特

　　《亲爱的读者》这首歌，带有旅行嘻哈的风情，透露出一种《名誉》专辑后期的黑暗氛围。歌曲中的叙述者分享了许多智慧，这些智慧往往带有愤世嫉俗的色彩，出自一个心境阴暗的人物。（副歌部分一再明确告诫，不要听信一个正处于艰难时刻的人的话，这并非没有道理。）提出的行动建议包括逃离你目前的生活情境——地点不是问题，只需拿起地图即刻出发——清除过去的痕迹，保守秘密，甚至与恶魔为伍。过渡衔接段为这位不可靠叙述者的阴暗面增添了一些背景——他们感到极度荒凉和孤独。然而，在歌曲的尾声，歌曲提醒"亲爱的读者们"，应该在别处寻找指导——这是对为何我们不应总是依赖偶像来获取智慧之言的深刻反思。

卡罗来纳 (*Carolina*)

发行日期：2022年6月24日（推广单曲）/ 2022年7月15日（电影原声带）
创作者：泰勒·斯威夫特
制作人：亚伦·德斯纳、泰勒·斯威夫特
其他版本：视频版

　　泰勒·斯威夫特沉醉于迪莉亚·欧文斯2018年的畅销巨作《蝲蛄吟唱的地方》（*Where the Crawdads Sing*），这部跨越时代的悬疑小说深深吸引了她，并激发了她为2022年瑞茜·威瑟斯彭监制的同名电影改编创作"一首令人心神荡漾且空灵的音乐，以匹配这个引人入胜的故事"。[26]结果诞生了这首质朴而美丽的阿巴拉契亚民谣《卡罗来纳》。泰勒在夜深人静之时独立创作，随后与亚伦·德斯纳精心雕琢。"我们精心制作了这首歌曲的音效，我们认为这将真实地还原出这个故事所发生的时代的质感。"斯威夫特说。[27]从歌词上看，《卡罗来纳》也勾勒出了小说的情节，它讲述的是局外人基娅的故事，一个在逆境中展现出坚韧与毅力的人物，尽管面临重重困难，她依然奋力挣扎并持续前行。"这是她的孤独与独立、渴望与静谧、好奇与恐惧交织的对比，"斯威夫特写道，"她那坚定的温柔……以及世界对她的背叛。"[28]作为对其深刻内涵的认可，《卡罗来纳》荣获了格莱美奖最佳视觉媒体创作歌曲提名。

你之前爱过的所有女孩 (*All of the Girls You Loved Before*)

推广单曲

发行日期： 2023年3月17日
创作者： 路易斯·贝尔、亚当·金·芬尼、泰勒·斯威夫特
制作人： 路易斯·贝尔、弗兰克·杜克斯、泰勒·斯威夫特

为庆祝"时代"巡回演唱会的启幕，泰勒翻开了她的曲库，放出四首未曾面世的珍贵曲目：包括三首"泰勒重制版"重录歌曲，以及一首在前几周已在非官方渠道悄然流传的《恋人》时期的作品——《你之前爱过的所有女孩》。这首歌曲是对20世纪90年代R&B音乐的深情致敬，它以错综复杂的和声和悠然的慢摇节奏为特色，传达了对那些因性格不合未能修成正果的旧爱的感激之情，因为正是这些关系引领人们找到了真正合适的爱情。歌词主要聚焦于一位不知名的叙述者，她向伴侣表达，所有那些孤独的清晨和无意义的争吵都是值得的，因为他们共同拥有的是一种充满尊重和深情的伴侣关系。然而，斯威夫特也在歌曲中表达了她个人的感激之情：她回忆了自己曾经的痛苦时刻，如因一个不值得的人而在浴室里落泪。这些经历塑造了她对世界的理解，并使她更加珍视她那如宝石般宝贵的伴侣。

你正在失去我 (*You're Losing Me*)

曲库存曲 午夜深夜版本

发行日期： 2023年5月26日
创作者： 杰克·安东诺夫、泰勒·斯威夫特
制作人： 杰克·安东诺夫、泰勒·斯威夫特

2021年12月5日，泰勒吃了一些葡萄干后，与杰克·安东诺夫携手创作并录制了这首感人至深的《你正在失去我》。[29]这首歌曲节奏沉缓，音调经过了数字化扭曲，叙述者在其中权衡着是否要终结一段似乎已难以为继的长期感情。歌词中的疲惫感几乎可以触摸到，透露出感情的几处致命伤痕：沟通的断裂、同情心的缺失，以及在不断的争吵后卷土重来的疲惫感。《你正在失去我》的音乐核心是103bpm的节奏，它宛如心跳的稳定悸动。斯威夫特过去曾采样自己的心跳声（如《1989》专辑中的《狂野之梦》），而在这里，这个声音更多是对歌词的隐喻，歌词中叙述者频繁表达她已无法激发伴侣内心的热情。美国心脏协会也注意到了这首歌的节奏，并在社交媒体上分享了小贴士："虽然歌词可能令人心碎，但这首歌的节奏却可能救人一命。《你正在失去我》拥有执行'仅手部按压'心肺复苏术的理想节拍。"[30]

我们的歌：合作曲目 (*Our Song: Collaborations*)

泰勒·斯威夫特不仅为她的专辑创作了大量令人赞叹的原创歌曲，而且多年来，许多艺术家也翻唱了她创作或与她合作的歌曲。她在这些旋律中留下了自己独特的印记，例如，她翻唱了小大城乐队的《更好的人》和糖城乐队的《宝贝》并收录在《红》（泰勒重制版）中，在这之前，她曾是《宝贝》这首歌的特邀歌手。泰勒还现场演唱了《永久性记号笔》（*Permanent Marker*），原计划收录在2008年的《无畏》专辑中，[31]但最终没有被收录；2010年，后来的《好声音》（*The Voice*）参赛者玛丽·莎拉录制了这首歌的一个版本。

泰勒的合作曲目中，有些不太为人知，包括与布瑞特妮·胡佛（Britni Hoover）合作的乡村风格歌曲《这是真的在发生》（*This Is Really Happening*）和与希亚·费舍尔（Shea Fisher）合作的轻快歌曲《和我的宝贝在一起》（*Bein' with My Baby*）。2016年，她以笔名尼尔斯·舍伯格（Nils Sjöberg）与加尔文·哈里斯合作，共同创作了蕾哈娜演唱的电子流行乐《这就是你来的原因》（*This Is What You Came For*）。泰勒在2008年的《你人生中最棒的时光》（*Best Days of Your Life*）中与凯丽·皮克勒（Kellie Pickler）合作，这首歌后来在2022年由艾德·希兰以《小丑与皇后》（*The Joker and the Queen*）的形式进行了混音，泰勒在其中献声。

泰勒与国家乐队的亚伦·德斯纳和美丽冬季乐队的贾斯汀·弗农在《民间故事》和《永恒故事》中密切合作，并参与了他们的个人项目"大红机器"。她在《桦木》（*Birch*）和《叛徒》（*Renegade*）中献声并参与创作，后者是一首带有电子独立风格的曲子，也有流行版本。泰勒还为国家乐队2023年的专辑《科学怪人的前两页》（*First Two Pages of Frankenstein*）中的《奥尔科特》（*The Alcott*）献声并参与创作。

泰勒在并非自己创作的歌曲中也贡献过才华。在她职业生涯早期，她曾为杰克·英格拉姆（Jack Ingram）的《坚持住》（*Hold On*）伴奏，在约翰·梅耶（John Mayer）的《我的半颗心》（*Half of My Heart*）中出现，在B.o.B.2012年的热门歌曲《我们俩》（*Both of Us*）中演唱了一段旋律。[32]2015年，泰勒与肯尼·切斯尼（Kenny Chesney）在他的专辑《生活在没有鞋子的国家》（*Live in No Shoes Nation*）合唱了振奋人心的《大明星》（*Big Star*）。她与基思·厄本、蒂姆·麦格劳合作的《高速公路不在乎》（*Highway Don't Care*）在2013年赢得了众多奖项，这首歌在《公告牌》"美国乡村音乐排行榜"上登顶。泰勒还为海慕乐队的《汽油》（*Gasoline*）贡献了混音版。

多年来，泰勒·斯威夫特还翻唱了多首歌曲。2008年，她与英国的威豹乐队（Def Leppard）在CMT的《交叉路口电视》（*Crossroads TV*）特辑中共同演出。节目中，他们合唱了彼此的歌曲。"我妈妈在怀我时就听过威豹乐队的歌，"泰勒曾说，并强调她从小就听着这个乐队的歌长大，"喜欢威豹乐队似乎是由我的基因决定的，所以与他们合作真的很酷。"[33]

不过，经典摇滚并非泰勒的唯一爱好。她翻唱的歌曲跨越多种风格，举几个代表性的例子，包括嘻哈（艾米纳姆 [Eminem] 的《失去自我》[*Lose Yourself*]），情绪/朋克（帕拉摩尔乐队 [Paramore] 的《这就是你所得到的》[*That's What You Get*] 以及吉米·伊特世界乐队 [Jimmy Eat World] 的《中间》[*The Middle*]），新浪潮（金·康恩丝 [Kim Carnes] 的《贝蒂戴维丝的眼睛》[*Bette Davis Eyes*]），流行（火车乐队的《木星之泪》[*Drops of Jupite*]、格温·史蒂芬妮 [Gwen Stefani] 的《甜蜜的逃离》[*The Sweet Escape*]）、共和时代的《道歉》[*Apologize*]、蕾哈娜 [Rihanna] 的《雨伞》[*Umbrella*]），R&B/灵魂乐（土风火乐队 [Earth, Wind & Fire] 的《九月》[*September*]、杰克逊五兄弟 [Jackson 5] 的《我想要你回来》[*I Want You Back*]），软摇滚（菲尔·柯林斯 [Phil Collins] 的《无法停止爱你》[*Can't Stop Loving You*] 以及大卫·米德 [David Mead] 的《纳什维尔》[*Nashville*]）。

在2010年的"海地现在的希望"（Hope for Haiti Now）慈善活动上，泰勒演绎了泄露天机乐队（Better than Ezra）的《无法呼吸》（*Breathless*），而在2019年的电影《猫》中，她演唱了非常具有戏剧性的《马卡维提》（*Macavity*）。还有一首作品，虽然泰勒只演唱过一次，却深受粉丝喜爱：在2009年CMT颁奖典礼上，她和提潘（T-Pain）合作了一个名为《暴徒故事》（*Thug Story*）的《爱情故事》的恶搞版本，在其中她以说唱的形式讲述烤饼干和织毛衣的故事，并获得了不朽的昵称"提-斯威泽"（T-Swizzle）。

对页：泰勒·斯威夫特（在"时代"巡回演唱会的"红"部分的照片）无论是现场演唱自己的歌曲，还是演绎其他艺术家的作品，她都闪耀着光芒

11

"苦难诗社"时期

"在制作《苦难诗社》(*The Tortured Poets Department*)这张专辑时,我对歌曲创作的渴望超越了以往任何时候。"斯威夫特在2024年2月在澳大利亚墨尔本举行的"时代"巡回演唱会上说道,并公布了一首名为《逃离者》(*The Bolter*)的附赠曲目。[1]但这张专辑远远不止如此,专辑深刻剖析了两种心碎经历——一段长期关系的解体和一段短暂而激烈的恋情。《苦难诗社》体现了泰勒常说的那句话:"在爱情和诗歌中一切都是公平的。"精心创作的歌词和冥想式的音乐打破了全球销量和流媒体的纪录——以及产生了一大批让人喜爱和值得深入剖析的歌曲。

两周 (*Fortnight*)(与波兹·马龙[1]合作)

发行日期： 2024年4月19日

创作者： 杰克·安东诺夫、奥斯汀·波兹（波兹·马龙原名）、泰勒·斯威夫特

制作人： 杰克·安东诺夫、泰勒·斯威夫特

其他版本： 金发碧眼（BLOND：ISH）混音版

正如专辑的标题所暗示，《苦难诗社》深刻探讨了众多强烈的情感。泰勒·斯威夫特解释说："这张专辑充满了宿命论的色彩，它包含了许多关于生与死的议题，'我爱你，但这份爱毁了我的生活'等戏剧性的表达——这些话语虽然夸张，却极具戏剧性。"她继续说道："但这正是这张专辑的精髓所在。它描绘了一种——你懂的——戏剧性、艺术性、悲剧性的爱情与失落。"[2]电子流行乐的忧郁之作《两周》特别体现了《苦难诗社》的许多共通主题。泰勒补充说："其中之一便是宿命论——渴望、痛苦、失落的梦想。"[3]

《两周》这首歌是泰勒与说唱歌手波兹·马龙的合作曲目，讲述了一段短暂却刻骨铭心的恋情。主角对旧爱依旧念念不忘，然而命运却以一种讽刺且残酷的方式，让他们成了邻居，不得不面对在门口邮箱前的尴尬邂逅，或是尴尬地讨论关于天气的话题。泰勒巧妙地将这些平凡的郊区生活场景与内心的黑暗情感形成鲜明对比。主角对对方的妻子怀有强烈的嫉妒——尽管对方对此一无所知，只是在一旁无辜地浇花——并秘密饮酒以应对内心的痛苦。泰勒的声音充满了愤怒和无奈，而波兹·马龙则以真诚、流畅的旋律提供了深情的对比，增添了对往昔的怀念。

泰勒描述说："我一直想象《两周》发生在一个美国小镇上，在那里本应实现你心中的美国梦，但现实并非如此。""你最终没有和你所爱的人在一起，

现在你必须每天面对这个残酷的现实。想象着如果事情有所不同，或许在外面偶然遇见他们……这确实是一个相当悲惨的构想。"[4]

泰勒不仅编写和导演了《两周》的音乐视频，而且她认为这个视频是"这张专辑和我讲述的故事的完美视觉呈现"。她说："我想向你们展示我在脑海中构想的世界，这些世界是我创作这些音乐的背景。视频中几乎所有的元素都是一个隐喻或对专辑某个部分的引用。"[5]视频中，专辑的歌词以各种形式生动地呈现出来。有趣的是，音乐视频还邀请了伊桑·霍克和乔什·查尔斯这两位1989年经典电影《死亡诗社》（*Dead Poets Society*）的主演出演——"苦难的诗人们（苦难诗社），来见见走廊尽头的同行、已故的诗人们（死亡诗社）。"泰勒幽默地说道[6]。这可能被视为对专辑标题常见误读的巧妙致敬。《两周》一经发布便成为热门歌曲，首次亮相便占据了"《公告牌》百强单曲榜"和"《公告牌》全球两百强排行榜"的榜首。

左图：在2024年"喧嚣加州"音乐节（Rolling Loud California Festival）上，泰勒与《苦难诗社》中《两周》的说唱歌手波兹·马龙登台献艺

对页：斯威夫特在2024年5月，巴黎"时代"巡回演唱会的第三晚，身着军乐队夹克演绎《世界上最小的小人》（The Smallest Man Who Ever Lived）

1　波兹·马龙（Post Malone）：原名奥斯汀·理查德·波兹（Austin Richard Post），美国饶舌歌手、歌手、词曲创作者、唱片制作人和吉他手。他因融合嘻哈、流行、R&B和陷阱音乐等多种音乐风格而声名鹊起，广受好评。

苦难诗社 (*The Tortured Poets Department*)

{ 专辑收录曲 }

发行日期：2024年4月19日

创作者：杰克·安东诺夫、泰勒·斯威夫特

制作人：杰克·安东诺夫、泰勒·斯威夫特

泰勒·斯威夫特指出，《苦难诗社》捕捉了一个瞬息万变且具有宿命论意味的"事件、观点和情感——既震撼人心又同样充满悲伤"。[7]专辑封套末尾的一篇精妙后记似乎透露了更多细节，她提到了一段长期关系的终结以及一段结局不佳的短暂恋情。尽管斯威夫特通常不愿公开讨论歌曲的灵感来源，但在这个案例中，人们不难将这首歌与她的真实生活经历联系起来：她与演员乔·阿尔文的关系告终，随后是与摇滚乐队"1975"的主唱马蒂·希利（Matty Healy）的短暂恋情。相应地，这首具有标志性的主题曲目——一首带有20世纪80年代末期复杂流行音乐风格、充满叹息和声与金属质感鼓点的闪光之作——描绘了两位创意人士之间紧张而激烈的关系。尽管这对情侣在许多层面上彼此契合，但叙述者担心她情人不稳定的性格正在破坏他们的爱情。她试图为这位狂野的诗人带来一丝现实感，并努力打破任何浪漫化的幻想，指出她并非帕蒂·史密斯[1]，而她那位携带打字机的情人也并非迪伦·托马斯[2]。

我的男孩只破坏他最喜欢的玩具 (*My Boy Only Breaks His Favorite Toys*)

专辑收录曲

发行日期：2024年4月19日

创作者：泰勒·斯威夫特

制作人：杰克·安东诺夫、泰勒·斯威夫特

意识到深爱之人对你不公，而你仍不愿放手，这是一种难以言说的痛楚。这首充满隐喻的合成器流行乐佳作《我的男孩只破坏他最喜欢的玩具》恰如其分地采用"否认"作为一种情感防线，"让你能够继续活在一个对这段有毒、破碎的关系还抱有希望的世界中"，泰勒解释道。[8]然而，前景并不乐观：歌曲中的叙述者所爱的人害怕承诺，并且倾向于自我毁灭。泰勒实际上是从"一个玩具的视角"来创作这首歌，"成为某人的最爱——直到他们将你弄坏，然后不再愿意与你玩耍"。她巧妙地在歌词中穿插了熔化的塑料士兵玩具和沙堡被摧毁的意象。"这很像很多人在关系中的经历，"她继续阐述，"一开始我们被对方极度珍视，但突然之间，他们就'弄坏'了我们，或者在他们心中贬低我们的价值，而我们却仍然执着于'不，不，不，你应该记得他们第一次见到我时的样子。他们会回到那个状态的。他们会找回那种感情的'。"[9]

---

1 帕蒂·史密斯（Patti Smith）：美国女摇滚歌手、诗人、画家，20世纪70年代美国朋克音乐的先锋人物之一。

2 迪伦·托马斯（Dylan Thomas）：威尔士诗人，深受美国摇滚巨星鲍勃·迪伦（Bob Dylan）的崇敬，代表作有《不要温和地走进那个良夜》（*Do not go gentle into that good night*）。

糟糕透顶 (*Down Bad*)

发行日期： 2024年4月19日
创作者： 杰克·安东诺夫、泰勒·斯威夫特
制作人： 杰克·安东诺夫、泰勒·斯威夫特

　　《糟糕透顶》不仅是《苦难诗社》专辑中最易引起共鸣，也是最超现实的一首歌。它以细腻的慢摇节奏为驱动，副歌部分描述了典型的分手后的自怜时刻——在健身房里泪流满面，对前任恶语相向，过于夸张地表现着自己的痛苦。然而，歌词的段落却以独特的视角展现了一段变质的恋情。"你知道，这种感觉就像是被爱情轰炸，有人震撼了你的世界，并且让你眼花缭乱。"泰勒这样描述[10]。她将一段如今已消逝的激烈爱情比作一次令人愉悦的外星人绑架[1]经历。泰勒说："（歌曲中的叙述者）想和他们待在一起，但当他们把她送回她的家乡时，她会说：'等等，你要去哪里？我喜欢那里，那里虽然奇怪但也很酷，回来。'""歌曲中的角色只是感觉：'我刚刚被引入了一个全新的星系和宇宙，我从未意识到这可能存在。你怎么能就这样把我放回我原来的地方？'"[11]

伦敦, 再见 (*So Long, London*)

发行日期： 2024年4月19日
创作者： 亚伦·德斯纳、泰勒·斯威夫特
制作人： 亚伦·德斯纳、泰勒·斯威夫特

　　《苦难诗社》专辑的第五首歌曲《伦敦，再见》，是对一段走到尽头的长期关系的深情告别。在这首歌中，叙述者终于感到疲惫，不再愿意承担维持这段恋情的沉重负担，坚定地认为分手是自我救赎的必要之举。然而，这个痛苦的觉醒引发了一系列复杂的情感，包括因付出巨大却收获甚微而感到的疲惫，以及对逝去的岁月的缅怀和被忽视的愤怒。在音乐上，《伦敦，再见》融合了如露珠滚落般活力四射的清新电子节奏和泰勒·斯威夫特亲切的演唱风格，营造出一种仿佛她在为这段关系举行葬礼的悼词般的氛围。歌曲的引子进一步强化了这种情绪——它如同教堂钟声的合唱，泰勒以天使般的合唱团嗓音吟唱着歌曲标题，宛如在吟唱一首神圣的赞美诗。听众们可以将这首歌视为《恋人》专辑中更加快乐、充满希望的《伦敦男孩》的悲伤版本。

1　外星人绑架（Alien abduction）：指的是一种流行文化和民间传说中常见的概念，通常包含被UFO（不明飞行物）带走，进行医学检查或实验，然后被送回地球的经历。虽然这些说法在科学界没有得到证实，但它们在科幻文学、电影和电视节目中非常流行，成为现代都市传说的一部分。

但是爸爸，我爱他 (*But Daddy I Love Him*)

专辑收录曲

发行日期：2024年4月19日
创作者：亚伦·德斯纳、泰勒·斯威夫特
制作人：杰克·安东诺夫、亚伦·德斯纳、泰勒·斯威夫特
其他版本：原声版

　　《苦难诗社》中的歌曲往往有着自白式叙述和第一人称叙述的特点，但这并不一定意味着歌词直接摘自泰勒的个人日记，或是对她个人经历的直接描绘。

　　这一点在《但是爸爸，我爱他》这首歌中尤为显著，它是一首充满电影感、弦乐悠扬的独立民谣佳作。歌曲中的主角是一个不受拘束、俏皮的叙述者，她反抗自己保守的成长背景，对那些喜欢评头论足的傲慢之人不屑一顾，并且对任何试图限制她欲望的人进行尖锐的反击。不出所料，她因其非传统的爱情选择而遭到排斥。然而，她对此毫不在意；实际上，她甚至假装怀孕以刺激那些不赞成者的强烈反应，并选择与她的爱人一起逃离。在她看来，她为自己的选择负责，并且不欢迎那些好事者和爱管闲事的人干涉她的生活。最终，叙述者和她深爱的人成功让周围的喧嚣平息，并带着对彼此爱情的坚定信念回到家中，准备结婚，同时也获得了她父母的认同。（尽管小镇上的一些酒鬼妈妈们仍然持反对意见，但这显然是她们的损失。）如果从字面上理解，《但是爸爸，我爱他》可能被看作是斯威夫特在斥责那些对她私生活和恋爱选择过分关注的粉丝们。然而，这种愤怒和责备的语气与她的性格不太相符；更恰当的理解是，将这首歌视为关于一个无法抑制的浪漫主义者的故事：她打破常规，与一个出人意料的对象坠入爱河。

重获自由 (*Fresh Out the Slammer*)

{ 专辑收录曲 }

发行日期： 2024年4月19日

创作者： 杰克·安东诺夫、泰勒·斯威夫特

制作人： 杰克·安东诺夫、泰勒·斯威夫特

仿佛是黎明时分的牛仔对决，带有沙哑的吉他即兴重复段和悠闲的节奏。

在《苦难诗社》专辑发行前，粉丝们提出了一个理念，认为专辑及其不同版本象征着悲伤的五个阶段。泰勒采纳了这一理念，并创建了一系列精心策划的苹果音乐播放列表，将她的音乐作品按照这些阶段进行了分类。她将《重获自由》加入一个播放列表中，这个列表代表着"我们最终学会了接受，能够从失落或心碎中走出来并开始向前迈进"。她解释说："这些歌曲代表着为你的生活腾出空间，迎接更多的美好——做出这样的选择。因为很多时候，我们在失去的同时，也在获得。"[12]这首歌曲恰如其分地指出一段糟糕的恋情可以像监狱一样令人窒息和绝望，歌曲中的角色在从一段令人窒息的恋情中解脱后，立刻给前任打电话。在音乐上，这首歌曲具有与《永恒故事》专辑中那首《像我一样的牛仔》类似的荒凉感，

上图： 斯威夫特发行了《苦难诗社》的多种黑胶版本，每个版本都附有史蒂薇·尼克斯撰写的感人散文和一首独特的额外曲目

对页： 斯威夫特在"时代"巡回演唱会中，将《糟糕透顶》中的太空船隐喻生动地呈现于舞台，仿佛外星生命被赋予了实体

佛罗里达！！！ (*Florida!!!*) (与芙萝伦丝和机器乐队¹合作)

{ 专辑收录曲 }

发行日期： 2024年4月19日

创作者： 泰勒·斯威夫特、芙萝伦丝·威尔奇

制作人： 杰克·安东诺夫、泰勒·斯威夫特

芙萝伦丝·威尔奇（芙萝伦丝和机器乐队的主唱）与泰勒共同创作了这首震撼人心的《佛罗里达！！！》，并为其贡献了强有力的歌声。这首歌曲讲述了一个"末路狂花"式的故事，它有着坚定的节奏、雷鸣般鼓点密集的引入部分，歌词中叙述了逃避自我的后果或摆脱不愉快情境的经历。"当我心碎时，内心深处会有一种渴望，想要一个新身份，一种新生活，并且不希望任何人知道我的过去或了解我。"泰勒如是说。[13]她受自己常看的真实犯罪电视节目《新闻电头》（*Dateline*）启发——该节目经常描述罪犯寻找安全藏身之地的故事，她得出结论："如果要重塑自我，融入新环境，你会去哪里？当然是佛罗里达！"[14]歌词巧妙地呼应了《永恒故事》专辑中以谋杀事件为主题的民谣《无惧无罪》，并沉溺于一些不妙的幻想：希望过去的前任消失，同时指出佛罗里达是摆脱不忠与恶劣丈夫的理想之地。《佛罗里达！！！》也拥抱了佛罗里达被称为"阳光之州"的奇特声誉；内页注释中感谢了艾米丽·吉恩·斯通（Emily Jean Stone）——也就是泰勒的老朋友，女演员艾玛·斯通——为歌曲中的奇异元素做出的贡献。

---

1 芙萝伦丝和机器乐队（Florence & Machine）：英国乐队，成立于2007年，主唱为芙萝伦丝·威尔奇（Florence Welch）。

罪孽深重？(*Guilty as Sin?*)

发行日期：2024年4月19日
创作者：杰克·安东诺夫、泰勒·斯威夫特
制作人：杰克·安东诺夫、泰勒·斯威夫特

　　泰勒·斯威夫特的专辑《苦难诗社》比其他专辑更深入地引用了流行文化，尤其是主打歌中不仅提到了帕蒂·史密斯和迪伦·托马斯（Dylan Thomas），还有查理·普斯（Charlie Puth）和切尔西酒店。这首梦幻的复古流行歌曲《罪孽深重？》再次精准地击中了目标：歌词中含蓄地引用了苏格兰乐队蓝色尼罗河（The Blue Nile）在1989年发行的充满氛围感的歌曲《市中心的灯光》（*The Downtown Lights*）。（敏锐的泰勒粉丝们立刻认出这与马蒂·希利相关，因为他曾公开表示自己是蓝色尼罗河乐队的粉丝。[15]）叙述者随后陷入了沉思，思考是否应该陷入对一段短暂恋情的热烈幻想，还是应该将她的感情深藏不露。《罪孽深重？》还拥有专辑中最出色的桥段，它巧妙地运用宗教比喻（例如耶稣复活后推开墓石）来描绘这种情感上的两难选择。尽管叙述者可以表现得非常虔诚和完美，但她仍然会被要求达到更高的标准，并受到批评。这意味着即使她选择去爱，即使这可能是一种神圣的行为，但这样的选择仍然无法避免遭到外界的评判和指责。

谁害怕我这个无名小卒？(*Who's Afraid of Little Old Me?*)

发行日期：2024年4月19日
创作者：泰勒·斯威夫特
制作人：杰克·安东诺夫、泰勒·斯威夫特
其他版本：手机备忘录初稿

　　作为《苦难诗社》中最为阴郁的一曲，《谁害怕我这个无名小卒？》以其哥特式风格，融合了多莉·艾莫丝的深沉与赶时髦乐队（Depeche Mode）的电子氛围，并且搭配着喧嚣的键盘声、充满氛围感的制作和激昂的打击乐。泰勒在钢琴上独立创作了这首歌，灵感来源于她对于社会和文化界对艺术家的不公待遇的愤慨，并决心坦率地表达这种负面影响。她质问道："我们对作家、艺术家和创意人士做了些什么？我们让他们经历磨难。我们观看他们的创作，然后加以评判。我们似乎乐于见到艺术家在痛苦中挣扎。"[16]

　　这种情绪显然对泰勒产生了深远的影响。当她唱出歌曲的标题时，她的声音触及了高音区，流露出与歌曲中那个被错误描绘为精于算计、刻薄的人物——一位像郝薇香小姐一样，最终失去了力量的女巫般的角色——相符的痛苦和情感的煎熬。泰勒解释说："从我还是一个青少年起，我就一直处于公众视野之中，这极大地影响了我对世界和自我的看法。世界似乎认为自己不仅有权力，而且有责任对你进行评判、批评和干预。这种感觉真的可以深深地影响一个人。"[17]

我能治愈他(我真的可以)(*I Can Fix Him* [*No Really I Can*])

发行日期：2024年4月19日

创作者：杰克·安东诺夫、泰勒·斯威夫特

制作人：杰克·安东诺夫、泰勒·斯威夫特

这首迷人的美国乡村风格曲目《我能治愈他（我真的可以）》是《苦难诗社》中的亮点，也是一首最适合用优质耳机沉浸式聆听的歌曲。歌词讲述了一个永恒的主题：与某人建立关系，幻想自己能够修补他们的缺陷或改变他们的个性——然后当现实残酷地证明这是不可能的时候，主角经历了一次令人不悦的觉醒。这首歌的叙述者正与一个有害的伴侣交往，这位伴侣的粗鲁和低俗让旁观者都感到困惑，不解他们为何会走到一起。然而，叙述者仍坚持不懈地想要挖掘这个坏男孩隐藏的温柔本性——直到歌曲的最后一行，叙述者才恍然大悟，意识到这个男孩的野性本质是无法改变的。

泰勒巧妙地将《我能治愈他（我真的可以）》纳入她的苹果音乐歌单中，这个歌单集结了"那些让你如此沉迷于某件事，以至于难以察觉到危险信号的歌曲"，她解释说："这首歌可能导致对危险视而不见，甚至可能带来一些幻觉。" [18]

一生挚爱 (*loml*)

发行日期：2024年4月19日

创作者：亚伦·德斯纳、泰勒·斯威夫特

制作人：亚伦·德斯纳、泰勒·斯威夫特

在日常对话中，缩写"loml"通常意味着"一生挚爱"（love of my life）。然而，在歌曲《一生挚爱》的最后一句中，泰勒巧妙地用"失去"（loss）替换了"爱"（love），这一精妙的措辞转换深刻体现了歌曲的核心主题：最终领悟到一段旧情最好的结局是让它彻底熄灭。脆弱的钢琴旋律贯穿着这首令人心碎的歌曲，它回响着破碎的承诺（包括对婚姻和孩子的讨论）和背叛的时刻。然而，作为对叙述者为这段不幸恋情画上句号的象征，泰勒选择将《一生挚爱》纳入她的苹果音乐播放列表中，一个基于抑郁情绪的歌曲集，她用这种方式来处理和消化痛苦。"尽管这些经历真的非常艰难，"她提到，"我常常觉得，当我在听那些处理这种深度失落和绝望情绪的歌曲，或者当我在写这样的歌曲时，通常那便是我即将走出那种感觉的阶段。" [19]

心碎了我也能做到 (*I Can Do It With a Broken Heart*) 专辑收录曲

发布日期： 2024年4月19日
创作者： 杰克·安东诺夫、泰勒·斯威夫特
制作人： 杰克·安东诺夫、泰勒·斯威夫特

当泰勒·斯威夫特深入挖掘不同情感之间的对比时，《苦难诗社》以其独特的光辉脱颖而出。以广受粉丝喜爱的这首《心碎了我也能做到》为例，这首歌在音乐上是一首充满活力的20世纪80年代新浪潮风格曲目，拥有如霓虹灯闪烁般的程序化脉冲和坚定有力的节奏。然而，在主题上，它却透露出一种夜店中的悲伤氛围，歌词中充满了经历心碎却仍需在公众视野中保持坚强的苦楚。歌曲中的叙述者通过戴上一个假装快乐的面具来掩饰自己的抑郁情绪，忽略内心的痛苦和一团乱麻的个人生活，明确地表达了即使在泪水中，也要坚持继续工作的决心。这首歌的背景音乐中巧妙地融入了计数声，模仿了现场演出中表演者通过耳返所听到的节奏提示，这不仅强化了泰勒在舞台上不断自我推动、坚持完成表演的决心，也反映了她在面对公众压力时的挑战与无奈。随着歌曲来到结尾，泰勒的声音似乎在泪水的边缘挣扎，她夸张地揭开自己内心无人知晓的痛苦，这进一步凸显了她在隐藏情感的重压。

下图：2023年罗拉帕罗扎（Lollapalooza）音乐节上，1975乐队的马蒂·希利正在表演，据传他是《苦难诗社》歌曲的灵感来源之一

世界上最小的小人 (*The Smallest Man Who Ever Lived*) 专辑收录曲

创作者：亚伦·德斯纳、泰勒·斯威夫特
制作人：亚伦·德斯纳、泰勒·斯威夫特

《世界上最小的小人》描写了遭受伴侣不公待遇后被无声无息地抛弃，且为此没有得到任何解释的愤怒。泰勒将这首歌选入了苹果音乐关于愤怒情绪的精选播放列表中，这并不令人意外。她表示："多年来，我认识到愤怒可以以许多不同形式显现，但在我生活中最健康的表现方式是够通过创作歌曲来表达它，这通常能够帮助我超越这种情绪。"[20]这首歌曲以轻柔的钢琴旋律和微妙的电子音效开始，泰勒在其中发出了一声无奈的叹息。然而，随着《世界上最小的小人》的旋律的推进，泰勒的挫败感逐渐升温。她用高低音部分的双重旋律，营造出一种既愤怒又痛苦的氛围，并在音乐逐渐增强至重击钢琴和弦以及激昂的管弦乐高潮时，以坚定的信念唱出歌词。

炼金术 (*The Alchemy*) 专辑收录曲

发行日期：2024年4月19日
创作者：杰克·安特诺夫、泰勒·斯威夫特
制作人：杰克·安特诺夫、泰勒·斯威夫特

泰勒以其将体育元素巧妙融入歌词的才华而闻名。无论是《为我停留》中的橄榄球头盔，还是《你应该和我在一起》中的自信啦啦队队长，抑或是《……准备好了吗？》中的紧张赛事，她总能以体育为灵感，创作出令人难忘的旋律。在《苦难诗社》的首支浪漫巨作《炼金术》中，泰勒再次超越了自我。这首梦幻的电子流行曲捕捉了一段新关系中令人激动的初期——当两个人发现彼此之间有着不可抗拒的化学反应后，迅速坠入爱河。泰勒在《炼金术》的歌词中巧妙地融入了竞技体育的元素。她用比喻的方式描述了那些表现不佳的前任被从团队中剔除，至少是被排除在首发阵容之外的情境。同时，她巧妙地运用了谐音词来暗示触地得分的瞬间。在桥段部分，她描绘了一个团队赢得冠军后的狂欢场景，啤酒四溅，欢呼声此起彼伏。在这个场景中，胜利者——一匹不被看好的黑马——直接奔向他的爱人，拥抱的不是实际的奖杯，而是一个象征性的、更为珍贵的奖赏。2024年初，我们目睹了泰勒与她的男友特拉维斯·凯尔西在后者的球队赢得超级碗冠军后的类似场景，这为《炼金术》增添了一份真实感。然而，这首歌的真正魅力在于它的普遍性——它能够触动每一个正处于一段令人兴奋的新关系中的人的心弦。

克拉拉·鲍 (*Clara Bow*)

专辑收录曲

发行日期：2024年4月19日
创作者：亚伦·德斯纳、泰勒·斯威夫特
制作人：亚伦·德斯纳、泰勒·斯威夫特

　　《克拉拉·鲍》这首充满激情、由弦乐驱动的歌曲，以20世纪20年代一位不屈不挠的女演员命名。无论是在无声电影时代还是后来的有声电影时代，这位女演员始终拒绝顺从社会的期望，却依旧成了一颗耀眼的明星。在主题上，这首歌与《红》专辑中关于名声的阴暗面的两首歌曲——警示性故事《幸运的她》和与菲比·布里奇斯合作的《一切如旧》（泰勒重制版）——形成了巧妙的联系。《克拉拉·鲍》的歌词描绘了一个充满抱负、渴望成名的年轻女演员，她梦想着离开自己的小镇并被世人看见——她的梦想似乎伸手便可触及，因为她常被人们比作1975年的史蒂薇·尼克斯。

　　泰勒选择史蒂薇·尼克斯和克拉拉·鲍作为歌曲灵感是经过深思熟虑的。她说："我选择了那些在过去娱乐业中取得巨大成就的女性，她们是伟大的原型。克拉拉·鲍是第一位'时尚风向标'（It Girl）。同样，史蒂薇·尼克斯已经成了一个符号，是任何想要写歌和制作音乐的人的杰出榜样。"[21]然而，这首歌也提醒了这位崭露头角的年轻艺术家，名声有其阴暗面——包括被过度崇拜和被要求达到不切实际的美貌标准——最终以一个出人意料的转折结束：这位新星被拿来与泰勒·斯威夫特相比较。

　　这暗示着即便是最耀眼的明星，最终也可能被更年轻、更美丽的新人所取代，因为她们能带来新的体验。泰勒说："我构思了这样一种对话，一名年轻女子坐在桌子前，而有权势的男人或女人坐在桌子后面，说：'哦，你让我想起了之前的一个女人——但别担心，你更出色。我们将让你成为新的她。'"[22]

　　泰勒的《克拉拉·鲍》很可能是基于她自己在音乐行业打拼的经历创作的。她回忆说："我小时候坐在唱片公司的办公室里，试图获得唱片合约。他们会说：'你知道，你让我们想起了……'然后他们会提到一个艺术家的名字，然后他们会以这样或那样的方式对她进行贬低：'但你是这样，你比她好多了……'这就是我们教女性看待自己的方式，就像，你可以成为这个在你之前做了一些伟大事情的女人的新替代品。"[23]

　　克拉拉·鲍的家族对泰勒的歌曲表示了全力支持，她的曾孙女尼科尔·西斯内罗斯在听这首歌时感到"寒毛直竖"，并认为这首歌"诗意地描绘了克拉拉·鲍和泰勒之间的相似之处"，她们"都是充满创意的、令人惊叹的天才艺术家。我和我的家人都爱这首歌，感谢泰勒将她的歌词创作与克拉拉的遗风联系起来"。[24]

左图：女演员克拉拉·鲍，她是《苦难诗社》主题中的亮点
对页：斯威夫特在2024年的"时代"巡回演唱会欧洲站中演唱她的单曲《两周》

黑狗 (*The Black Dog*)

发行日期: 2024年4月19日
创作者: 泰勒·斯威夫特
制作人: 杰克·安东诺夫、泰勒·斯威夫特
其他版本: 手机备忘录初稿

就在2024年4月19日凌晨2点的钟声敲响之际,泰勒在社交媒体上宣布了一个令人惊喜的消息:《苦难诗社》实际上是一张双版本专辑。[25]随之而来的是《苦难诗社:诗集》的发布,它带来了额外的十五首歌曲,包括四首先前宣布的附赠曲目和十一首全新的旋律。"过去两年里,我创作了大量充满情感的诗篇,我渴望将它们全部呈现给你们。"[26]泰勒这样写道。这张豪华版专辑以附赠曲目《黑狗》作为开篇,这是泰勒独立完成的一首感人至深的歌曲。歌曲以伦敦南部一家酒吧的名字命名,是一首以简约钢琴伴奏

和偶尔爆发的电吉他轰鸣音为特色的强力抒情曲;歌词讲述了一个痛苦的发现——前任已经与他人继续前行,过着你们本应共同拥有的生活。《黑狗》中还提到了起始线乐队(The Starting Line),这是对歌曲主题的明确提示:敏锐的粉丝们立刻回想起马蒂·希利在2023年5月的1975乐队演唱会上翻唱了这支情绪朋克乐队的代表作《我最好的》(*The Best of Me*)。

下图:热情的斯威夫特粉丝们在"时代"巡回演唱会巴黎站的演出中,见证了斯威夫特首次演绎《苦难诗社》的曲目

我会让你回来 (*imgonnagetyouback*[1])

发行日期: 2024年4月19日
创作者: 杰克·安东诺夫、泰勒·斯威夫特
制作人: 杰克·安东诺夫、泰勒·斯威夫特

在《苦难诗社:诗集》的创作和制作过程中,亚伦·德斯纳承担了大部分工作,但泰勒的老搭档杰克·安东诺夫也为这张专辑精选了几首曲目,其中就包括这首低调的流行节奏与布鲁斯风格的冥想曲《我会让你回来》。这首歌以其闪烁的键盘音效和轻松的、受陷阱音乐风格影响的节奏,延续了《午夜》专辑中那种朦胧的电子流行乐风格。主题上,《我会让

你回来》与《午夜》专辑中对过往深夜沉思的探讨不谋而合,歌词中对可能的浪漫重聚进行了深思熟虑,这种重聚可能是有益的,也可能有潜在的风险。实际上,这首歌的标题具有双重含义:既可以理解为某人决定与旧爱重燃爱火,也可以解读为某人对前任进行甜蜜的复仇。

---

1 本书遵循原歌名书写格式,不做改动。——编者注

信天翁 (*The Albatross*)

发行日期：2024年4月19日

创作者：亚伦·德斯纳、泰勒·斯威夫特

制作人：亚伦·德斯纳、泰勒·斯威夫特

《苦难诗社》探讨的主题与斯威夫特2017年的专辑《名誉》中的主题有着明显的共鸣。以这首优雅的管弦乐曲《信天翁》为例，它传达了一个与《名誉》相呼应的理念：由于公众对你的看法，你在一段关系中感到自己成了负担。然而这一次，斯威夫特并不是唯一一个经历这种孤立感的人：《信天翁》讲述了目睹他人也遭遇同样命运的故事。

克洛伊或山姆或索菲亚或马库斯 (*Chloe or Sam or Sophia or Marcus*)

发行日期：2024年4月19日

创作者：亚伦·德斯纳、泰勒·斯威夫特

制作人：亚伦·德斯纳、泰勒·斯威夫特

目睹前任与他人继续前行，而你却被留在原地，这种痛苦尤为深刻，尤其是当你心中还有未了的情感时。《克洛伊或山姆或索菲亚或马库斯》正是在这种情境下展开，叙述者虽然理解分手的原因，但内心仍不免遐想：如果事情有不同的发展，结局会是怎样？威尔科乐队（Wilco）的格伦·科切（Glenn Kotche）为这首带有民谣色彩的室内流行曲带来了鼓点和打击乐，它们与曼陀林、长号和弦乐的细腻交织，为歌曲增添了丰富的质感。

它是怎么结束的？(*How Did It End?*)

发行日期：2024年4月19日

创作者：亚伦·德斯纳、泰勒·斯威夫特

制作人：亚伦·德斯纳、泰勒·斯威夫特

这首充满忧郁气息的《它是怎么结束的？》不仅是对那些喜欢窥探他人私生活细节——尤其是当亲密关系破裂后——的好事者的尖锐批评，也是对一段过早结束的恋情的深情哀叹。钢琴的旋律如同旋转的舞者，与波动的弦乐交织，营造出一种优雅的氛围，这要归功于亚伦·德斯纳的兄弟布莱斯·德斯纳精心编排的旋律。

如此高中 (*So High School*)

《苦难诗社：诗集》

发行日期： 2024年4月19日
创作者： 亚伦·德斯纳、泰勒·斯威夫特
制作人： 亚伦·德斯纳、泰勒·斯威夫特

　　即便是那些饱经风霜的诗人，偶尔也会从他们忧郁的笔触中抽离出来，创作出一些带有幸福结局的作品。在《苦难诗社：诗集》中，这种转变体现在那首令人心动的《如此高中》，一首由吉他驱动的独立摇滚曲目，它巧妙地融合了现代音乐灵感（如蜗牛邮件[Snail Mail]、足球妈妈[Soccer Mommy]等歌手）与20世纪90年代末浪漫喜剧电影的经典旋律。泰勒在这首歌中描绘了一段令人陶醉的恋情，它让叙述者感到重返青春，仿佛又回到了高中时期，体验着初恋的悸动。《如此高中》完美捕捉了那个时代的迷人与尴尬——比如第二句歌词中提到的，发现暗恋对象时的羞涩躲藏——并细数了青少年时期的一系列典型的活动：观看经典的喜剧电影《美国派》（*American Pie*），在朋友们玩《侠盗猎车手》（*Grand Theft Auto*）时的亲密互动，以及玩"真心话大冒险"和"旋转瓶子"等游戏。歌词中的一些暗示让人合理推测，这首歌可能是关于她与特拉维斯·凯尔西的恋情。叙述者对亚里士多德的知识了如指掌，而她的另一半则是一名运动员，歌词中还隐含了"亲吻、结婚、杀死"（Kiss, Marry, Kill）这个游戏，其中某人需要选择对三个人分别做出这三个动作。回到2016年，凯尔西在参加这个游戏时，被要求在爱莉安娜·格兰德、凯蒂·佩里和泰勒·斯威夫特之间做出选择——他选择了斯威夫特作为他想要亲吻的人。

下图：在第58届超级碗比赛中获胜后，特拉维斯·凯尔西与斯威夫特在球场上共同庆祝的瞬间

我讨厌这里 (*I Hate It Here*)

发行日期： 2024年4月19日

创作者： 亚伦·德斯纳、泰勒·斯威夫特

制作人： 亚伦·德斯纳、泰勒·斯威夫特

认为《苦难诗社》中只有关于爱情与人际关系的歌曲，无疑是一种误解。一个典型的例子便是《我讨厌这里》，这首华丽风格的民谣流行歌曲，仿佛是《民间故事》专辑中失落的珍宝。歌曲由一个疲惫的灵魂叙述，他不安地探寻着能让自己安心落脚的地方。大多数时候，这位主角乐于沉浸在自己的思绪中，幻想着自己沉浸在弗朗西斯·霍奇森·伯内特（Frances Hodgson Burnett）的儿童文学经典《秘密花园》（*The Secret Garden*）中那种清新而宁静的孤独氛围，或是身处月球上的隐秘角落。专辑中被频繁引用的一句歌词，描绘了叙述者与朋友游戏时的情景，他们坦言自己或许愿意生活在19世纪30年代，尽管那个时代存在着种族歧视和女性婚姻权利的缺失。在这首歌中，叙述者大声说出这些想法的瞬间，仿佛是唱片突然停止的一刻，所有对话戛然而止。这不仅揭示了公众试图对过去无限美化的潜在危险，也反映了对历史真实性的深刻反思。

谢谢你, 艾米 (*thanK you aIMee*[1])

发行日期： 2024年4月19日

创作者： 亚伦·德斯纳、泰勒·斯威夫特

制作人： 杰克·安东诺夫、亚伦·德斯纳、泰勒·斯威夫特

在音乐上，《谢谢你，艾米》是一首朴实无华的原声民谣流行曲，听起来像是斯威夫特早期更成熟、更根源化的音乐风格的延续。然而，在歌词上，这首歌却要黑暗得多——聚焦于一个名叫艾米（Aimee）的恶霸女孩，她的霸凌行为对歌曲主人公造成的伤害以及主人公的反击与报复。在歌词中，艾米被表现为一尊有着小麦色的肤色的雕像。《谢谢你，艾米》的主人公确实在挣扎——歌词中提到了西西弗斯的神话，对应与艾米互动的经历——但她并不是一个受害者。相反，这首歌强调了这些艰难和创伤将叙述者塑造成一个更坚强、更有韧性的人。斯威夫特没有提到这首歌的灵感来源，尽管某些字母的刻意大写让许多人猜测这首歌是在挖苦她长期的敌人金·卡戴珊（Kim Kardashian）。后者肯定注意到了这个明显的暗示。一位消息人士形容这位真人秀明星对这首歌的反应是："她已经不在乎了，并认为泰勒应该继续前进。"那位消息人士同时指出卡戴珊"不明白（泰勒）为什么一直纠缠于此。那些陈年旧事已经过去了好几年了"[27]。

---

1 本书遵循原书书名书写格式，不做改动。——编者注

透过他人窗户窥探 (*I Look in People's Windows*) 〔《苦难诗社:诗集》〕

发行日期: 2024年4月19日
创作者: 杰克·安东诺夫、帕特里克·伯格、泰勒·斯威夫特
制作人: 杰克·安东诺夫、帕特里克·伯格、泰勒·斯威夫特

在泰勒·斯威夫特的粉丝群体中,流行着一个温馨而俏皮的词汇——"泰潜伏(taylurking)",用以形容泰勒悄悄活跃在社交媒体上,默默点赞或评论粉丝的动态的行为。然而,这首充满原声民谣气息的《透过他人窗户窥探》则描绘了一种更为哀伤的窥探行为,主角是一位因分手而感到孤独的旁观者。这位叙述者对联系的渴望和对与前任重归于好的希望,以及他对可能发生的事情的无尽遐想,构成了歌曲的核心情感。这首歌是与帕特里克·伯格合作的成果,伯格也是《1989》(泰勒重制版)中深受欢迎的曲目《荡妇!》的共同创作者。《透过他人窗户窥探》被收录在苹果音乐的播放列表中,泰勒表示这些歌曲"探索了我歌曲中常常渗透的抑郁情绪"。她补充说:"在感到孤独或绝望的时刻,我会选择写歌——因为创作似乎成为我处理这种强烈情感的唯一途径。"[28]

预言 (*The Prophecy*) 〔《苦难诗社:诗集》〕

发行日期: 2024年4月19日
创作者: 亚伦·德斯纳、泰勒·斯威夫特
制作人: 亚伦·德斯纳、泰勒·斯威夫特

《预言》是一首深情的曲目,唱出了在爱情路上跌跌撞撞的人的心声,他们对一段终能圆满的感情充满了渴望。这首歌的叙述者已经不再满足于单身生活的乐观幻想;他们深陷情感的泥沼,毫不掩饰自己的绝望。音乐上,《预言》以轻快的吉他弹奏和细腻的管弦乐点缀为特色,营造出一种优雅的氛围。在主题上,泰勒将这首歌收录在苹果音乐的播放列表中,她表示这些歌曲是她"在讨价还价阶段创作出来的","在那些时刻,你试图与自己或你关心的人达成某种协议"。[29]《预言》中的叙述者愿意用一切财富换取一个伴侣。"你努力让事情变得更好,你常常感到极度绝望,"她解释道,"因为很多时候,我们内心深处的直觉告诉我们,事情可能不会按照我们期望的方向发展,这让我们更加绝望,让我们更加迫切地想要跟对方辩论以达到一致。"[30]

对页:在《苦难诗社》发布前夕,洛杉矶的一个声破天(Spotify)快闪店通过提供线索、提示和复活节彩蛋,为专辑的歌词和主题增添了神秘色彩

卡珊德拉 (*Cassandra*)

《苦难诗社:诗集》

发行日期： 2024年4月19日

创作者： 亚伦·德斯纳、泰勒·斯威夫特

制作人： 亚伦·德斯纳、泰勒·斯威夫特

其他版本： 手机备忘录初稿

　　《卡珊德拉》紧接着《预言》之后推出，这似乎并非巧合。在希腊神话中，卡珊德拉是特洛伊国王普里阿摩斯和王后赫卡柏的女儿，她拥有预言的能力。然而，她的命运却因人们不相信她的预言而变得悲惨。泰勒通过这首钢琴和弦乐交织的柔和歌曲，将这一古老神话与现代生活联系起来。副歌中提到，卡珊德拉因人们无视她的警告而被杀害，斯威夫特将这一悲剧与一个现代叙述者联系起来，她的声音同样未被倾听。尽管叙述者最终被证明是正确的，但个人付出的代价却是巨大的：她因勇敢发声而遭受攻击，但当她的正确性被证实时，却没有得到应有的关注或宽恕。《卡珊德拉》的歌词丰富而深刻，仿佛与泰勒的《名誉》专辑通过一根看不见的线相连。比如，歌词中提到了蛇，暗示了一个人将愤怒和怨恨内化，使其成为自己个性的一部分。此外，这首歌也被一些人解读为与《谢谢你，艾米》有关，这一点在衔接过渡段中尤为明显：泰勒以她标志性的叙事风格，讲述了一个贪婪家庭的故事，叙述者不断警告人们这个家庭会带来麻烦。

彼得 (*Peter*)

{《苦难诗社：诗集》}

发行日期：2024年4月19日
创作者：泰勒 · 斯威夫特
制作人：亚伦 · 德斯纳、泰勒 · 斯威夫特

放弃一个儿时的梦想总是艰难的，尤其是当这个梦想包含了与初恋重聚的希望。这首华尔兹钢琴抒情曲讲述了一个叙述者的故事，她对等待某个人感到疲惫——在字里行间，我们可以推测这个人是彼得，就像那个永远不愿长大的彼得 · 潘——他违背了多年前的承诺。随着她逐渐放弃对他的归来和他们关系的延续的期待，失望之情溢于言表。

逃兵 (*The Bolter*)

{附赠曲目/《苦难诗社：诗集》}

发行日期：2024年4月19日
创作者：亚伦 · 德斯纳、泰勒 · 斯威夫特
制作人：亚伦 · 德斯纳、泰勒 · 斯威夫特

《逃兵》这首光彩夺目的民谣，讲述了一个在成长过程中不服管教的叙述者，只有她的父亲给予了她爱。成年之后，她很难面对自己真实的感情，一遇到问题就倾向于逃避。（这也是她得到这个绰号的原因——她像一个逃兵。）但事实证明，童年时的一次濒死经历——六岁时她差点在冰冷的水中溺亡——不仅让她变得坚强，还让她在面对无法维持的情况时，能够治愈过多的心灵创伤。

罗宾 (*Robin*)

{《苦难诗社：诗集》}

发行日期：2024年4月19日
创作者：亚伦 · 德斯纳、泰勒 · 斯威夫特
制作人：亚伦 · 德斯纳、泰勒 · 斯威夫特

随着《苦难诗社：诗集》的歌曲渐入佳境，这首细腻的钢琴抒情曲《罗宾》以一个成年人的视角，温柔地欣赏并渴望保护一个孩子的纯真无邪。这位年长者被孩子的活泼所感染——比如，他快乐地对着玩具恐龙吼叫，毫无顾忌地在泥地里嬉戏——并真诚地希望这种惊奇的感觉永远不要消失。威尔科乐队的格伦 · 科奇巧妙地运用竖琴和打击乐的元素，使它们与回响的节奏相辅相成，营造出一种充满活力的类似心跳加速的感觉。

手稿 (*The Manuscript*)

附赠曲目/《苦难诗社:诗集》

发行日期： 2024年4月19日

创作者： 泰勒·斯威夫特

制作人： 亚伦·德斯纳、泰勒·斯威夫特

　　无论是原版专辑的扩展版还是原版专辑都以泰勒创作的这首令人心酸的附赠曲目《手稿》结束。这首歌以清脆的钢琴曲调和细腻的管弦乐为特色（包括如蕾丝般细腻的弦乐和庄严的法国号），叙述者在开头回忆了一次痛苦的分手经历。仿佛要将自己与这段经历隔离一般，她将这段关系及其后果描绘得宛如自己正在翻阅一份手稿。文本中充满了丰富而生动的细节——比如分手后，她只能勉强咽下儿童麦片，只有在母亲床上才能安然入睡。

　　随着衔接过渡桥段的到来，情绪明显变得明朗，天使般的和声和更加乐观的弦乐交织，叙述者回忆起时间的流逝，最终找到了真正的爱情。一个单独的钢琴和弦渐渐消失在寂静中，斯威夫特重申了她宣布《苦难诗社:诗集》正式发行时在社交媒体上表达的情感："现在这个故事不再属于我……它属于你们。"[31] 换句话说，关于《苦难诗社》，斯威夫特并不是在重复以往的主题，而是通过书写她的真实感受并进行宣泄，从而能够继续她的生活——并创作出更多激动人心的歌曲。

　　"这位作者坚信，我们的眼泪因以墨水的形式书写在纸面上而变得神圣，"她说道，"一旦我们说出了我们最悲伤的故事，我们就可以摆脱它。"[32]

下图：斯威夫特的"时代"巡回演唱会在表演《谁害怕我这个无名小卒？》时达到戏剧性的高潮

相关引用

引言

[1] Taylor Swift Tumblr post,June 30,2019

01 横空出世

[1] "Taylor Swift Explains How Her Songwriting Has Grown,"*MTV News*,May 27,2011
[2] "When She Thinks'Tim McGraw,'Taylor Swift Savors Payoff,"CMT,December 1,2006
[3] "Tim McGraw"story,TaylorSwift.com (archive)
[4] "20 Questions With Taylor Swift,"*CMT News*,November 12, 2007
[5] "Tim McGraw says he knew Taylor Swift was unstoppable,"CNN,August 17,2023
[6] "Tim McGraw"live,accessed via YouTube
[7] "Picture to Burn"story,TaylorSwift.com (archive)
[8] "Taylor Swift Fans the Flames on'Picture to Burn,'"*CMT News*,March 18,2008
[9] "Taylor Swift Fans the Flames on'Picture to Burn,'"*CMT News*,March 18,2008
[10] "EXCLUSIVE: The high school boyfriend who left Taylor Swift for her close friend...and inspired one of the star's most bitter songs,"*Daily Mail*,December 23,2014
[11] "Taylor Swift Explains How Her Songwriting Has Grown,"*MTV News*,May 27,2011
[12] "Her Song:Talking Taylor Swift,"*Washington Post*,February 8,2008
[13] "A Place in This World"story,TaylorSwift.com (archive)
[14] "A Place in This World"story,TaylorSwift.com (archive)
[15] "2008's Country Lolita:Taylor Swift,"*Rolling Stone*,May 1,2008
[16] "Cold As You"story,TaylorSwift.com (archive)
[17] "The Outside"story,TaylorSwift.com (archive)
[18] "The Outside"story,TaylorSwift.com (archive)
[19] "Getting to know Taylor Swift,"*Entertainment Weekly*,July 25,2007
[20] "Stay Beautiful"story,TaylorSwift.com (archive)
[21] "Stay Beautiful"story,TaylorSwift.com (archive)
[22] "Taylor's Time:Catching Up With Taylor Swift."*Rolling Stone*,January 25,2010
[23] "Taylor Swift Says Yes To No.'"Great American Country,May 19,2008
[24] "Mary's Song (Oh My My My)"story,TaylorSwift.com (archive)
[25] "Mary's Song (Oh My My My)"story,TaylorSwift.com (archive)
[26] "Her Song: Talking Taylor Swift,"*Washington Post*,February 8,2008
[27] "Our Song"story,TaylorSwift.com (archive)
[28] "Taylor Swift,'*Our Song*'—Story Behind the Song,"*The Boot*, January 30,2015
[29] "Wal-Mart'Eyes'New Taylor Swift Project,"Great American Country,July 15,2008
[30] "Robert Ellis Orrall,"Swift Legacy Podcast,August 27,2021
[31] "Robert Ellis Orrall,"Swift Legacy Podcast,August 27,2021
[32] "Robert Ellis Orrall,"Swift Legacy Podcast,August 27,2021
[33] Robert Ellis Orrall Instagram post,January 15,2020
[34] "Taylor Swift's Stone Harbor,"*The Philadelphia Inquirer*,May 14,2009
[35] *The Philadelphia Inquirer*,May 14,2009
[36] "Invisible" (Commentary)–*Taylor Swift (Big Machine Radio Release Special)*,2006
[37] "A Perfectly Good Heart" (Commentary)–*Taylor Swift (Big Machine Radio Release Special)*,2006
[38] "A Perfectly Good Heart" (Commentary)–*Taylor Swift (Big Machine Radio Release Special)*,2006
[39] "Taylor Swift Loves The Feeling Of Christmas,"Big Machine Label Group weekly audio bite,December 8,2013
[40] "Taylor Swift–Paper Napkin Interview,"*Southern Living*,December 2014
[41] *TODAY* interview,December 25,2007
[42] *TODAY* interview,December 25,2007

02 "无畏"时期

[1] "Taylor Swift Is Even More'Fearless,'One Day Early,"*MTV News*,October 26,2009
[2] "Fearless" story,TaylorSwift.com (archive)
[3] "Fearless" story,TaylorSwift.com (archive)
[4] TSA (Teen Service Announcement)interview about"Fifteen,"Best Buy's @15initiative
[5] "Fifteen"story,TaylorSwift.com (archive)
[6] "Taylor Swift's Fascination With Fairy Tales Comes Through on New Album," *CMT News*,November 10,2008
[7] "Fearless" story,TaylorSwift.com (archive)
[8] "My Cat Snores,"MySpace blog,September 17,2008
[9] "Love Story"story,TaylorSwift.com (archive)
[10] "Love Story"story,TaylorSwift.com (archive)
[11] "Taylor Swift Compares'Lover'to'Reputation',Talks #MeToo# Movement With Zane Lowe For Beats 1 Interview,"*Billboard*,October 30,2019
[12] "Little Miss Sunshine,"*New York Times*,October 23,2009
[13] *New York Times*,October 23,2009
[14] "White Horse"story,TaylorSwift.com (archive)
[15] "White Horse"story,TaylorSwift.com (archive)
[16] "Taylor Swift talks about new single'You Belong With Me,'"YouTube interview,November 4,2008
[17] YouTube interview,November 4,2008
[18] "You Belong With Me"story,TaylorSwift.com (archive)
[19] "Liz Rose Panel Interview-Working with Taylor Swift on'You Belong With Me,'"YouTube interview,February 18,2016
[20] "You Belong With Me,"*The New Yorker*,October 3,2011
[21] Liz Rose YouTube interview,February 18,2016
[22] *Fearless (Taylor's Version)* Alexa Skill commentary,Amazon Music,2021
[23] "Colbie Caillat says working with Taylor Swift was a'fascinating' experience:'She makes you feel like she's known you forever,'"*Business Insider*,April 28,2020.
[24] "Tell Me Why"story,TaylorSwift.com (archive)
[25] "Tell Me Why"story,TaylorSwift.com (archive)
[26] "You're Not Sorry"story,TaylorSwift.com (archive)
[27] https://www.mtv.com/news/qwiovx/taylor-swift-gets-her-csi-cameo-but-does-she-die
[28] "The Way I Loved You"story,TaylorSwift.com (archive)
[29] "The Way I Loved You"story,TaylorSwift.com (archive)
[30] "Joe Jonas&Taylor Swift:A Post-Breakup Timeline,"*Billboard*, April 8,2021
[31] "She's writing her future,"*The Los Angeles Times*,October 26,2008
[32] Taylor Swift NOW,Chapter 3:That One Time I Was Nostalgic,YouTube interview
[33] "Taylor Swift Recalls That Her 'Best Days' Were Spent With Her Mom,"Taste of Country, May 8,2011
[34] *CMT News*,November 10,2008
[35] "Change"story,TaylorSwift.com (archive)
[36] "Taylor Swift Talks'Fearless'Re-Release,New Songs,"*MTV News*,November 4,2009
[37] "Nathan Barlowe of Luna Halo talks about Taylor Swift and'Untouchable,'"*The Tennessean*,November 24,2009
[38] "Come In With the Rain,"taylorswiftswitzerland.ch
[39] iTunes interview, quoted on the"The Other Side of the Door", Genius lyrics site
[40] "Taylor Swift earns swift success with'Today Was A Fairytale,'"*The Tennessean*, January 21,2010
[41] *Fearless (Taylor's Version)* Alexa Skill commentary,Amazon Music,2021
[42] Audacy interview,April 16,2021
[43] Taylor Swift tweet,April 3,2021
[44] "Keith Urban says he was Christmas shopping when Taylor Swift enlisted him for'Fearless (Taylor's Version),'"NME,April 15,2021
[45] *Fearless (Taylor's Version)* Alexa Skill commentary,Amazon Music,2021
[46] "Taylor Swift Named Songwriter-Artist of the Decade by NSAI:Read Her Speech,"*Pitchfork*,September 20, 2022
[47] *Fearless (Taylor's Version)* Alexa Skill commentary,Amazon Music,2021
[48] "Boys Like Girls Interview:Love Drunk and In High Spirits,"*MTV News*,August 25,2009
[49] "Seth Meyers Praises Taylor Swift for Writing Her Own'Perfect'SNL'Monologue,'"*The Hollywood Reporter*,November 1,2003

03 "爱的告白"时期

[1] "Taylor Swift Talks About Her Album *Speak Now*, Her Hits'Mine'And'Speak Now,'And Writing Her Songs,"*SongwriterUniverse*,October 11,2010
[2] *SongwriterUniverse*,October 11,2010
[3] "Taylor Swift Confronts Mayer,Laments Lautner In New Album,"Yahoo,October 18,2010
[4] "Sparks Fly"story,TaylorSwift.com (archive)
[5] "YouTube Presents Taylor Swift,"September 1,2011
[6] "Back To December"story,TaylorSwift.com (archive)
[7] "People Are Still Asking Taylor Lautner About Dating Taylor Swift,"August 9,2016
[8] "Taylor Swift"I Can See You"world premiere.7-7-23 GEHA Stadium,"YouTube
[9] Yahoo,October 18,2010
[10] "Speak Now"story,TaylorSwift.com (archive)
[11] "Dear John"story,TaylorSwift.com (archive)
[12] "Taylor Swift Tells *Glamour* the Stuff She Usually Only Tells Her Girlfriends in Her November 2012 Interview,"*Glamour*,September 30,2012
[13] "John Mayer:Taylor Swift's'Dear John'Song 'Humiliated Me,'"*Rolling Stone*,June 6,2012
[14] *Glamour*,September 30,2012
[15] "Taylor Swift Asks Fans Not to Cyberbully as She Unearths'Dear John' for First Time in 11 Years,"*Rolling Stone*,June 25,2023
[16] "Taylor Swift learns to'Speak Now,'reveal her maturity,"*USA Today*,October 23,2010
[17] "Mean"story,TaylorSwift.com (archive)
[18] "Grammys,"Lefsetz Letter,February 1,2010
[19] "That Taylor Swift Song…,"Lefsetz Letter,October 19,2010
[20] "Nothing Lasts,"Lefsetz Letter,August 1,2023
[21] *USA Today*,October 23,2010
[22] Yahoo,October 18,2010
[23] *USA Today*,October 23,2010
[24] "Never Grow Up"story,TaylorSwift.com (archive)
[25] "Never Grow Up"story,TaylorSwift.com (archive)
[26] "Adam Young:What Really Happened With Taylor Swift,"*US Weekly*,June 15,2011
[27] "Enchanted"story,TaylorSwift.com (archive)
[28] *US Weekly*,June 15,2011
[29] "Taylor Swift:'Sexy? Not on my radar,'"*The Guardian*,August 23,2014
[30] Yahoo,October 18,2010
[31] "Haunted"story,TaylorSwift.com (archive)
[32] "Haunted"story,TaylorSwift.com (archive)
[33] "Last Kiss"story,TaylorSwift.com (archive)
[34] "Long Live"story,TaylorSwift.com (archive)
[35] "Long Live"story,TaylorSwift.com (archive)
[36] "Ours"annotated lyrics,*People Country*,April 2012
[37] People Country,April 2012
[38] "Taylor Swift performs rare *Speak Now* track 'Superman'in concert,"Taste of Country,September 25,2011
[39] "Boys Like Girls Interview:Love Drunk and In High Spirits,"*MTV News*, August 25,2009
[40] *MTV News*,August 25,2009
[41] Taylor Swift Twitter post,July 8,2023
[42] Taylor Swift Instagram post,June 5,2023
[43] "Interview: Paramore's Hayley Williams on returning to New Zealand and Australia with their'This Is Why'album tour,"*Coup de Main*,July 5,2023
[44] *Coup de Main*, July 5,2023

04 "红"时期

[1] "500 Greatest Albums:Taylor Swift Looks Back on Her'Only True Breakup Album'Red,"*Rolling Stone*,November 18,2020
[2] Good Morning America interview,October 15,2012
[3] "State of Grace" (Commentary),YouTube,December 12,2018
[4] "Red"live at Harvey Mudd College on October 15,2012,later aired as *VH1 Storytellers*
[5] "Red"live at Harvey Mudd College on October 15,2012,later aired as *VH1 Storytellers*
[6] Swift diary entries published in the *Lover* Deluxe Edition,Version 1
[7] Swift diary entries published in the *Lover* Deluxe Edition,Version 1
[8] "Dan Wilson on Semisonic,Adele,and the sincerity of Taylor Swift,"*The A.V.Club*,April 18,2014.
[9] "Taylor Swift Opens Up About Bleeding *Red*,Living Under a Magnifying Glass+Still Growing Up One Year at a Time,"Taste of Country,October 22,2012
[10] Taste of Country,October 22,2012
[11] *Rolling Stone*,November 18,2020
[12] "Taylor Swift Q&A:The Risks of'Red'and The Joys of Being 22,"*Billboard*,October 19,2012
[13] "Taylor Swift on Going Pop,Ignoring the Gossip and the Best (Worst)Nickname She's Ever Had,"*Time*,October 19,2012
[14] *Time*, October 19, 2012
[15] *Red (Taylor's Version)* Alexa Skill commentary,Amazon Music,2021
[16] *The Tonight Show Starring Jimmy Fallon* interview,November 12,2021
[17] Ibid.
[18] Ibid.
[19] "Songwriter Spotlight: Liz Rose,"*Rolling Stone*,October 24,2014
[20] *Billboard*,October 19,2012
[21] Taylor Swift *Red* track-by-track video,YouTube,2012
[22] *Red* track-by-track video
[23] *Red* track-by-track video
[24] "Taylor Swift sees'Red'all over,"*USA Today*,October 17,2012
[25] *USA Today*,October 17,2012
[26] *Red* track-by-track video
[27] *Red* track-by-track video
[28] *Red* track-by-track video
[29] *Billboard*, October 19,2012
[30] *Billboard*, October 19,2012
[31] Taylor Swift *Red* track-by-track video,YouTube,2012
[32] Taylor Swift *Red* track-by-track video, YouTube,2012
[33] Taylor Swift *Red* track-by-track video, YouTube,2012
[34] "Primary Colors," *Billboard*, October 27,2012
[35] "Taylor Swift Channels The Kennedys For Her New Album'Red,'"*Wall Street Journal*,October 18,2012
[36] Taylor Swift *Red* track-by-track video,YouTube,2012
[37] "Taylor Swift Wants to'Begin Again'on New Single:Listen,"*Billboard*,September 25,2012
[38] "Taylor Swift Wears a'Cute Tiara'at Family-Filled Birthday Party," *People*,December 14,2010
[39] "Exclusive!Taylor Swift Sheds Light on'Red'Bonus Tracks…And'The Worst Experience Ever,'"Our Country,October 24,2012
[40] "Taylor Swift Wears a'Cute Tiara'at Family-Filled Birthday Party,"*People*,December 14,2010
[41] *Red* album release party,as quoted on"Come Back…Be Here"Genius page
[42] Our Country,October 24,2012
[43] "Exclusive!Taylor Swift Sheds Light on'Red'Bonus Tracks…And'The Worst Experience Ever,'"Our Country,October 24,2012
[44] *Red (Taylor's Version)* Alexa Skill commentary,Amazon Music,2021
[45] "Why didn't Taylor Swift keep'Better Man'for herself?Little Big Town says,'We didn't ask,'"SiriusXM,November 15,2016
[46] Swift journals published in the *Lover* Deluxe Edition,Version 2
[47] "Taylor Swift Recruits Phoebe Bridgers For New Song'Nothing New (Taylor's Version),'"Genius, November 12,2021
[48] "Sugarland Reveal How a Taylor Swift Song Landed on Their Upcoming'Bigger'Album,"Pop Culture.com,April 16,2018
[49] Interview clip shared on Twitter by WKLB (102.5 FM)
[50] *Red (Taylor's Version)* Alexa Skill commentary,Amazon Music,2021
[51] *Red (Taylor's Version)* Alexa Skill commentary,Amazon Music,2021
[52] *Red (Taylor's Version)* Alexa Skill commentary,Amazon Music,2021
[53] Ed Sheeran interview,Capital FM,September 10,2021
[54] *Red (Taylor's Version)* Alexa Skill commentary,Amazon Music,2021
[55] *Good Morning America* interview,October 22,2012
[56] "Jake Gyllenhaal Reconsiders,"*Esquire*,February 17,2022
[57] "'Ronan'Finds a Home on Taylor Swift's Re-Recorded'Red' Album,"*Billboard*,July 30,2021
[58] "Taylor Swift Talks About Her Hunger to Contribute to'The Hunger Games'—Exclusive!,"RAM Country on Yahoo Music,March 12,2012
[59] "Taylor Swift,Arcade Fire Talk'Hunger Games,'"*Rolling Stone*,March 29,2012
[60] RAM Country on Yahoo Music,March 12,2012

05 "1989"时期

[1] "Taylor Swift Dismisses the Haters,Dances With Fans for New Song'Shake it Off,'"*Rolling Stone*,August 18,2014
[2] "Taylor Swift:Reacts to being named the voice of her generation,"*Global News*,December 29,2014
[3] "Taylor Swift talks about'Welcome to New York,'"YouTube video,October 2014
[4] YouTube video,October 2014
[5] "Blank Space" (Commentary)–*1989 (Big Machine Radio Release Special)*,2014
[6] "Blank Space" (Commentary)–*1989 (Big Machine Radio Release Special)*,2014
[7] "Taylor Swift Breaks Down'Style'|On Air with Ryan Seacrest,"YouTube video,October 31,2014
[8] *On Air with Ryan Seacrest*,YouTube video,October 31,2014
[9] "The Oral History of Taylor Swift's'1989,'"The Recording Academy on Cuepoint,February 12,2016
[10] The Recording Academy on Cuepoint,February 12,2016
[11] *On Air with Ryan Seacrest*,YouTube video,October 31,2014
[12] "Taylor Swift:Reacts to being named the voice of her generation,"*Global News*,December 29,2014
[13] *Global News*,December 29,2014
[14] *On Air with Ryan Seacrest*,YouTube video,October 31,2014
[15] *USA Today*, October 14,2014
[16] Taylor Swift,"NOW Listening Session with TaylorPart 3,"Grammy Museum,YouTube video,October 12,2014
[17] "The Reinvention of Taylor Swift,"*Rolling Stone*,September 8,2014
[18] "'Out of the Woods'Exclusive:Taylor Swift Says New Song Is About 'Fragility'of Relationships,"*ABC News*,October 13,2014
[19] "'Anything That Connects':A Conversation With Taylor Swift,"NPR's All Things Considered,October 31,2014
[20] "Harry Styles'New Direction,"*Rolling Stone*,April 18,2017
[21] "All You Had to Do Was Stay" (Commentary)-*1989 (Big Machine Radio Release Special)*, 2014
[22] "All You Had to Do Was Stay" (Commentary)-*1989 (Big Machine Radio Release Special)*,2014
[23] *Rolling Stone*,August 18,2014
[24] NPR's *All Things Considered*,October 31,2014
[25] Taylor Swift,"NOW Listening Session with TaylorPart 3,"Grammy Museum,YouTube video,October 12,2014
[26] Grammy Museum,YouTube video,October 12,2014
[27] "I Wish You Would" (Voice Memo),*1989 (Deluxe Edition)*
[28] "I Wish You Would" (Voice Memo),*1989 (Deluxe Edition)*
[29] "I Wish You Would" (Commentary)-*1989 (Big Machine Radio Release Special)*,2014
[30] "I Wish You Would" (Voice Memo),*1989 (Deluxe Edition)*
[31] *Rolling Stone*,September 8,2014
[32] *Rolling Stone*,September 8,2014
[33] *Rolling Stone*,September 8,2014
[34] "Katy Perry confirms Taylor Swift beef:'She started it,'"NME,May 23,2017
[35] NPR's *All Things Considered*,October 31,2014
[36] NPR's *All Things Considered*,October 31,2014
[37] "Wildest Dreams" (Commentary)–*1989 (Big Machine Radio Release Special)*, 2014
[38] "Wildest Dreams" (Commentary)-*1989 (Big Machine Radio Release Special)*,2014
[39] "Taylor Swift on"How You Get the Girl,"radio.com,October 29,2014
[40] radio.com,October 29,2014
[41] "This Love" (Commentary)–*1989 (Big Machine Radio Release Special)*,2014
[42] "This Love" (Commentary)–*1989 (Big Machine Radio Release Special)*,2014
[43] "I Know Places" (Voice Memo),*1989 (Deluxe Edition)*
[44] Taylor Swift,"NOW Listening Session with TaylorPart 3,"Grammy Museum,YouTube video,October 12,2014
[45] "Taylor Swift Has No Regrets,"*Elle*,May 7,2015
[46] *Elle*,May 7,2015
[47] "Taylor Swift Dishes on Inspiration for'Sweeter Than Fiction'at'One Chance'Premiere,"Taste of Country,September 10,2013
[48] "Slut!"voice memo,Tumblr
[49] "Slut!"voice memo,Tumblr
[50] "Taylor Swift and Diane Warren Wrote'Say Don't Go'9 Years Ago.She Still Thinks It's a 'F-cking Hit,'"*Rolling Stone*,October 27,2023

[51] *Rolling Stone*,October 27,2023
[52] "Diane Warren On Working With Taylor Swift,"*E!News*,December 8,2023
[53] "Now That We Don't Talk"voice memo,Tumblr
[54] "Now That We Don't Talk"voice memo,Tumblr
[55] "Is It Over Now?"voice memo,Tumblr
[56] "Taylor Swift Revealed the Really Cool Reason She Had All Those Special Guests on Her'1989'Tour,"*Seventeen*,December 15,2015 (quoting a Beats 1 interview)
[57] *Seventeen*,December 15,2015 (quoting a Beats 1 interview)

06 "名誉"时期

[1] "2023 Person of the Year:Taylor Swift," *Time*, December 6,2023
[2] "9 Taylor Swift Moments That Didn't Fit in Our Cover Story,"*Rolling Stone*,September 30,2019
[3] "Taylor Swift Previews New Song 'Ready for It':Listen,"*Pitchfork*,September 2,2017
[4] iHeartRadio *reputation* Album Release Party with Taylor Swift Presented by AT&T,November 10,2017,YouTube video
[5] iHeartRadio *reputation* Album Release Party
[6] "'End Game'–Behind The Scenes,"YouTube video,February 9,2018
[7] iHeartRadio *reputation* Album Release Party
[8] iHeartRadio *reputation* Album Release Party
[9] *Rolling Stone*,September 18,2019
[10] "Taylor Swift NOW: The Making Of A Song (Don't Blame Me)," YouTube video
[11] *Rolling Stone*,September 18,2019
[12] iHeartRadio *reputation* Album Release Party
[13] iHeartRadio *reputation* Album Release Party
[14] iHeartRadio *reputation* Album Release Party
[15] "Five Years Ago She Screamed '1, 2, 3, Let's Go, Bitch' During Taylor Swift's Performance Of 'Delicate.'Millions Of Fans Are Now Shouting It During theEras Tour,"*Buzzfeed*,March 30,2023.
[16] "People Are Spamming Taylor Swift's Instagram With The Snake Emoji,"*Buzzfeed*,July 14,2016
[17] "The Full Taylor Swift–Kanye Phone Call Leaked,And Everyone Owes Taylor Swift An Apology,"*Buzzfeed*,March 21,2020
[18] "Taylor Swift fans are hissing at Kim Kardashian with snake emojis.Here's why,"*The Los Angeles Times*,December 8,2023
[19] "Taylor Swift Finally Addressed the Whole Snake Thing at a Concert,"*Time*,May 9,2018
[20] "Right Said Fred Are 'Very Pleased' With Taylor Swift's Interpolation Of 'I'm Too Sexy',"*The Fader*,August 25,2017
[21] iHeartRadio reputation Album Release Party
[22] "Taylor Swift reveals how *Game of Thrones* (and Arya's kill list)inspired *reputation*,"*Entertainment Weekly*,May 9,2019
[23] "Calvin Harris Regrets Going Off on Taylor Swift After Their Breakup:'I Snapped,",*Popsugar*,June 30,2017
[24] "The Full Taylor Swift–Kanye Phone Call Leaked, And Everyone Owes Taylor Swift An Apology,"*Buzzfeed*,March 21,2020
[25] "What Do Britney Spears,Katy Perry,Troye Sivan & Taylor Swift All Have In Common?Oscar Görres,"Grammys.com,August 29,2020
[26] Grammys.com,August 29,2020
[27] *Billboard*
[28] https://twitter.com/SwiftNYC/status/921229691507286017
[29] "From Taylor Swift To Lorde,This Woman Is Sculpting The Sound Of Pop,"*Forbes*,May 17,2018
[30] *Entertainment Weekly*,May 9,2019
[31] iHeartRadio *reputation* Album Release Party
[32] iHeartRadio *reputation* Album Release Party
[33] iHeartRadio *reputation* Album Release Party
[34] "Vogue Visited Taylor Swift's Muse,Loie Fuller,at Home in 1913,"*Vogue*,August 8,2019
[35] iHeartRadio *reputation* Album Release Party
[36] iHeartRadio *reputation* Album Release Party
[37] "Jack Antonoff Shares Some Insight Into the Making of Taylor Swift's'Call It What You Want',"*Billboard*,November 5,2017
[38] *Billboard*,November 5,2017
[39] iHeartRadio *reputation* Album Release Party
[40] iHeartRadio *reputation* Album Release Party
[41] "Taylor Swift:The *Rolling Stone* Interview,"*Rolling Stone*,September 18,2019
[42] Elvis Duran and the *Morning Show* interview, as quoted in"Zayn Explains How Taylor Swift Jumped On His'Fifty Shades Darker'Song,"*MTV News*,December 14,2016

07 "恋人"时期

[1] "Taylor Swift on Sexism,Scrutiny,and Standing Up for Herself,"*Vogue*,August 8,2019
[2] "Taylor Swift:The *Rolling Stone* Interview,"*Rolling Stone*,September 18,2019
[3] iHeartRadio *Lover* Album Release Party and Secret Session,August 23,2019
[4] *Rolling Stone*,September 18,2019
[5] "Taylor Swift on'Cruel Summer'Becoming a Single Four Years After Its Release:'No One Understands How This Is Happening,'"*Billboard*,June 17,2023
[6] iHeartRadio *Lover* Album Release Party and Secret Session,August 23,2019
[7] iHeartRadio *Lover* Album Release Party and Secret Session,August 23,2019
[8] "Taylor Swift Tells Us How She Wrote'Lover'|Diary of a Song,"*New York Times*,YouTube,December 24, 2019
[9] *New York Times*,YouTube,December 24,2019
[10] *New York Times*,YouTube,December 24,2019
[11] iHeartRadio *Lover* Album Release Party and Secret Session,August 23,2019
[12] iHeartRadio *Lover* Album Release Party and Secret Session,August 23,2019
[13] *Vogue*,August 8,2019
[14] iHeartRadio *Lover* Album Release Party and Secret Session,August 23,2019
[15] iHeartRadio *Lover* Album Release Party and Secret Session,August 23,2019
[16] "2023 Person of the Year:Taylor Swift,"*Time*,December 6,2023
[17] *Vogue*,August 8,2019
[18] "Taylor Swift Discusses'The Man'&'It's Nice To Have a Friend'In Cover Story Outtakes,"*Billboard*,December 12,2019
[19] Instagram Live,"The Archer"announcement,July 23rd 2019
[20] BBC Radio 1–Taylor Swift live,BBC Radio 1,August 29,2019
[21] BBC Radio 1,August 29,2019
[22] iHeartRadio *Lover* Album Release Party and Secret Session,August 23,2019
[23] iHeartRadio *Lover* Album Release Party and Secret Session,August 23,2019
[24] "30 Things I Learned Before Turning 30,"*Elle*,March 6,2019
[25] *Rolling Stone*,September 18,2019
[26] iHeartRadio *Lover* Album Release Party and Secret Session,August 23,2019
[27] iHeartRadio *Lover* Album Release Party and Secret Session,August 23,2019
[28] iHeartRadio *Lover* Album Release Party and Secret Session,August 23,2019
[29] "Taylor Swift's Former Cornelia Street Rental Lists for $18 Million,"*Architectural Digest*,May 30, 2023
[30] "Taylor Swift Tells the Stories Behind'Lover'|*Elvis Duran Show*,"YouTube,August 23,2019
[31] "Taylor Swift: NPR Music Tiny Desk Concert,"YouTube,October 28,2019
[32] NPR Music Tiny Desk Concert
[33] "Taylor Swift Calls Rom-Com Inspiration Behind'Lover'Song the'Most Meta Thing That's Ever Happened to Me,'"*Billboard*,August 23,2019
[34] Instagram post from Jennifer Kaytin Robinson,August 23,2019
[35] NPR Music Tiny Desk Concert
[36] iHeartRadio *Lover* Album Release Party and Secret Session,August 23,2019
[37] BBC Radio 1,August 29,2019
[38] *Elle*,March 6,2019
[39] "Taylor Swift:No Longer'Polite at All Costs,'"*Variety*,January 21,2020
[40] *Variety*,January 21,2020
[41] "Westboro Baptist Church to picket Taylor Swift concert for'singing about fornication,'"The Line of Best Fit,June 30,2013
[42] *Vogue*,August 8,2019
[43] *Vogue*,August 8,2019
[44] *Vogue*,August 8,2019
[45] "ME!Behind The Scenes:The Story of Benjamin Button,"YouTube,April 30,2019
[46] "Taylor Swift releases a new song,'ME!',with Brendon Urie,"*ABC News*,April 26,2019
[47] "Taylor Swift Teases More Clues About #TS7 Album,Dishes on Wango Tango|*On Air With Ryan Seacrest*,"YouTube,August 30,2019
[48] *Elvis Duran Show*,YouTube,August 23,2019
[49] "Toronto music school's new funding model finds swift support,"*Globe and Mail*,August 27,2019
[50] *Billboard*,December 12,2019
[51] *Billboard*,December 12,2019
[52] *Billboard*,December 12,2019
[53] iHeartRadio *Lover* Album Release Party and Secret Session,August 23,2019
[54] iHeartRadio *Lover* Album Release Party and Secret Session,August 23,2019
[55] iHeartRadio *Lover* Album Release Party and Secret Session,August 23,2019
[56] "The ESQ&A:Taylor Swift,In Between Eras (Published 2014),"*Esquire*,November 2014
[57] "Taylor Swift–The Making Of'Christmas Tree Farm',"YouTube,December 23,2019
[58] "The Importance of 'Cats,'in Taylor Swift's Own Words,"*Billboard*,November 16,2019
[59] "Andrew Lloyd Webber Says Writing a Song With Taylor Swift Was the Only Enjoyable Part of 'Cats'Movie,"*Variety*,October 21, 2021
[60] *Variety*,October 21,2021
[61] "How Midterm Elections Inspired Taylor Swift's New Song,'Only the Young,'"*Variety*,January 21,2020
[62] *Variety*,January 21,2020

08 "民间故事"时期

[1] "Taylor Swift Dropped a New Album at Midnight,and Everyone Is Losing It,"*Vogue*,July 24,2020
[2] "The National's Aaron Dessner Talks Taylor Swift's New Album *folklore*,"*Pitchfork*,July 24,2020
[3] Taylor Swift's Cowriter Aaron Dessner Recalls Her 'Cooking Everyone Breakfast and Dinner'at Her Home (Exclusive),"*People*,December 5,2023
[4] *folklore:the long pond studio sessions* Documentary,Disney+,November 25,2020
[5] *Pitchfork*,July 24,2020
[6] "The Story Behind Every Song on Taylor Swift's *folklore*,"*Vulture*,July 27,2020
[7] BBC Radio 1 interview,July 24,2020
[8] Swift comments on the YouTube premiere of the "cardigan" music video,as quoted in "Taylor Swift's teenage love triangle songs on *folklore* explained,"*Entertainment Weekly*,July 29,2020
[9] Swift comments on the YouTube premiere of the"cardigan"music video
[10] *folklore:the long pond studio sessions* Documentary
[11] "The Outrageous Life of Rebekah Harkness,Taylor Swift's High-Society Muse,"*Vogue*,July 29,2020
[12] "Taylor Swift broke all her rules with *folklore*—and gave herself a much-needed escape,"*Entertainment Weekly*,December 8,2020
[13] *Entertainment Weekly*,December 8,2020
[14] *Vulture*,July 27,2020
[15] "'Is There A Chic Way To Go?'"*The New York Times*,May 22,1988
[16] "Taylor Swift Reveals the Empowering Story Behind the Folklore Lyric That Makes Her'Really Proud,'"*People*,March 3,2021
[17] "Former St.Louisan Becomes Composer,"*St. Louis Post-Dispatch*,May 23,1955
[18] "exile" voice memo
[19] *Entertainment Weekly*,December 8,2020
[20] *folklore:the long pond studio sessions* Documentary
[21] Swift comments on the YouTube premiere of the"cardigan"music video
[22] *Vulture*,July 27,2020
[23] *folklore:the long pond studio sessions* Documentary
[24] *Entertainment Weekly*,December 8,2020
[25] *folklore:the long pond studio sessions* Documentary
[26] *folklore:the long pond studio sessions* Documentary
[27] *folklore:the long pond studio sessions* Documentary
[28] *Entertainment Weekly*,December 8,2020
[29] *Entertainment Weekly*,December 8,2020
[30] *Entertainment Weekly*,December 8,2020
[31] *folklore:the long pond studio sessions* Documentary
[32] *Vulture*,July 27,2020
[33] *Vulture*, July 27,2020
[34] *Vulture*,July 27,2020
[35] *folklore:the long pond studio sessions* Documentary
[36] *folklore:the long pond studio sessions* Documentary
[37] *Entertainment Weekly*,December 8,2020
[38] *Entertainment Weekly*,December 8,2020
[39] *Entertainment Weekly*,December 8,2020
[40] *folklore:the long pond studio sessions* Documentary
[41] *folklore:the long pond studio sessions* Documentary
[42] *Vulture*,July 27,2020
[43] *Pitchfork*,July 24,2020
[44] *Pitchfork*,July 24,2020
[45] "Musicians on Musicians:Taylor Swift&Paul McCartney,"*Rolling Stone*,November 14,2020
[46] *Entertainment Weekly*,December 8,2020
[47] *Vulture*,July 27,2020
[48] *folklore:the long pond studio sessions* Documentary
[49] *folklore:the long pond studio sessions* Documentary
[50] *Vulture*,July 27,2020
[51] *folklore:the long pond studio sessions* Documentary
[52] *folklore:the long pond studio sessions* Documentary
[53] *folklore:the long pond studio sessions* Documentary

09 "永恒故事"时期

[1] "Aaron Dessner on the 'Weird Avalanche' That Resulted in Taylor Swift's'Evermore,'"*Billboard*,December 18,2020
[2] "Taylor Swift's Cowriter Aaron Dessner Recalls Her'Cooking Everyone Breakfast and Dinner'at Her Home (Exclusive),"*People*,December 5,2023
[3] Swift comments during"willow"music video premiere,December 11,2020
[4] "Taylor Swift's Songwriting Process on 'evermore,'"Apple Music,December 15,2020
[5] Apple Music, December 15,2020
[6] Swift comments during"willow"music video premiere,December 11,2020
[7] Apple Music,December 15,2020
[8] Apple Music,December 15,2020
[9] "willow" music video premiere
[10] Taylor Swift note alongside *evermore* release,Twitter,December 11,2020
[11] "Aaron Dessner on How His Collaborative Chemistry With Taylor Swift Led to'Evermore,'"*Rolling Stone*,December 18,2020
[12] *Rolling Stone*,December 18,2020
[13] *Rolling Stone*,December 18,2020
[14] Apple Music,December 15,2020
[15] Apple Music,December 15,2020
[16] "willow" music video premiere
[17] *Rolling Stone*,December 18,2020
[18] "willow" music video premiere
[19] *Rolling Stone*,December 18,2020
[20] *Billboard*,December 18,2020
[21] "willow" music video premiere
[22] *Rolling Stone*,December 18,2020
[23] *Rolling Stone*,December 18,2020
[24] *Rolling Stone*,December 18,2020
[25] Taylor Swift note alongside *evermore* release,Twitter,December 11,2020
[26] Apple Music,December 15,2020
[27] Apple Music,December 15,2020
[28] *Rolling Stone*,December 18,2020
[29] *Rolling Stone*,December 18,2020
[30] *Rolling Stone*,December 18,2020
[31] *Rolling Stone*,December 18,2020
[32] Apple Music,December 15,2020
[33] Apple Music,December 15,2020
[34] Apple Music,December 15,2020
[35] *Rolling Stone*,December 18,2020
[36] Taylor Swift tweet,January 8,2021
[37] Taylor Swift tweet,January 8,2021
[38] Aaron Dessner tweet,January 8,2021
[39] *The Tonight Show Starring Jimmy Fallon* appearance,quoted in"'*SNL*'Writers Say Taylor Swift Was 'Immediately'on Board With'Three Sad Virgins'Sketch,"*US Weekly*,November 8,2023

10 "午夜"时期

[1] Taylor Swift Instagram post,August 29,2022
[2] Taylor Swift Instagram post,October 21,2022
[3] Taylor Swift Instagram post,October 6,2022
[4] Instagram post,October 6,2022
[5] "'Midnights'Co-Producer Sounwave Says'Karma'Was a'Last-Minute Hail Mary'He Sent Taylor Swift,"*Rolling Stone*,October 26,2022
[6] "How Did a D.C.Jazz Musician End Up on Taylor Swift's New Album?"District Fray,October 31,2022
[7] *Rolling Stone*,October 26,2022
[8] *Rolling Stone*,October 26,2022
[9] Taylor Swift Instagram post,October 3,2022
[10] Taylor Swift Instagram post,October 3,2022
[11] Taylor Swift Instagram post,October 3,2022
[12] Taylor Swift Instagram post,October 11,2022
[13] Instagram post,October 11,2022
[14] "Taylor Swift Spills on Record-Breaking Midnights Album and Teases a Potential Tour,"*The Tonight Show Starring Jimmy Fallon*,October 24,2022
[15] Interview with choreographer Mandy Moore,November 2023
[16] *Midnights* iHeartRadio Album Premiere,YouTube,October 21,2022
[17] *Midnights* iHeartRadio Album Premiere,YouTube,October 21,2022
[18] *Midnights* iHeartRadio Album Premiere,YouTube,October 21,2022
[19] *Rolling Stone*,October 26,2022
[20] *Rolling Stone*,October 26,2022
[21] *Midnights* iHeartRadio Album Premiere,YouTube,October 21,2022
[22] "Taylor Swift and Joe Alwyn Break Up After Six Years of Dating (Exclusive),"*Entertainment Tonight*,April 8,2023
[23] "Taylor Swift reveals how *Game of Thrones* (and Arya's kill list)inspired reputation,"*Entertainment Weekly*,May 9,2019
[24] "2023 Person of the Year:Taylor Swift,"*Time*,December 6,2023
[25] *Midnights* iHeartRadio Album Premiere,YouTube,October 21,2022
[26] Taylor Swift Instagram post,March 22,2022
[27] Taylor Swift Instagram post,June 24,2022
[28] Taylor Swift Instagram post,June 24,2022
[29] Jack Antonoff Instagram story,November 29,2023, as published in"Why Swifties Think Taylor Swift and Ex Joe Alwyn's Relationship Issues Trace Back to 2021,"*E!Online*,November 29,2023
[30] The American Heart Association Instagram,November 30,2023
[31] Taylor Swift live,Jamboree In The Hills Country Festival,July 19,2007
[32] There is some question whether Swift co-wrote this song.The album's liner notes don't list her,but other online places do.
[33] "Our Interview with Taylor Swift,"Channel Guide,November 2,2008

11 "苦难诗社"时期

[1] "Taylor Swift announces TTPD (The Bolter edition)at The Eras Tour-Melbourne N1,"YouTube.
[2] iHeartRadio's *The Tortured Poets Department* Album Premiere With Taylor Swift,April 19,2024
[3] iHeartRadio's *The Tortured Poets Department* Album Premiere
[4] iHeartRadio's *The Tortured Poets Department* Album Premiere
[5] Social media
[6] Taylor Swift Twitter post,April 19,2024.
[7] Taylor Swift Twitter post,April 19,2024.
[8] iHeartRadio's *The Tortured Poets Department* Album Premiere
[9] iHeartRadio's *The Tortured Poets Department* Album Premiere
[10] iHeartRadio's *The Tortured Poets Department* Album Premiere
[11] iHeartRadio's *The Tortured Poets Department* Album Premiere
[12] Voice memo introducing the Apple Music playlist "I Can Do It With a Broken Heart"
[13] iHeartRadio's *The Tortured Poets Department* Album Premiere
[14] iHeartRadio's *The Tortured Poets Department* Album Premiere
[15] Sodomsky,Sam."The 1975's Matty Healy Dissects Every Song on A Brief Inquiry Into Online Relationships."*Pitchfork*,November 27,2018.
[16] Amazon Music,"Taylor Swift Track by Track,"April 22,2024.
[17] Amazon Music,"Taylor Swift Track by Track,"April 22,2024.
[18] Voice memo introducing the Apple Music playlist"I Love You, It's Ruining My Life"
[19] Voice memo introducing the Apple Music playlist"Old Habits Die Screaming"
[20] Voice memo introducing the Apple Music playlist"You Don't Get to Tell Me About Sad"
[21] Amazon Music,"Taylor Swift Track by Track,"April 22,2024.
[22] Amazon Music,"Taylor Swift Track by Track,"April 22,2024.
[23] Amazon Music,"Taylor Swift Track by Track,"April 22,2024.
[24] Gibson,Kelsie."Clara Bow's Family Share Their Thoughts on Taylor Swift's Song Named for the Star:'Hauntingly Beautiful' (Exclusive)."*People*,April 19,2024.
[25] Taylor Swift Twitter post,April 19,2024.
[26] Taylor Swift Twitter post,April 19,2024.
[27] Moore,Julia."Kim Kardashian Is'Over'Taylor Swift Feud and Wants Singer to 'Move On' After 'thanK you aIMee' Release:Source."*People*,April 23,2024.
[28] Voice memo introducing the Apple Music playlist"Old Habits Die Screaming"
[29] Voice memo introducing the Apple Music playlist"Am I Allowed to Cry?"
[30] Voice memo introducing the Apple Music playlist"Am I Allowed to Cry?"
[31] Taylor Swift Twitter post,April 19,2024.
[32] Taylor Swift Twitter post,April 19,2024.

作者致谢

深入泰勒的创作世界是我一直以来的梦想。感谢乔·科廷顿 (Joe Cottington)、罗素·诺尔斯 (Russell Knowles)以及维尔贝克出版社 (Welbeck)的每一位成员,感谢他们为本书的出版所付出的心血和对我的关怀。

出版方致谢

原版图书出版方向以下提供图片的图库致以诚挚谢意。

ALAMY

Evan Agostini/Invision/Associated Press 72; James Arnold/PA Images 81; Associated Press 251; Alessandro Bosio 90; Cinematic 51; Doug DuKane/Associated Press 87; Everett Collection Inc 171, 189; Mark Humphrey/Associated Press 6; Sam Kovak 106; Shanna Madison/Chicago Tribune/TNS 155; Frank Micelotta/Invision/Associated Press 56, 111; Chris Pizzello/Invision/Associated Press 167, 192; Hazel Plater 239; Jordan Strauss/Invision/Associated Press 197; TCD/Prod.DB 170; George Walker IV/Associated Press 154; WENN Rights Ltd 88; Terry Wyatt/UPI 48

GETTY IMAGES

Don Arnold 82; Bryan Bedder 47; Skip Bolen/WireImage 57; Frederick Breedon IV/WireImage 9, 74; Isaac Brekken 78, 125; Vince Bucci 35; Michael Buckner 21; Larry Busacca 26, 71, 120, 126; Gareth Cattermole/TAS 140, 142; Michael Caulfield/ WireImage 60; Tom Cooper/TAS 211; Rick Diamond 42, 79; Rick Diamond/WireImage 28, 32, 36; Kevork Djansezian 65; Scott Dudelson 234; Stephen Dunn 18; Scott Eisen/TAS 219; Marcelo Endelli/TAS 84; Steve Exum/TAS 117; Patrick T Fallon/AFP 248; C Flanigan/FilmMagic 95, 101; Rich Fury 150; Erica Goldring/WireImage 242; Steve Granitz/WireImage 112, 131; Scott Gries 33; Raymond Hall/GC Images 147; Zhang Hengwei/China News Service/VCG 153; Taylor Hill 98; Dave J Hogan 193; Dave Hogan/ABA 158, 168; Robert Kamau/GC Images 201; Dimitrios Kambouris 102, 152, 159, 176; Kevin Kane 76; Kevin Kane/WireImage 160; Jason Kempin 29; John Kobal Foundation 245; Jeff Kravitz/FilmMagic 40, 66, 116, 213, 214; Jeff Kravitz/TAS 129; Krissy Krummenacker/MediaNews Group/Reading Eagle 23; Fernando Leon/TAS 148, 194; Michael Loccisano/FilmMagic 43; Michael Loccisano/WireImage 80; Kevin Mazur 165, 179; Kevin Mazur/TAS 85, 145, 221, 235, 238, 244, 246, 253; Kevin Mazur/WireImage 17, 31, 41, 62, 63, 69, 105, 115, 118, 122, 124, 130, 223; Jamie McCarthy 110, 151, 217; Emma McIntyre 134; Emma McIntyre/TAS 180; Patrick McMullan 30; Buda Mendes/TAS 5, 174, 175, 183, 187, 195, 199; Al Messerschmidt 11; Ethan Miller 20, 61, 64; Jack Mitchell 177; George Napolitano/FilmMagic 25; Cooper Neill 162; Christopher Polk 92, 97, 108, 109, 113, 135; Mark Ralston/AFP 119; Andreas Rentz 89; Rusty Russell 15; Jun Sato/TAS 144; John Shearer 121, 164, 208; John Shearer/TAS 58, 138, 146, 157; John Shearer/WireImage 10; Mindy Small/FilmMagic 46; Patrick Smith 220; Jason Squires/WireImage 22; Gus Stewart/Redferns 178; Amy Sussman 227; TAS 163, 186, 190, 196, 204, 215; Michael Tran/FilmMagic 83; Omar Vega/TAS 207; Rob Verhorst/Redferns 52; Hector Vivas/TAS 49, 231; Theo Wargo/WireImage 12, 37, 59; Anna Webber 93; Matt Winkelmeyer/TAS 132, 137, 139; Kevin Winter 8, 114, 232; Kevin Winter/TAS 55, 86, 123, 127, 172, 198, 205, 225; Terry Wyatt 212

SHUTTERSTOCK

Blitz Pictures 161; Caroline Brehman/EPA-EFE 206; Ray Garbo 34